기독교문서선교회(Christian Literature Center: 약칭 CLC)는 1941년 영국 콜체스터에서 켄 아담스에 의해 시작되었으며 국제 본부는 미국 필라델피아에 있습니다.
국제 CLC는 59개 나라에서 180개의 본부를 두고, 약 650여 명의 선교사들이 이동 도서차량 40대를 이용하여 문서 보급에 힘쓰고 있으며 이메일 주문을 통해 130여 국으로 책을 공급하고 있습니다. 한국 CLC는 청교도적 복음주의 신학과 신앙 서적을 출판하는 문서선교기관으로서, 한 영혼이라도 구원되길 소망하면서 주님이 오시는 그날까지 최선을 다할 것입니다.

추천사

임성빈 박사
전 장로회신학대학교 총장

　이 책은 성과 속의 이원론에 머무르며 하나님 나라를 축소해 왔던 기독교계가 취했던 반성적 숙고의 발자취를 담고 있다. 거룩한 것과 세속적인 것의 철두철미한 구분 속에서 종교는 스스로 고립된 성을 쌓아 올리며 적절한 사회적 응답의 행동을 하지 않음으로써 영향력을 잃어 가게 됐다. 또는 하나님 나라를 통전적 관점에서 바라보지 못함으로 인해 집단적이고 이기적인 실천을 함으로써 보편적 영향력을 잃게 됐다.
　저자는 공적 영역에서 종교가 사적인 것으로 치부되며 자리를 잃어 갔던 과정을 추적하면서 다시금 세상과 종교가 만날 수 있는 지점을 보여 준다. 그는 그리스도인의 삶의 두 축으로서 '공공성'과 '공동체성'을 제시하면서 교회가 이를 균형 있게 세워 가기를 도전하고 있다.
　향후 코로나19 바이러스로 인해 발생하는 다양한 문제와 이슈는 더욱 하나님 나라의 비전을 품은 교회에 적절한 응답을 요구할 것이다. 그리스도인이 이런 세상의 요청에 대한 책임적 응답을 고민하고 모색할 때, 이 책이 많은 도전을 줄 것이다. 이 책을 통해 독자들이 '공공'의 두 축을 균형 있게 세우며 하나님 나라를 이 땅에 드러내고, 경험하고 실현하는 그리스도인으로 서기를 기대한다.

성 석 환 박사
도시공동체연구소 소장, 장로회신학대학교 교수

한국 사회의 민주화는 아직도 진행 중이다. 길지 않은 기간에 압축적인 발전을 이루다 보니 경제적 발전에 비해 사회 문화적 성숙이 부족한 결과가 정치적 후진성으로 나타나기도 한다. 민주적 질서가 제대로 자리 잡으려면, 구성원들이 함께 공유하는 가치와 윤리적 합의가 필수적이다. 여기에서 종교의 필요성이 의미를 갖게 된다. 바로 공공성과 공동체성을 유지하게 만드는 사회적 접착제의 역할을 감당하는 것이다.

김승환 박사의 이 책은 한국교회가 가야 할 방향을 명확히 제시하고 있다. 많은 독서량을 토대로 수집한 다양한 자료와 정보를 읽는 것만으로도 교회를 위한 새로운 상상력을 갖게 된다. 저자의 학문적 역량과 지적 호기심이 앞으로도 한국교회의 변화를 위해 쓰이기를 소망한다. 코로나19 바이러스 이후에 더욱 강력하게 요청되고 있는 우리 사회의 공공성과 공동체적 가치를 고양하는 일에 교회가 헌신할 수 있도록 저자의 이 귀한 저작이 기여하기를 기대한다.

성 신 형 박사
숭실대학교 기독교학과 교수

2000년대가 되면서, 한국 기독교에는 '공공 신학' 혹은 '공적 신학'의 흐름이 크게 형성되었다. 이는 한국교회의 내적 성장과 성숙을 바라는 마음에서 비롯된 것이기도 하고, 한국 사회가 교회에 요구하고 있는 것에 대한 응답이기도 하다. 이런 논의들이 꾸준히 진행되어 오면서 다양한 분야의 신학자들과 목회자들이 공공 신학에 대한 논의를 이어 가고 있다.

이런 가운데 '기독교인으로서 살아가는 이들'에게 공공 신학에 대해 조금 더 잘 이해할 수 있는 '안내서'가 있으면 좋겠다고 생각해 왔다. 이 책은 독자들이 철학적 흐름과 신학적 방향을 놓치지 않으면서도 공공 신학에 대해 쉽게 이해할 수 있도록 구성되었다. 이에 이 책이 좋은 안내서가 되어 한국 기독교를 위해서 크게 공헌하리라 생각한다.

최경환 연구원
인문학&신학연구소 에라스무스

전 세계적으로 공공 신학에 관한 관심이 뜨겁다. 교회의 공적 책임이나 신학의 사회적 쓸모에 대한 고민이 공공 신학이라는 학문으로 분출되고 있다. 이 책은 공공 신학의 역사적 배경에서부터 학자들의 다양한 견해, 지역별 연구 동향에 이르기까지 지금까지 논의된 공공 신학의 연구 성과를 총정리했다. 간략하지만 핵심적인 논의를 충실히 담아냈기 때문에 앞으로 이 분야를 연구하려는 이들은 반드시 거쳐야 할 필독서가 될 것이다.

더불어 공공 신학의 부족한 점을 급진 정통주의 신학으로 보완하려는 저자의 신학적 기획은 마치 양날의 날카로운 검을 손에 쥔 검투사가 신학자들의 동네에 던지는 야심찬 출사표라 할 수 있다. 하지만 이 책은 시작에 불과하다. 이 책을 기반으로 저자가 풀어낼 신학 콘텐츠는 무궁무진하다. 앞으로 그가 어떻게 새로운 공공 신학을 전개할지 사뭇 기대된다.

김 상 덕 박사
기독교사회문제연구원 연구실장

  이 책은 최근 한국교회를 둘러싼 핵심적 논제인 후기 세속 사회 속에서 종교의 역할에 대해 다룬 본격적인 연구서이자 한국교회가 나아갈 방향에 대한 안내서이다. 김승환은 세속화 이론의 관점에서 한국 사회를 분석하면서 그 변화의 속도가 탈세속화의 방향으로 빠르게 변하고 있다고 진단한다. 그에 따르면 오늘날 교회는 다양한 시민 사회의 일부로서 더 나은 사회를 만들기 위해 공론장에 적극적으로 참여하는 시대적 요청 앞에 서 있다.

  그는 이 논의를 구체화하기 위해 크게 두 가지 개념을 소개하는데 '공공성'과 '공동체성'이 그것이다. 두 개념은 한국교회에도 서서히 알려지기 시작한 공공 신학과 급진 정통주의 주요 논지를 대표하는 것이기도 하다.

  따라서 이 책을 읽는 독자는 한국교회가 한국 사회의 '공공성'을 추구하는 것과 동시에 교회의 고유한 '공동체성'을 유지해 나갈 수 있을지에 관해 저자와 함께 고민할 수 있을 것이다. 또한, 평소 그의 풍부한 독서량과 교회에 대한 애정을 느낄 수 있다는 것도 이 책이 주는 작은 묘미이다. 기쁜 마음으로 이 책의 출간을 추천한다.

공공성과 공동체성

후기 세속 사회의 공공 신학과 급진 정통주의에 관한 탐구

Publicity and Communality
Written by Kim Seung Hwan
All rights reserved.
Korean Edition Copyright ⓒ 2021 by Christian Literature Center, Seoul, Korea.

공동성과 공동체성
후기 세속 사회의 공공 신학과 급진 정통주의에 관한 탐구

2021년 1월 29일 초판 발행

지 은 이 | 김승환

편　　집 | 황평화
디 자 인 | 서보원
펴 낸 곳 | (사)기독교문서선교회
등　　록 | 제16-25호(1980.1.18.)
주　　소 | 서울특별시 서초구 방배로 68
전　　화 | 02-586-8761~3(본사) 031-942-8761(영업부)
팩　　스 | 02-523-0131(본사) 031-942-8763(영업부)
이 메 일 | clckor@gmail.com
홈페이지 | www.clcbook.com
송금계좌 | 기업은행 073-000308-04-020 (사)기독교문서선교회
일련번호 | 2021-1

ISBN 978-89-341-2239-5(93230)

이 도서의 국립중앙도서관 출판예정도서목록(CIP)은 서지정보유통지원시스템 홈페이지(http://seoji.nl.go.kr)와 국가자료공동목록시스템(http://www.nl.go.kr/kolisnet)에서 이용하실 수 있습니다.

(CIP제어번호: CIP2020055438)

이 책의 저작권은 저자와 (사)기독교문서선교회가 소유합니다. 신저작권법에 의하여 한국 내에서 보호받는 저작물이므로 무단 전재와 무단 복제를 금합니다.

PUBLICITY AND COMMUNALITY

공공성과 공동체성

후기 세속 사회의 공공 신학과
급진 정통주의에 관한 탐구

김승환 지음

CLC

목차

추천사   1

    임 성 빈 박사 | 전 장로회신학대학교 총장
    성 석 환 박사 | 도시공동체연구소 소장, 장로회신학대학교 교수
    성 신 형 박사 | 숭실대학교 기독교학과 교수
    최 경 환 연구원 | 인문학&신학연구소 에라스무스
    김 상 덕 박사 | 기독교사회문제연구원 연구실장

저자 서문   10

제1장 세속화, 종교의 종말?   13
제2장 성스러움의 귀환, 종교의 재부흥   33
제3장 후기 세속 사회의 종교를 향한 요구   56
제4장 공공성을 향한 신학의 출현   75
제5장 신학의 네 가지 공적 토대   97
제6장 공공성의 재발견과 공공 신학   112

제7장 다양한 공론장과 포괄적 접근들	138
제8장 공동체성을 향한 요구	153
제9장 급진 정통주의의 신학적 토대	172
제10장 급진 정통주의 관심	188
제11장 교회의 패러디로서 국가와 욕망의 성화	207
제12장 다시 공공성과 공동체성으로	225
참고 문헌	232

저자 서문

김승환 박사
도시공동체연구소 연구원

2015년, 이 책을 처음 쓰기 시작했던 때다. 한국교회를 변화시킬 수 있는 새로운 신학적 토대를 고민하면서 만난 공공 신학에 눈을 뜨면서 개인적이고 기복적인 신앙을 변화시킬 새로운 신학의 패러다임으로 나의 신학적 사유가 전환될 무렵이다.

한국교회는 '공공성'과 '새로운 공동체성'이 절대적으로 필요하다. 복음은 교회의 전유물이 아니며, 진리는 목회자들이 선포하는 설교 안에 있는 것이 아니라 하나님 나라를 신실하게 살아가는 모든 이에게서 발견될 수 있는 것이다. 교회를 교회의 시선으로만 바라보지 않고, 보다 넓은 사회적 시선, 아니 하나님 나라의 관점으로 살핀다면 우리는 우리 스스로를 새롭게 인식할 수 있을 것이다. 세상과는 무관한 저마다의 왕국을 꿈꾸는 교회는 결국 사회로부터 외면받을 수밖에 없다. 누구를 위한 진리인지, 무엇을 향한 외침인지를 진지하게 고민하는 시간이 필요하다.

교회의 변화를 어디에서부터 시작해야 할까?

목회자들은 교회라고 답할 것이고, 신학을 연구하는 이들은 당연히 신학교라고 답할 것이다. 새로운 패러다임의 신학, 공적 참여와 영성을 추구할 수 있는 목회, 세속의 거센 문화와 가치를 이겨 낼 수 있는 복음적 삶은 건강한 변화를 추구하는 이들이라면 모두의 가슴속에서 뛰고 있는 슬로건이다. 하지만 코로나19 바이러스가 보여 준 한국교회는 참담한 수준이다.

반이성적, 반사회적, 반신앙적인 수사가 난무하면서 교회의 존재 이유를 스스로 증명하지 못했다. 신음하는 세상을 위로하고 치유할 수 있는 공감대와 새로운 사회를 향한 공적 비전이 전혀 없을 뿐 아니라 집단적 이기심에 빠진 퇴락한 종교의 단면을 드러냈다. 현장의 목회자들은 무엇을 해야 할지 몰라 당황했으며, 예배당에 오지 못한 성도들은 무력감과 상실감에 빠져 있었다.

우리는 다시 무엇으로부터 출발해야 할까?

바로 '공공성'과 '새로운 공동체성'이다. 기독교 전통에 깃들어 있었으나 주목하지 못했던 우리의 유산들을 캐내어 현실에 수용 가능한 방식으로 옷 입혔으면 한다. 교회의 공공성, 사회의 공동체성을 향한 몸부림을 시작해야 한다.

『공공성과 공동체성』이 드디어 세상의 빛을 보게 됐다. 4년 만이다. 박사 과정에서 공부했던 내용을 중심으로 논문을 쓰던 중, 이 부분을 생략하고 바로 도시에 대한 논의를 진행했으면 좋겠다는 선생님들의 지도에 따라 눈물을 머금고 제외했다. 그렇게 사라질 뻔한 글이 기독교문서선교회(CLC)를 통해 한 권의 책으로 출간하게 됐다. 교회와 학교 안팎의 어려운 환경에서도 학문의 좋은 길잡이가 되어 주신 임성빈 총장님과 김은혜, 고재길, 성석환, 이창호 교수님께 진심으로 감사의 말씀을 드린다. 신학이 교회와 사회의 현장을 떠나지 않으면서도 균형 잡힌 시각을 갖도록 인도해 주심에 다시 한번 감사를 드린다.

'인문학&신학 에라스무스' 연구원들은 즐겁게 학문하는 법을 가르쳐 준 친구들이자 선생이다. 저마다 질문 앞에 젊음을 내걸고 힘차게 달려가는 그들이 있었기에 끝까지 공부에 매진할 수 있었다. 새물결플러스에서 '공공 신학 아카데미'를 오랫동안 강의하게 해 준 김요한 대표님과 스태프들에게 고마움을 전하고 싶다. 무명이었던 나를 학자로 대해 주셔서 참고마웠다. 기사연의 김상덕, 이민형 박사는 새로 사귄 동지들이다. 한걸음 먼저 학교와 현장에서 멋진 활약을 하고 있기에 좋은 자극제가 됐다. 기윤실의 기독교윤리연구소를 이끌고 있는 성신형, 목광수, 박선영 교수님과 나눈 시민성 논의는 나에게 또 다른 숙제가 됐다. 동시에 학문하는 따뜻함을 느낄 수 있었다.

'혐오와 한국교회', '코로나와 한국교회' 프로젝트에서 함께하는 김진호, 권지성, 오제홍 이하 여러 선생님에게도 고마움을 전한다. 다양한 관점이 어울려서 사회를 바라보는 새로운 통찰을 얻게 됐다. 그리고 김동춘, 주상락, 송용원, 김민석, 백광훈, 강영롱, 김동춘 교수님도 잊을 수 없는 분들이다. 정말 많은 분께 사랑을 받았고 학문적인 빚을 졌다. 이제 나도 누군가에게 든든한 버팀목이 되고 싶다. 마지막으로 사랑하는 부모님과 아내 그리고 두 아들에게도 고마움을 전한다. 가족은 언제나 든든한 버팀목이다.

2020.12.27
신학의 대중화, 대중의 신학화를 향하여

제1장

세속화, 종교의 종말?

1. 탈종교화와 세속화

데이비드 마틴(David Martin)은 세속화 논의에서 종교를 제외한 서술은 불가능하다고 주장한다. 특히 서구 세속화는 '기독교화'(Christianization)에서 '비기독교화'(Non-christianization) 또는 '탈기독교화'(De-Christianization)로 나아가는 점진적이고 종합적인 과정이었다.[1]

종교의 관점에서만 세속화를 바라보는 것에 대해 이견이 있을 수 있으나, 종교의 정치, 사회, 문화적 영향력을 감안할 때 종교를 제외한 세속화 현상의 서술은 불가능할 것이다. 제2차 세계대전 이후, 서구 사회가 경제적 안정기에 들어가면서 국가와 교회의 분리는 가시화됐고 공적 영역(public sphere)에서 종교는 과거의 명성과 영향력을 상실해 갔으며, 새로운 시대에는 그 존립 자체가 불투명할 수 있다는 예견이 나오기 시작했다. 즉 종교의 사망을 선언한 것이다.

종교의 쇠퇴가 최근의 흐름처럼 느껴지지만 사실, 세속화의 기원은 중세까지 거슬러 올라간다. 중세 시대에 꽃피웠던 르네상스의 도래, 종교개혁, 근대 국가의 탄생 등은 새로운 시대를 예고했다. 또한, 계몽주의 등장

---

[1] David Martin, 『현대 세속화 이론』(On Secularization: Toward a Revised General Theory), 김승호 외 6인 역 (서울: 한울아카데미, 2008), 18.

과 기술의 발전에 따른 합리적, 낙관적 세계관이 하나의 사조로 자리 잡으면서, 종교는 개인적인 사적 영역, 즉 종교의 '사사화'(privatization)가 나타났다. 공적 영역에서 쇠퇴하던 종교는 영적이고 초월적인 범주로 분리됐고, 현실 사회에서 종교를 거세하면서 차별화가 시도됐다.[2]

호세 카사노바(Jose Casanova)는 '세속화'란 용어가 종교개혁을 전후로 교회와 수도원의 토지, 재산 등이 세속의 것으로 귀속되는 과정에서 탄생한 것이라 주장하면서 세속화의 과정을 세 가지로 나눈다.

첫째, 종교 기관과 규범들이 세속 영역으로 분화된 과정이다.
둘째, 종교가 사적 영역으로 주변화되는 현상이다.
셋째, 종교적 신념과 실천의 쇠퇴로서 세속화 현상이다.[3]

피터 버거(Peter Berger)도 비슷하게 세속화를 '사회와 문화의 여러 영역이 종교 제도와 상징의 지배로부터 해방되는 과정'으로 인식했다. 교회와 국가의 분열, 교회 토지의 몰수, 교회의 권위 아래 있었던 교육 기관의 독립 등을 볼 때 서구의 세속화는 사회 구조의 통전적인 변화 과정으로 이해할 수 있다. 종교의 상실은 종교 그 자체의 문제를 넘어서 사회의 재구성과 시민들 일상의 변화까지 이어졌다.

특히 탈기독교화로 볼 수 있는 서구의 세속화는 몇 가지 특징을 지닌다. 그것은 삶의 전반에 걸쳐서 종교의 영향력이 상실되는 과정이었다.

첫째, 종교개혁으로 교회 권위자들의 통제력이 약화됐다.
둘째, 진보적 그룹들이 전통적인 교회와의 관계를 단절하며 해방되는 탈기독교화(de-Christianization)가 나타났다.

---

2 Robert N. Bellah, "Stories as Arrows: The Religious Response to Modernity", Arvind Sharma eds., *Religion in a Secular City* (Trinity Press, 2001), 93.
3 Jose Casanova, *Public Religions in the Modern World* (Chicago press, 1994), 211.

셋째, 제2차 세계대전 이후 상당수 개신교 신학자들이 디트리히 본회퍼(Dietrich Bonhoeffer)의 영향으로 세속화를 긍정해 왔다.

넷째, 20세기 중반부터 하나의 이데올로기로 정당화됐다.[4]

브라이언 윌슨(Bryan Wilson) 역시 세속화를 종교적 사고와 행위 및 제도가 '사회적 의의'를 잃어 가는 과정으로 이해했다. 그는 세속화 현상을 주로 종교 조직을 중심으로 형식적 측면들, 즉 종교 행위, 교파주의(denominationalism) 운동, 제의에 있어서 개인의 참여가 감소하는 부분임을 포착한다.[5] 세속화는 종교의 쇠퇴다. 이것은 이전에 받아들여졌던 종교적 상징, 교리 그리고 제도가 그 지위와 영향력을 잃는 것으로 신도 수, 성직자 수, 종교 기관 수의 감소와 종교 기관의 사회적 중요성의 약화가 대표적이다.

세속 사회와 동화(conformity)가 나타나면서 종교적인 것이 사회적인 것과 닮아 가고 초월적인 교리가 현대적인 것으로 바뀌며 내세적 윤리가 실용적 윤리로 전환됐다. 교회가 담당했던 여러 기능의 분화(differentiation)가 연쇄적으로 나타났고, 종교가 행사하던 영향력에서 벗어나 사회 자체가 하나의 자율적인 실재가 된 것이다. 종교가 행하던 교육, 복지의 기능이 사회로 이전되고 미신적이고 초자연적인 신앙에서 벗어나 지적 전문성을 확립해 나갔다.

세속화로 종교의 변형(transposition)도 일어났다. 신적인 힘과 능력으로 이해되었던 지식, 행위, 제도적 장치가 인간의 창조물로 인식되는 것이다. 즉, 거룩한 종교의 체제가 인간적 경험으로 바뀌는 것이다. 그리고 세계의 탈신성화(de-sacralization)를 통해 인간의 합리적 이성의 발전으로 세계가 그 신성한 성격을 상실하게 됐다.[6]

---

[4] Peter Berger, *The Sacred Canopy* (Anchor Books, 1967), 106-107.
[5] Bryan Wilson, *Religion in Secular Society: Sociological Comment* (Watts, 1966) 14. 김종서, 『종교사회학』(서울: 서울대학교출판문화원, 2014), 140-141에서 재인용.
[6] 이원규, 『종교사회학의 이해』(서울: 나남출판, 2003), 572-573.

종교의 쇠퇴와 소멸은 결국 초월적 신의 죽음, 제도적이고 전통적인 종교의 패배로 받아들여졌다. 결국, 종교의 자리를 세속 권력이 대체하면서 사회 전반의 탈종교화로 이어졌다.

종교와 초월적 신이 필요하지 않은 사회에서 믿음을 가지고 살아가는 것은 어떤 의미가 있을까?

신의 자리를 대체 할 강력한 합리적 이성으로 생각할 수 있는 인간은 어떤 존재일까?

중세의 이데올로기적인 특징을 가졌던 종교의 역할과 기능을 대신할 수 있는 국가는 누구일까?

근대화 과정과 함께 나타나는 종교의 탈사회화 또는 사회의 탈종교화는 종교의 한계성을 들추면서 신앙이 여전히 유효한지 우리에게 질문한다.

2. 종교개혁과 계몽주의 기획 그리고 근대 국가

세속화를 사회적 현상으로 이해했을 때, 이를 가능하게 했던 요인들은 무엇이었을까?

종교의 초월성이 약화되고 새로운 정치 권력이 등장하며, 근대 합리적 이성은 어떻게 종교적 신앙을 대체했을까?

세속화와 근대화는 어떤 밀접한 관계에 놓여 있을까?

한스 부르스마(Hans Boersma)는 신적인 것과 인간적인 것, 거룩한 것과 속된 것을 구분하는 중세교회의 계급적인 문화가 세속화를 열었다고 주장한다. 교회가 장악했던 거룩함의 의미와 예전의 실천이 교회 안과 밖의 경계를 구분하면서 교회 밖의 탈성례화(desacramentalizition)를 가져왔다.[7]

---

[7] Hans Boersma, *Heavenly Participation* (Grand Rapids: Wm. B. Eerdmans, 2011), 54.

존 D. 카푸토(John D. Caputo)는 근대적 의미에서 세속화는 세속 질서와 종교의 영역이 구분되는 것이 아니라, 수도원에 소속된 사람과 소속되지 않는 사람을 가리키는 것이라 주장한다. 그는 13세기 파리에서 머물던 세속의 거장들이 자신들이 종교적이지 않다고 여겨진다면 그것은 황당한 일이었을 것이라며 오히려 세속적이라는 용례적 의미가 발생한 것은 르네상스에 이르러서라 주장한다. 대표적인 사례가 예술인데, 회화의 주제가 종교적인 내용에서 일반인의 평범한 일상과 평화로운 시골 마을을 묘사한 '좋은 정부의 비유'라는 14세기 프레스코가 대표적이다.[8]

국가와 종교가 하나의 몸처럼 이해되었던 중세 사회까지만 해도 모든 영역은 종교적으로 해석했다. 그러나 종교의 영역이 이 땅(Earth)과 저 세상(Heaven)을 모두 관장하는 쪽에서 이 땅을 내어 주고, 저 너머의 세상을 관장하는 쪽으로 방향을 선회하게 된다.

카사노바는 이것이 세속화의 첫 단계라 주장한다. 이 세상(earth)과 저 세상(heaven), 천국과 지상을 구분하면서 종교가 저 너머의 초월적 세계를 자신의 영역으로 삼으면서 이 땅은 권력의 공백이 발생했다.[9] 이는 종교개혁에서 더욱 두드러진다.

가톨릭의 보편주의는 세상 안에 하나님의 신성함을 인정하면서, 그 중매재로서 성례, 상징, 제의, 기도 등을 사용했다. 다시 말해 물질의 신성함을 인정한 것인데 종교개혁자들, 특히 칼빈을 중심으로 세상 안의 신성함을 강조하는 보편주의로부터 단절하기 시작한다. 개신교주의는 미신, 기적, 마술과 같은 성스러움과 신비적인 요소들을 제거하면서 '세계의 탈주술화'(disenchantment of the world)를 시도한다.

개신교주의의 급진적인 초월성은 세상의 죄성을 강조하면서 하나님의 은혜 통치를 선호하는 교리를 형성한다. 천국과 지상의 분리로 인해 그 사

---

[8] John D. Caputo, 『종교에 대하여』(On Religion), 최생열 역 (서울: 동문선, 2003), 59.
[9] Casanova, Public Religions in the Modern World, 14.

이에 통치의 공백이 생기면서 근대 국가의 등장과 같은 세속화 현상을 부추긴 것이다.[10] 종교적인 언어와 방식으로 서술되고 생각하는 시대에, 믿음과 신앙을 종교라는 근대적 카테고리로 분류하면서 초월적인 것과 내재적인 것으로 세상을 이해하는 세속화가 등장한 것이다.

버거는 특이하게도 이런 개신교주의가 성경에서 출발했다고 주장한다. 그는 구약의 이스라엘 역사를 서술하면서 당시 이집트와 메소포타미아의 신화들과 다르게, 유대교는 하나님의 보편성보다는 이스라엘이라는 특수한 역사성을 강조해 왔고, 세상의 신성을 강조하는 종교적 내재성보다는 하나님의 통치와 권위를 강조하는 초월성에 집중해 왔다고 말한다. 땅으로부터 '거리 두기'로 발생한 신성의 공백이 세속화에 영향을 미친 것이다.

성경 안에서도 이 땅의 신성함보다는 영원한 하늘나라를 향한 기대를 통해 교회 구성원들에게 저 너머의 세계를 동경하게 했다. 따라서 세속화는 기독교 외부에서 작용한 압력이라기보다 기독교 내부의 분열, 즉 개신교주의(Protestantism) 영향으로 이해할 수 있다. 세속화 논쟁에서 보편적으로 인식되어 온 패러다임은 막스 베버(Max Weber)의 명제, 즉 칼빈주의 개신교가 자본주의의 산파였으며, 따라서 일종의 모더니티 전주곡이었다는 논제를 받아들일 필요가 있을 것이다.[11]

금욕적 개신교주의 윤리는 그 당시 진행 중인 현상들에 종교적 정당성을 부여하면서, 그 자체로 새로운 종교 원리와 세속 윤리를 제시하고 사회적 변화를 특정한 방향으로 형성시켰다.[12] 즉 세속화가 어떠한 강압에 의한 것이 아니라 종교, 특히 개신교의 자발적 선택에 의한 것으로 종교가 그 기능과 역할을 양보하면서 비가시적 형태로 전환된 것이다.

개신교의 출현으로 가톨릭의 신성함에 대한 이해가 거부되면서 하나님에게 가까이 다가갈 수 있는 특별한 공간, 시간 그리고 의례가 점차 사라지게

---

10 Peter Berger, *The Sacred Canopy* (Anchor Books, 1967), 111-112.
11 Martin, 『현대 세속화 이론』, 44.
12 Casanova, *Public Religions in the Modern World*, 22.

된다. 성지순례, 성물 숭배, 의식의 경건함 등을 없애면서 교회를 신성함이 머무는 장소이자 매개체라 인식하지 않게 됐다. 찰스 테일러(Charles Taylor)는 특별한 지위와 장소에 신성함을 두는 것 대신에 평신도의 삶, 일상의 삶에서 성과 속이 섞이게 됐다고 말한다.[13] 종교개혁으로 민족 국가마다 가톨릭과 개신교 중에 하나의 종교를 선택해야 했고(cuius regio, eius religio) 가톨릭의 지배에서 벗어나 다른 종교로 갈아타기가 가능해져, 종교의 권위를 대체하는 새로운 권위자로서 '국가의 신성화'가 진행된 것이다.

신교와 구교의 갈등으로 벌어진 30년간의 전쟁은 유럽 사회에서 기독교의 절대적 영향력을 약화시켰고 기독교를 하나의 종교로 인식시켰다. 기독교를 다른 종교 중의 하나로서 선택할 수 있다는 신념의 시스템이 완성되어 버렸다.[14]

종교적 세계관과 영향력에서 벗어난 국가의 탄생은 역사의 자연스러운 흐름과 현상에 기인하는 것이 아니라 구성원들의 필요에 의한 합의라는 전제가 자리한다. 사회로부터 국가가 창조된 것이 아니라 국가로부터 사회가 만들어졌고 다양한 협의체(societates)의 연대와 복잡한 상호 관련성으로 얽힌 구조를 형성하게 했기에 국가는 여러 집단 사이 통합의 정치적 과제를 안고 있다.[15] 국가의 우선적 과제는 통치권의 정당성 확보와 구성원의 일치성 회복인데, 가톨릭교회를 향한 충성심을 국가를 향한 충성으로 돌려야 했고, 여러 기관과 단체를 국가의 법질서 아래 위치시키는 것이 주요 과제였다.[16]

국가를 사회적 합의체로 보는 관점은 홉스와 로크를 통해 잘 나타난다. 로크가 상상했던 정치 공간에는 개인과 국가의 두 극점이 존재한다. 개인

---

[13] Charlse Taylor, 『자아의 원천들』(Sources of the Self), 권기돈, 하주영 역 (서울: 새물결플러스, 2015), 434.
[14] Graham Ward, "The City", Radical Orthodoxy, 191.
[15] William T. Cavanaugh, Migrations of The Holy (Grand Rapids: Wm. B. Eerdmans, 2011), 19.
[16] Ward, "The City", 191.

들은 자신의 생명과 재산을 보호하기 위해 국가라는 연합체가 필요했고, 그들 사이의 약속과 계약이 중개의 역할을 했다.

국가는 이런 자율적 개인들을 전제하면서, 정치적으로든 사회적으로든 계약을 통해 개인과 단체들 사이의 평화로운 관계를 형성하면서, 공공의 선을 계약 안에서 확보하려 했다. '계약으로서의 국가법'은 만민 평등을 원리로 공공의 선보다 개인의 권리와 의지를 더욱 중요한 요소로 보았고, 자유로운 개인들의 목적을 위해 합리적 이성을 통한 대화와 타협의 공간으로서 남게 된다.

현대 세계의 일차적 원리와 최고의 가치는 인간 주체의 자기 결정권에 놓여 있다. 근대 시대의 위대한 발견은 인간의 주체성에 대한 발견으로 모든 인권은 하나의, 나뉠 수 없고 양도될 수 없는 보편적 인간의 존엄성에 근거한다. 인간의 존엄성은 결코 객체로 전락하거나 대상물로서 다루어져선 안 되는 인간 인격의 주체성 안에 존재한다.[17]

종교는 더 이상 지시를 내리는 국가적인 지위를 가지지 않는다. 종교는 오히려 주체적인 시민의 개인적인 일이며 자유로운 신앙의 결정 대상이 됐다. 개인의 종교적 자유는 국가를 교회로부터, 교회를 국가로부터 해방시켰다. 이는 현대적이고 이성적이며 관용적인 헌법 국가를 위한 전제로, 국가는 종교에 대해 지시하지 않고 오히려 그들의 종교적 자유를 보장하면서 국가 안에 종속시키려 했다.

국가의 세속화는 비종교적인 악이라기보다 오히려 현대인의 종교적 자유에 대한 종교적 대가라 말할 수 있다.[18] 국가는 하나의 일치가 아닌 다원성의 공존을 지지하면서 근본적인 종교가 지향했던 신념의 일치와 단일성의 정책과는 거리를 두기 시작한다. 국가는 세속화 현상의 운반자로서 그 나름의 역할을 수행했다. 하나의 연합체로서 국가는 종교 기관에 모든

---

17 Jürgen Moltmann, 『세계 속에 있는 하나님』(*Gott im Projekt der modernen Welt*), 곽미숙 역 (서울: 동연, 2009), 297.
18 Moltmann, 『세계 속에 있는 하나님』, 297.

기관과는 분리된 지위를 보장하는 대신, 자신의 목적에 순응할 것을 요구했다. 종교 역시 생존의 과정에서 국가와의 타협을 받아들인다.

근대 국가의 등장으로 보장된 개인의 자유와 주체성은 위르겐 하버마스(Jürgen Habermas)가 '계몽주의 프로젝트'(Enlightenment project)라고 불렀던 표상 아래 인간 지식의 폭발을 불러온다. 종교로부터 탈출한 인간은 자신의 이익을 위해 자연을 정복하고 더 나은 세상을 창조하기 위해 우주의 비밀을 밝히려 했고, 과학의 진보로 이어져 인간 삶의 합리적 관리(rational management)를 가져왔다.

근대 사고방식은 지식의 확실성을 보장해 주며, 객관적이고, 측정 가능한 것을 선한 것으로 받아들이기 시작한다. 이런 인식과 사유의 낙관론이 근대 세계를 지배했다.[19] 베버는 인간의 행위가 목표 지향적임을 설명하며 '가치 합리적'(value-rational)이란 표현을 사용하는데, 그 말은 그 자체를 위한 가치, 즉 외부의 전망과는 무관한 가치를 추구하는 본래 가치로서 근대 자본주의에 의해 계산적이고 합리적인 운영을 지향하는 도구적 합리성의 가치를 의도한 것이다.[20]

계몽주의 기획은 교회가 국민에게 부과한 신조들을 폐지하려 했다. 계몽주의가 이룩한 많은 공헌은 이전 신학의 기본적인 가정들이 지닌 어떤 함의들을 과학적으로 혹은 철학적으로 수정한 것이다. 계몽주의는 이성에 기초해 정치, 윤리, 사회, 문명을 발전시켜 나가면서 신학과 신앙이 이룩한 것을 하나둘 무력화시켰다.

이런 '이성 중심주의'는 서구를 중심으로 합리적 사고를 국민들에게 강요하기 시작했고, 그들의 식민지에도 적용하면서 독특한 전통과 문화들을 무차별적으로 폐지했다.[21] 계몽주의의 기획은 교회들이 근대화의 과정에

---

[19] Stanley J. Grenz, 『포스트모더니즘의 이해』(*A Primer on Postmodernism*), 김운용 역 (서울: WPA, 2010), 28-32.
[20] Zigmunt Bauman, 『액체 근대』(*Liquid Modernity*), 이일수 역 (서울: 강, 2009), 97-98.
[21] Max L. Stackhouse, 『세계화와 은총』(*Globalization and grace*), 이상훈 역 (서울: 북코리아, 2013), 140.

서 기능적 분화로 인해 갈등을 겪을 때마다 세속화 과정에 대한 독립적인 촉진자로서 역할을 한다.

계몽주의 비평은 크게 세 가지 차원으로 구분되는데, 형이상학적이고 초자연적인 종교관에 맞서는 '인지적 측면'을 강조했고, 기독교의 기관들에 맞서는 '현실 정치적 측면'을 주장하며, 신의 뜻 자체를 반대하는 주관적인 표현과 '미적 도덕적 측면'을 부각시켰다. 종교적인 무지와 미신에서 오는 어두움은 이성의 빛을 만나면서 사라지고, 중세 형이상학의 담론에 사로잡혀 있던 교회의 허구적 껍질을 벗겨 냈다.[22]

19세기 말에 신은 지식인들 사이에서 종언을 맞이했다. 종교적 신념은 과학적 방법에 따라 의심됐고(다윈), 정신 분석학적으로는 그것이 뒤틀린 것이며(프로이트), 정치적인 측면에서는 반동적인 것(마르크스)이 된 한편, 키르케고르에게 그리스도교 신앙은 어리석음으로 뛰어드는 것이었다.[23]

계몽주의는 확실한 진리를 얻기 위해 인간 이성의 능력을 신뢰했다. 그것은 증거를 찾고, 논증을 평가하고, 진리와 오류를 구별할 줄 아는 이성적 존재의 능력을 통해 권위의 본질에 도전했다. 권위는 성경과 교회의 전통에 갇혀 있는 것이 아니라 개인적인 연구자의 이성과 양심 안에 위치했다.[24] 근대적 인간은 종교 없는 인간, 아니 스스로 종교의 자리, 권위 있는 신의 자리를 대체하려는 인간이었다.

계몽주의의 종교 비판은 이론적인 주장이나 실천적인 정치 프로그램을 제안하는 것이 아니라 자신의 목적 실현 과정에서 사회적, 정치적으로 채택된 것이다. 자신의 이론을 국가 정책에 적용하면서 극단적인 세속화 과정에 압력을 행사했다. 그렇기에 근대 분화의 과정에서 종교는 상당한 저항을 하게 된다.[25]

---

[22] Casanova, *Public Religions in the Modern World*, 30.
[23] Caputo, 『종교에 대하여』, 73.
[24] David A. Fergusson, 『불트만』(*Bultmann*), 전성용 역 (서울: 대한기독교서회, 2001), 26.
[25] Casanova, *Public Religions in the Modern World*, 214.

계몽주의가 서구 사회에서 보편적으로 나타난 것은 아니지만 유럽 사회에서는 급진적인 변화를 가져온 것은 분명하다. 특히 프랑스의 계몽주의는 반성직적(anti-clerical), 반기독교적인(anti-christian) 특징을 드러냈다. 프랑스의 혁명이 성공적으로 끝난 것은 아니지만, 가톨릭과 보수적 기득권을 향한 저항의 단초를 제공하면서 국가와 교회의 분리를 이끌어 냈다.[26]

계몽주의의 발전이 초래한 또 다른 접근은 과학과 학문의 진보로서 바로 진화론이다. 다윈 이후로 20세기 후반까지 진화론의 논의는 사회진화론, 종교 진화론 등으로 발전하여 인간이 만들 유토피아에 대한 상당한 기대심을 갖게 만들었다. 계몽주의에서부터 이어져 온 근대 기획의 절정에 있는 진화론의 패러다임은 현대인의 의식 속에 강하게 작동하고 있으며 과학과 기술이 진보할수록 더해 갔다.

진화론뿐 아니라 여러 학자가 근대의 논의 위에서 종교 영역의 축소나 비합리성을 고발했는데, 칸트는 형이상학의 가능성을 부정하고 종교를 비합리적인 영역으로 보았고, 슐라이어마허는 종교를 감정으로 이해했으며, 헤겔은 정신으로, 마르크스는 그 절대정신을 물질로 대체했다.[27]

찰스 테일러는 세속성이 강화된 모습을 '내재적 틀'(immanent frame)의 완성으로 이해하면서도 무엇인가를 믿는 것은 여전히 진행형임을 강조했다. 그는 종교적인 신에 대해서는 부정하지만, 그 믿음의 조건과 형식은 유지된다면서, 현대 사회를 이렇게 정리했다.

"나는 신을 믿지 않는다. 다만 그를 그리워한다"(I don't believe in God, but I miss Him).

세속 사회는 믿음의 시대에서 이성의 시대로 들어가고 있으며, 이런 세속의 시대에는 극단적 개인주의(exclusive individualism)가 나타난다.

---

[26] Peter Berger, "Religious America, Secular Europe?", Peter Berger, Grace Davie, Effie Fokas, *Religious America, Secular Europe?: A Theme and Variations* (Surrey: Ashgate Publishing Limited, 2008), 17-19.

[27] 이규성, "신앙의 합리성 문제: 요셉 라칭거를 중심으로", 「신학과 철학」(2010, 봄), 4.

세속화 이론가들이 그렇게 믿고 받아들이기에 종교의 쇠퇴와 영향력의 감소가 하나의 특징처럼 인식될 수도 있지만, 테일러는 오히려 믿음의 환경(the conditions of belief)이 변화된 것에 주목한다.[28] 인간 이성의 발견과 긍정으로 신앙의 영역은 축소됐고, 논리적으로 이해 가능한 것을 추론하고 증명하는 과정에서 신앙의 언어는 자연스럽게 그 권위를 상실했다. 계몽주의는 종교의 쇠퇴가 아닌, 종교의 존립 자체를 흔드는 패러다임의 변화를 가져왔고 신은 신앙의 대상이 아니라 선택의 대상, 이해할 수 있는 대상으로 전락했다. 세속은 그 자체로서 하나의 신이 되어 스스로 움직이고 발전하는 존재가 되었다.

3. 종교를 대체하는 새로운 종교와 근대적 인간

세속화 신화는 종교의 지위를 그대로 근대 국가에 투영시켰다. 종교가 제공했던 사회의 구심점과 삶의 의미와 목적 제공을 국가로 이관시켜 교회의 구성원에서 국가의 구성원으로 스스로를 인식하여 그 질서와 권위를 수용하도록 했다. 존 밀뱅크(John Milbank)는 근대 정치가 삼위일체 신 안에서 서로 연합되고 참여했던 신학의 자리를 그대로 대체한다고 보았다.[29]

조금 단순화시켜서 시각화해 보면 워싱턴은 그리스와 로마의 사원이 둘러싸고 있고, 그 가운데 이집트식 오벨리스크가 있는 신성한 광장으로 구성되어 있다. 국립 대성당이 국가와 교회의 분리를 상징하면서 적당한 거리를 두고 서 있지만, 링컨기념관 안에는 아메리카식 성경적 서사를 요약해 두었다. 그래서 워싱턴은 새로운 로마와 새로운 이스라엘이 결합한 곳이다. 파리의 판테온은 파리의 수호 성인 성 주느비에브를 기념하는 교회

---

[28] James K.A. Smith, *How (Not) to be Secular* (Grand Rapids: Wm B. Eerdmans, 2014), 1-25.
[29] John Milbank, *Theology and Social Theology* (Wiley-Blackwell, 1990), 12-15.

였으나 지금은 프랑스 공화국의 전투적 승리를 상징하는 국립 묘지가 됐다. 이것은 신이 없는 종교다. 런던의 성 바오로대성당은 다른 나라의 수도처럼 도시를 지배하지만, 계몽된 종교가 아닌 계몽된 세속 정치를 반영한다. 웨스트민스터사원과 버킹엄궁전으로 이어지는 거리 형태는 신성한 영국의 정신을 연출한다.[30]

몇몇 도시에서 알 수 있듯이 계몽된 국가와 제국은 성스러운 장소가 됐다. 종교와 교회의 자리를 대체한 국가는 하나의 신성한 존재와 구원의 수혜자로서 권력을 행사한다. 그들의 통치 핵심에는 '계약의 메커니즘'(Mechanism of Contract)이 있다. 홉스는 신이 보상과 처벌의 시스템을 설립하고 그 아래서 아담의 죄를 처리했다고 주장하면서 아담의 불순종은 신과의 계약을 어긴 것이기에 신의 처벌은 정당성을 갖게 되는 것이다.

로크 또한 국가의 본성은 공적 의지와 권리의 시스템에 의해 형성되며 그것은 신의 의지 투사라고 보았다. 그는 국가의 본성 안에 개인들은 분리되고 평등한 위치를 보장받을 뿐 아니라 인간이 자유롭게 태어났기에 어디에도 종속되지 않는다고 말했다. 인간은 기본적으로 상호 협력적 존재이며 상호 간의 합의와 약속된 규칙, 즉 계약을 통해 공동체와 국가가 운영 가능하다는 입장을 피력한다.[31]

신과 인간의 관계는 국가와 국민의 관계, 더 나아가 정부와 시민의 관계로 대체되면서 개인의 인격과 권리를 강화하는 쪽으로 발전한다. 특정한 권위에 순복하는 삶이 아닌 계약과 합의, 토론과 협상을 통해 개인의 주체적인 참여로 '새로운 정치체'(Politic Body)를 구성할 수 있는 낭만적인 비전을 심어 주었다. 합리적인 인간들이 그들만의 새로운 국가를 이룩할 수 있다는 장밋빛 전망은 종교가 제공했던 이데아, 즉 저 너머의 세상을 향한 동경을 이 땅에서 그려질 수 있도록 했다. 다시 말해 정치는 그동안 종교의 영역이

30　Martin, 『현대 세속화 이론』, 99-101.
31　Cavanaugh, *Theopolitical Imagination: Discovering the Liturgy as a Political Act in an Age of Global Consumerism* (Bloomsbury t & t Clark, 2002), 16.

었던 새로운 보편 구원론(universalism)을 제안했고 그것이 민족주의와 결합하면서 성스러운 국가와 성스러운 민족주의로 관심이 옮겨 갔다.

근대 계몽주의 이성이 자율적인 하나의 주체로서 개인과 공동체 안에서 초월적인 모든 것을 넘어서는 이원론적 특성을 띠는 것으로 여길 수 있으나 그것은 이성을 너무 협소하게 이해한 것이다. 계몽주의적 이성이 신앙이나 초월성과는 완전히 다른 것이라는 전제는 잘못됐다. 신앙과 이성은 충분히 상호 교차적 특징이 있다고 보아야 할 것이다.

패트릭 리오던(Patrick Riordan)은 합리적 이성을 강조했던 존 롤즈가 나중에 종교에 대한 존중의 자세로 돌아서면서 종교 공동체에 기초한 공적 담론의 공헌을 인정했다고 평가했다. 이런 롤즈의 태도는 아퀴나스와 마찬가지로 정치인이든 일반 시민이든 종교를 가지고도 얼마든지 합리적인 사고를 할 수 있으며, 공공선을 위한 참여로 공적 담론 형성에 기여할 수 있음을 인정한 것이다.[32]

아이리스 M. 영(Iris M. Young)은 공적 이성이 합리성을 전제로 헌법적인 논의를 숙고하는 것처럼 보이지만 이성적 언어로 표현되지 못하는 비언어적인 의미, 문해, 독법들에 대해서는 침묵한다고 고발한다. 또한, 각 문화의 종교 전통들이 오랫동안 형성해 온 사회적 관습과 에토스 등을 담아내지 못하는 한계가 있다고 밝힌다. 그녀는 의사소통적인 합리적 논의가 차이를 존중하는 대화의 방식을 전제에도 불구하고 수많은 독특한 차이와 사회 문화에 공유된 주요한 의미들을 놓치고 있기에 다양한 공론을 수용할 수 있는 구조를 제안하기도 한다.[33]

---

[32] Patirck Riordan, "Five Ways of Relating Religion and Politics", Graham Ward and Michael Hoelzl eds., *The New Visibility of Religion: Studies in Religion and Cultural Hermeneutics* (London: Continuum International Publishing Group, 2008), 42.

[33] Iris Marion Young, "Communication and the Other: Beyond Deliberative Democracy", Seyla Benhabib eds., *Democracy and Difference* (Princeton: Princeton University Press, 1996), 132.

로버트 개스코인(Robert Gascoigne)은 존 롤즈가 언급한 공적 이성(Public reason)의 본질이 타자들 그리고 시민들과의 교제에 대한 존중과 관련된 문제라고 보면서, 공적 이성은 공적 삶에서 얻어지며 그것이 법과 정치적 제도를 정당화한다고 언급했다. 특히 공적 이성이 공공선과 관련이 될 뿐 아니라 모든 시민에게 지적이고 수용 가능한 방식으로 공유된다고 보았다.[34]

개스코인은 롤즈가 '공적 정치 문화의 넓은 관점'(wide view of public political culture)이라는 개념에서 시민 사회의 배경이 되는 문화의 형성을 위해 종교의 이해 가능한 교리들이 민주적인 가치와 실천에 있어서 시민들의 동기 유발 자원으로 주요한 역할을 할 수 있음을 주장한다.[35]

공공선을 향한 도덕적인 가치 판단을 가능하게 할 뿐 아니라 덕목의 훈련과 수용에 직접적인 기여를 하고 있으며, 더 나은 미래를 향한 사회의 희망을 제시하기도 한다. 공적 이성이 초월적인 개념 안에서 공동체 정서와 집단의식 그리고 의미 등을 담보할 수 있도록 종교 교리들은 역할을 할 것이다. 그는 기독교의 전통과 신학이 역사 안에서 공적 이성으로서 공동체의 정신을 형성할 뿐 아니라 비신앙인들과 소통 가능한 방식으로 시민 사회의 정신과 문화 형성에도 상당한 기여를 해 왔음을 주장한다.[36]

계몽주의 이후 근대성이 탁월한 발전을 이루었지만 찰스 테일러는 문명의 풍요와 자유로움에도 불구하고 현대인들이 경험하는 몇 가지 상실을 언급한다.

---

[34] Robert Gascoigne, "Christian Hope and Public Reason", Nigel Biggar and Linda Hogan eds., *Religious Voices in Public Places* (Oxford University Press, 2005), 131.
[35] John Rawls, "The Idea of Public Reason Revisited", *The Law of Peoples with The Idea of Public Reason Revisited* (Cambridge: Harverd University Press, 2001), 153, *Religious Voices in Public Places* (Oxford University Press, 2005), 136에서 재인용.
[36] Robert Gascoigne, "Christian Hope and Public Reason", Nigel Biggar and Linda Hogan eds., *Religious Voices in Public Places* (Oxford University Press, 2005), 138-139.

첫째, 현대를 살아가는 인간은 삶의 의미를 상실했고 그 의미를 제공하는 도덕적인 지평이 실종됐다.
둘째, 사회 속에 깊이 뿌리내린 도구적 이성 앞에 인간 삶의 목표가 소멸됐다.
셋째, 개개인에게 집중하는 현대인의 삶에 대한 태도로 인해 오히려 시민적 자유를 잃어버렸다.

이런 상실들로 특징될 수 있는 현대는 사람들이 불안감을 느끼게 만들었다.[37] 세속 사회는 '상실 사회'이다. 진정한 자유도, 가치도, 관계들도 모두 잃어버린 채 무엇을 향해 질주하게 만든다. 무엇을 상실했는지도 알지 못한 채 현대인들은 거짓된 풍요에 허우적거린다.

계몽주의 기획은 전통적인 삶의 방식에 대한 거부와 사회적인 영역에서 초월성의 거부를 의미한다. 또한, 인간 삶의 의미를 인간 외부가 아니라 인간 내부에서 찾으려 시도한다. 계몽주의가 취하는 관점은 인간의 번영, 즉 휴머니즘의 극대화이다.

이런 계몽에 반대하는 움직임은 두 가지로 나타난다.

첫째, 계몽 이전의 과거 전통으로 복귀하는 것이다.
둘째, 합리성과 형이상학적 가치에 대한 거부이다.

테일러는 과거로 돌아갈 수 없지만, 현대의 무의미성을 생각할 때 삶의 계몽과 역계몽, 두 경향 모두를 인정하면서도 삶의 실천적인 우선성을 인정하면서 동시에 삶의 초월적 선의 존재를 긍정하는 것이 중요하다고 주

---

[37] Taylor, 『불안한 현대 사회』(*The Malaise of Modernity*), 송영배 역 (서울: 이학사, 2001), 21. 김선욱, "현대와 씨름하는 사상가 찰스 테일러", 『세속화와 현대문명』, 483에서 재인용.

장한다.**38** 그는 『자아의 원천들』(*Sources of the Self*)에서 근대적 정체성이 무엇인지 야심 있게 기술하면서 이성적 인간이 되는 것이 근대 서구의 핵심 주제이며, 그것은 내면성, 자유, 개성, 자연에의 귀속 등과 관련되어 있다고 서술한다.

테일러는 근대적 정체성을 세 가지 측면에서 접근한다.

> **첫째**, 근대의 내면성, 곧 인간은 내적 깊이를 지닌 존재라는 의식과 연관된 자아(self)의 관념을 지닌다.
> **둘째**, 근대 초기부터 발전된 것으로 일상적 삶(ordinary life)에 대한 긍정이 나타난다.
> **셋째**, 본성이 도덕의 내적 원천이라는 관념을 따라 어거스틴에서 데카르트와 몽테뉴를 추적하고, 또 다른 원천인 신앙을 이해하기 위해 종교개혁부터 계몽주의까지 그리고 18세기 후반부터의 문학을 파헤친다.**39**

이마누엘 칸트는 종교를 순수한 이성 안에서 파악하려 했다. 이성(Vernunft)이란 그 장구한 개념의 역사와 함께 매우 다의적이지만, 칸트의 관점에서 좁게 사용할 때, 인간 마음의 '법칙을 수립하는 능력 내지는 법칙을 수립하는 원리'를 의미한다. 그 의미를 넓게 사용할 때는 '이론적인 인식 법칙으로 실천적인 도덕 법칙을 수립하고, 그에 따라 논리적, 사실적, 당위적 판단을 내려서 알맞은 실천을 수행하는 인간 마음의 능력'을 가리킨다. 그의 종교론과 종교 철학은 철저히 '이성 종교'(Vernunft religion)라 볼 수 있다.

이성 종교로서 '종교'란 칸트에게서 인간의 모든 의무를 신의 지시 명령으로 인식함을 뜻한다. 종교는 신에 대한 인식과 연결되고 신의 의지를 반영할 수 있는 일종의 도덕이라고 할 수 있다.**40** 칸트처럼 종교를 인간의

---

38 김선욱, "현대와 씨름하는 사상가 찰스 테일러", 『세속화와 현대문명』, 489.
39 Taylor, 『자아의 원천들』, 9-11.
40 Immanuel Kant, 『이성의 한계 안에서의 종교』(*Die Religion innerhalb der Grenzen der bloßen Vernunft*), 백종현 역 (서울: 아카넷, 2015), 22.

영역으로 끌어내렸을 때, 그 자리는 단연 인간의 심성, 가치관, 사고와 행위를 규정짓는 규범이 될 것이다. 이것은 종교를 개개인의 존재 안으로 가두는 것인 동시에, 종교의 공적 역할을 거세하는 행위가 된다. 종교를 인간 내부의 영역으로 몰아가면서, 인간 외부의 영역에서는 또 다른 권위와 질서를 인정해야 하는 상황이 발생한 것이다.

주체와 객체를 분리하려는 근대의 이원론적 구조는 종교를 사적 영역 내지는 초월의 영역에 머물도록 했다. 현대 사회에서 종교는 그들의 고유한 가치와 정신을 고수하는 동시에 근대 이성의 기획으로 접근할 수 없는 인간의 생명, 정의, 평화, 사랑과 같은 윤리의 저장소로서 작동할 필요가 있다. 사적 그리고 공적, 이성과 신앙, 몸과 영혼, 내재와 초월, 이 세상과 저 세상으로 나누려는 이분법적인 오류를 극복하는 것이 근대 이후의 과제이다.

이것은 종교를 인식할 때에도 마찬가지인데 종교가 공적이면서도 사적인, 종교적이면서도 세속적인 역할을 동시에 간직하고 있음을 인정하는 것이다. 종교의 공적 역할을 인정하는 것은 세속 정부와 이데올로기의 권위를 잠시 내려놓고 현대인들의 이성적, 정서적, 윤리적 지지대로서 종교를 바라보며 사회 통합과 개인 삶의 행복과 의미의 제공자로서 종교의 도움을 수용한다는 것이다.

지금까지 서구 사회가 겪어 온 세속화의 전개 과정과 그 현상의 특징들을 살펴보았다. 20세기 말까지 세속화 현상은 거의 지배적인 담론으로 받아들여졌다. 공적 영역에서 종교의 영향력이 감소하고, 신도의 수와 종교 기관의 활동이 가시적으로 줄어들었고, 종교가 했던 기능과 역할이 세속 정부와 단체들로 세분화, 전문화되어 가면서 종교는 새로운 존립의 위기를 맞이한다. 세속의 왕좌에서 내려와서 저 너머의 세계에 집중하면서 종교는 더욱 사사화 됐고, 종교는 인간의 이성과 내면의 감성 안에서 미미하게 존재하는 사적인 영역으로 이해됐다.

물론 이런 입장이 세속의 발전에 따른 것이라기보다는 종교가 스스로 선택한 결과란 주장도 있다. 절대적인 진리를 담보한 구원의 기관으로서 교회가 보여 주었던 중세의 오만함은 종교가 지배하는 사회의 폐해와 부정적인 현실을 결코 간과할 수 없게 했다. 유럽의 세속화된 사회는 기독교 왕국이 지배하던 도그마로부터 해방됐고, 신적 계시의 도움 없이도 진리가 무엇인지 발견할 수 있는 이성과 양심의 능력을 긍정하게 됐다. 더이상 만물의 창조자요 인도자인 신에 대한 절대적 순종이 아니라 진리를 깨닫고 진리로 살아가려고 하는 이성적 능력을 갖춘 개인들에게 모든 권위가 위임됐다.[41]

하지만 20세기 말까지 지배적으로 받아들여졌던 세속화 논의가 최근 종교의 부상으로 새로운 상황을 맞이하고 있다. 세속화 현상은 서유럽의 예외적인 상황으로 재평가되고 있으며, 동유럽, 남유럽에서는 가톨릭의 여전한 영향력을 확인할 수 있으며, 삶의 현장과 문화 속 깊숙이 뿌리내린 교회의 모습을 찾아볼 수 있다. 종교와 정치를 엄격하게 구분하면서 정치에서 종교를, 종교에서 정치를 제거하는 것이 세속화의 일반적인 흐름이라고 여겨서는 안 될 것이다. 국가의 중립성과 공정함을 이유로 종교를 폐지할 수 없으며, 시민들을 향한 보편적 토대를 발견하기 위해 종교에 위치한 공통적인 가치와 정서, 공공선 등은 세속화된 사회에서 찾을 수 없는 중요한 자원으로 인정 받고 있다.[42]

세속은 종교의 한 유형으로서 종교의 발전된 형태라는 의견도 있다. 세속의 국가주의 역시 하나의 종교이며, 스탈린이나 김정일과 같은 공산 국가의 무신론 지도자들의 통치도 역시 종교적인 특징이 강하다. 세속과 종교의 구분은 사실상 무의미한 것이다.[43] 사실 종교란 단어의 기원이 되는 라틴어 릴리기오(*religio*)는 중세 시대까지만 하더라도 정치나 세속과 같은

---

[41] Lesslie Newbigin, 『복음, 공공의 진리를 말하다』(*Truth to Tell: The Gospel as Public Truth*), 김기현 역 (서울: SFC, 2008), 79-80.

[42] Craig Calhoun, "Secularism, Citizenship, and the Public Sphere, edited Craig Calhoun, Mark Juergensmeyer", Jonathan van Antwerpen, *Rethinking Secularism*, 88.

[43] Cavanaugh, *Field Hospital: the church's engagement with a wounded world* (Grand Rapids: Wm. B. Eerdmans, 2016), 179.

의미로 사용되지 않았으며, 오히려 좋은 정부(good governance)를 뜻했다. 왜냐하면, 좋은 정부는 하나님 안에서 인간의 궁극적인 목적에 도달할 수 있도록 안내하기 때문이다.**44**

이성과 신앙의 관계에서 종교의 영역을 신앙주의라고 비난할 수 있다. 하지만 계몽주의자인 존 로크의 주장처럼 지식을 이용할 수 없을 때 우리가 반드시 돌아가야만 하는 것을 신념일 것이다. 그는 신앙이란 지식이 결여된 자기 자신의 정신에 대한 설득으로 보았고 이런 신앙관은 어거스틴의 슬로건인 '나는 알기 위해 믿는다'(*Credo ut intelligam*)를 따르는 것으로 이성과 신앙이 절대로 분리된 영역이 아님을 인정하는 것이다.**45**

이성과 신앙은 절대로 양분되지 않으며, 이성의 또 다른 측면으로서 신앙의 역할이 종교의 공적 영역에서의 독특한 기여를 가져올 수 있을 것이다. 근대 국가가 완성하지 못했던 공공선(common good)의 배양 역시 종교의 도움을 받을 수 있다. 종교가 공공의 영역에 들어가면서 도덕적 이슈들에 대한 규범적 토대를 제공하는 한편 사회적 합의의 과정에서 합리적 이성으로 간파하지 못하는 본질적인 가치를 제공할 수 있을 것이다. 사회적 합의와 대화를 존중하는 민주주의 사회에서 종교는 자신의 모습을 변형시키지 않더라도 충분히 한 구성원으로서 공론장에 앉아서 대화의 파트너로서 존중받을 수 있다.

다음의 논의들은 세속화 현상과는 정반대로 향하는 종교의 새로운 가시성과 영향력들에 관한 서술이다. 공적 영역에 다시금 부상한 종교를 향한 기대와 우려가 무엇인지 그리고 기독교의 역할은 어떠한 방향으로 전개되어야 하는지를 살펴보려 한다.

---

44 Cavanaugh, *Field Hospital* (Eerdmans, 2016), 182.
45 Newbigin, 『복음, 공공의 진리를 말하다』, 38-40.

제2장

성스러움의 귀환, 종교의 재부흥

만약 세속화 이론이 종교와 세속 사이의 제로섬 게임처럼 상호 공존하지 못하는 것이라 해도 하나가 다른 하나를 완전히 압도할 수는 없다. 종교는 사라지지 않았고, 또 사라질 수 없는 태생적인 것이다. 1980년대까지 가속화되던 세속화 패러다임은 변화를 계속했고 새로운 패러다임의 등장으로 사회학적 '신화'로 퇴출당하기에 이른다.[1]

자연적이고 합리적인 세계관은 초자연적인 것으로 대체되기 시작했고 종교의 정체성이 특정한 시공간 안으로 들어와 의미와 목적을 부여하면서 사회 변화와 일상의 흐름을 주도하기 시작한다.[2] 세속화가 진행되고 있지만, 그것은 단선적으로 종교의 종말을 향해 달려가는 것이 아니라 국가마다 다양한 방식의 쇠퇴와 변형, 적응과 부흥이라는 흐름을 반복하고 있다.

세속화 이론은 결국 이론가들의 예상을 증명하지 못했다. 공과 사, 성과 속, 초월과 내재를 나누던 경계가 흐릿해지면서 정치와 시민 사회 안에서 종교는 공적 담론을 형성하고 사적인 영역에서도 중요성이 인정되고 있다. 세속화 현상이 유럽을 포함한 근대화의 과정에서 일어나는 보편적인 현상인지에, 아니면 그레이스 데이비(Grace Davie)의 말처럼 "유럽의 예외적인 현상"[3]인지에 대한 논의가 필요하다.

---

[1] Martin, 『현대 세속화 이론』, 51.
[2] Elaine Graham, *Between a Rock and a Hard Place* (London: SCM Press, 2013), 62-63.
[3] Grace Davie, *Europe: The Exceptional Case. Parameters of Faith in the Modern World* (London: Darton, Longman & Todd, 2002).

미로슬라브 볼프(Miroslav Volf)는 이렇게 표현했다.

> 종교는 역동하는 지구화의 일부이며, 지구화 안에 종교가 있고, 세계 종교 안에 지구가 있다.[4]

세계화를 통해 확산된 종교들은 다양한 사회 안에서 독특한 정체성을 통해 개인 삶의 태도와 가치관, 공동체의 문화를 형성했고 최근에는 정치적 목소리까지 내고 있다.

1977년 미국의 사회학자 다니엘 M. 벨 주니어(Daniel M. Bell Jr.)는 종교의 미래에 관한 논의를 진행하면서 '성스러움의 귀환'(return of the sacred), 즉 종교의 재부흥을 예견했다.[5] 종교는 사라지지 않았고 오히려 정치적, 경제적, 문화적으로 더욱 중요한 요소로 자리하고 있다. 비단 서구의 문제만이 아니라 전 지구적으로 종교가 새롭게 부상하고 있는 현상이 목격되며 우리는 이를 '후기 세속'(post-secular)이라고 부른다.

일레인 그레이엄(Elaine Graham)은 후기 세속의 특징을 크게 다섯 가지로 구분한다.

첫째, 공적 종교의 새로운 재기
둘째, 영성과 종교성의 새로운 표현들 등장
셋째, 비평 이론의 재주술화(re-enchantment)
넷째, 성스러움의 귀환
다섯째, 세속에 대한 저항[6]

---

4 Miroslav Volf, 『인간의 번영』(Flourishing), 양혜원 역 (서울: IVP, 2017), 27-28.
5 Daniel M. Bell Jr., "The Return of the Sacred? The Argument on the Future of Religion", The British Journal of Sociology, vol 28, no. 4 (December 1977), 419-49.
6 Elaine Graham, Apologetics without Apology: Speaking of God in a World Troubled by Religion (Eugene: Wipf and Stock Publishers, 2017), 54-62.

종교가 다시 공적 영역으로 복귀한다고 해서 중세 사회 가톨릭의 모형을 추구하는 것은 절대로 아니다. 합리적 이성의 한계를 극복하고 국가정치의 빈틈을 메우고자 종교를 향해 손을 내미는 것이다. 이것은 종교를 향해서도 변화를 요청하는 것이다. 세속화 이후의 종교는 공적 이성의 원천이자 공론장의 한 구성원으로 세속 사회에 기여할 것을 요구받고 있다.

1. 종교의 새로운 가시성(New Visibility)

하비 콕스(Harvey Cox)는 『현대 사회로 돌아온 종교』(Religion in the Secular City)에서 20세기 중반, 세속화의 물결에도 불구하고 종교의 부활 조짐이 여기저기서 나타나고 있다고 전망한다. 세속화된 멕시코시티를 방문한 교황의 행보는 분명한 정치적 메시지를 담고 있었고, 캐나다의 가톨릭 사제들이 정부의 빈민층 정책에 대한 반대 운동을 벌이는 것과 미국에서 벌어지는 '도덕적 다수'(Moral Majority) 운동들이 대표적인 사례이다.

세속화 이후의 종교에는 두 가지 특징이 있는데, 하나는 전통적이며, 다른 하나는 급진적이라는 점이다.[7] 후기 세속화는 세속화의 반작용으로 과거로의 회귀를 주장하기도 하며 동시에 세속과는 전혀 다른 차원으로서의 변화를 요구하기에 급진적이기도 하다.

호세 카사노바(Jose Casanova)는 종교의 공적 귀환을 언급하면서, 종교의 사망을 주장했던 근대의 전제들을 무력화시키고, 종교가 실제적이고 규범적인 토대에서 여전히 강력한 영향력을 미치고 있음을 선보인다.[8] 그는 남유럽과 동유럽, 남미 등에서 기독교인이 최근 몇 십 년 동안 어떻게 시민

---

[7] Harvey Cox, 『현대 사회로 돌아온 종교』(Religion in the Secular City: Toward a Postmodern Theology), 이종윤 역 (파주: 한국신학연구소, 1985), 22-23.

[8] Jose Casanova, *Public Religion in the Modern World* (Chicago: University of Chicago Press, 1994), 3-5.

사회와 새로운 관계를 형성하고 있는지를 검토한다.

스페인의 가톨릭교회는 자발적인 교회로 거듭나면서도 정부에 상당한 영향력을 가진 국교회를 유지했다. 폴란드의 가톨릭교회는 1980년대의 전체주의 이데올로기 속에서 시민 '연대'(solidarity) 운동을 주도하며 공산주의의 통치 억압에서 벗어났고, 최근 새로운 정부를 향해서도 적극적으로 목소리를 내고 있다. 브라질은 매우 다른 상황에서 세속 국가와 동맹 관계인 국민교회(national church)로 발전했고 국교회 폐지 이후에도 여전한 영향을 지니고 있다.

제2차 바티칸 공의회 이후에 미국의 가톨릭과 개신교 복음주의는 공공 영역에서의 새로운 역할을 배우면서 시민 사회 속에서 살아남았다. 정치의 일원이 되기도 하고 시민의 정서와 문화 속에 상당한 영향력을 행사하고 있다. 카사노바는 후기 세속 종교는 '탈사사화'(deprivatization)를 특징으로 하며 개인적이고 파편적 종교를 주장했던 세속화 사상을 무력화시키고 종교에 대한 근대 이해에 도전을 제기했다.[9] 세속화와 근대화 이후에도 종교는 사라지지 않았고, 세계화 상황에서 가장 큰 수혜자가 됐다. 세계화로 흩어진 다양한 민족과 문화권에서 근대 국가의 지역적 한계를 벗어나 자신의 영역을 확장할 수 있는 계기를 마련한 것이다.

데이비드 마틴은 그레이스 데이비가 주장했듯이 세속화가 '유럽 예외주의'(European exceptionalism), 특히 서유럽을 중심으로 진행된 현상이라고 말한다. 북유럽의 경우 로마 가톨릭의 이데올로기를 루터교가 대신하면서 개인적이고 경험주의적 요소를 강조하는 종교적 분위기를 자연주의와 경건주의의 흐름으로 연결시켰다.[10] 북미의 경우 여러 통계에서 알 수 있듯이 기독교가 확실히 성장하고 있으며, 특히 오순절 계통의 영성을 추구하는 교단의 성장이 눈에 띈다. 유럽의 계몽주의와 다르게 국가와 교회의 분

---

9 Robert Wuthnow, 『기독교와 시민 사회』(Christianity and Civil Society: The Contemporary Debate), 정재영, 이승훈 역 (서울: CLC, 2014), 78-79.
10 Martin, 『현대 세속화 이론』, 238.

리라기보다 개인의 자유와 정치 정당들의 활동을 자유롭게 보장하지만, 여전히 종교적 토대를 부정하지 않았다.[11]

폴 힐라스(Paul Heelas)와 린다 우드헤드(Linda Woodhead)는 영국을 비롯한 서유럽의 경우 '종교'보다 '영성'을 선호하며 전통적인 틀에 박힌 제도와 규범을 따르기보다 개인적인 영성 생활을 추구하고자 하는데, 특히 젊은 층을 중심으로 이런 분위기가 빠르게 확산된다고 보았다.[12] 또한, 동유럽과 라틴아메리카, 한국, 아프리카 등지에서는 다른 양상으로 발전해 왔다고 지적한다. 특히 제3세계에서는 복음주의와 성령 운동으로 기독교가 더 많이 성장하는 역전 현상이 나타났고, 남미에서는 국가의 엘리트 중심의 정치를 비판하고 사회적 약자들과 함께하려는 오순절 운동이 일어나기 시작했다.

그레이스 데이비(Grace Davie)는 유럽의 근대화와 세속화의 밀접한 관계를 설명하면서 다른 지역에서는 근대화가 세속화를 야기하지 않을 것이라고 제시하며 미국과 싱가포르, 한국을 예로 들었다. 유럽의 종교 상황은 예외적인 경우이며 그 외에도 아메리카, 아프리카 및 일부 아시아 대륙에서 다른 형태의 기독교인 활동에 대한 조사를 통해 자신의 학설을 설득력 있게 주장한다.[13]

버거 역시 세속화가 하나의 보편적이고 일반적인 사회 현상이라는 데 동의하지 않으며, 세속화와 탈세속화가 다양한 형태로 전개되고 있다고

---

[11] Peter Berger, 'Religious America, Secular Europe?', Peter Berger, Grace Davie and Effie Fokas, *Religious America, Secular Europe?: A Theme and Variations* (Surrey: Ashgate Publishing Limited, 2008), 18.

[12] Paul Heelas and Linda Woodhead, *The Spiritual Revolution: Why Religion is Giving Way to Spirituality* (Oxford: Blackwell, 2004), 2-10. 김창환, 『선교와 신학, 33집』(장로회신학대학교출판부, 2014), 27에서 재인용. 영성에 대한 관심은 종교의 새로운 형태가 도래하고 있음을 보여 주는 것이며 그레이스 데이비가 believing without belonging이라 설명한 것처럼 특정한 종교 기관가 제도를 속하지 않으면서도 개인적인 영성을 추구하는 현상이 유럽 사회에서 강하게 나타나고 있다고 말한다.

[13] Grace Davie, *Europe: The Exceptional Case: Parameters of Faith in the Modern World* (London: Darton, Longman & Todd, 2002), 김창환, "성숙한 동반자로서 유럽에서의 선교", 『선교와 신학, 33집』(서울: 장로회신학대학교출판부, 2014), 26에서 재인용.

주장한다. 그는 세속화의 영향이 개인들에게는 여성보다는 남성, 시골보다는 도시, 전통적인 직업에 종사하는 이들보다도 근대 산업화에 친숙한 계층, 그리고 젊은 층에서 더 두드러진다고 보았다. 또한, 가톨릭보다는 개신교와 유대교에서, 다른 국가들보다 유럽에서 나타나며, 미국은 예외적으로 오히려 기독교가 성장하고 있다고 말한다.[14]

버거는 세계 종교 현황을 분석하면서 특별히 이슬람과 기독교 복음주의의 성장을 주목한다. 세계 종교에서 상승하고 있는 종교적 특징을 보면, 보수적이거나 정통파의 모습을 간직한 그룹들이고, 교리의 현대화에 순응했던 그룹들은 쇠퇴의 국면에 있다고 말한다.[15] 즉 자기 정체성을 분명히 하면서 본질적인 요소를 놓지 않는 그룹들이 '롱런'하는 것임을 알 수 있다. 구체적으로 구소련의 붕괴 이후 러시아에서 정교회가 부흥했고, 정통 유대교 집단들도 전 세계적으로 상당한 성장을 거두고 있다. 그중에서도 이슬람교의 급속한 증가는 유럽을 중심으로 가파르게 진행되고 있는데 단지 종교의 영역에만 머무르고 있는 것이 아니라 이슬람식의 생활 방식에 대한 부흥이 일어나고 있다.

조지 와이겔(George Weigel)은 로마 가톨릭의 변화를 언급한다. 그는 로마 가톨릭이 세계 인구의 17%를 상회하는 약 10억 명의 신자로 구성되어 있고, 166개의 국가가 교황청과 공식적인 외교 관계를 맺고 있다고 말하면서 여전한 영향력이 있음을 서술한다. 특히 종교는 문화 형성과 긴밀히 연결되어 있다. 인간의 본능과 욕망의 방향을 잡아 주고 정신과 마음의 습관을 교정해 주는 것은 정치나 시장 경제가 아니라 문화이며 그 문화의 중

---

[14] Berger, *The Sacred Canopy* (Anchor Books, 1967), 108.
[15] Berger, 『세속화냐 탈세속화냐』(*The Desecularization of the world*), 김덕영 역 (서울: 대한기독교서회, 2002), 20. 피터 버거는 종교 부흥의 기원을 불확실성에 대한 불안으로 보고 있다. 사회의 지도층, 엘리트층에 오르지 못한 이들의 분노가 종교의 영역을 통해 해소되고 있으며, 특히 근본주의 종교가 각광을 받는 이유가 된다고 말한다. 또한, 이런 종교적 부흥이 의미 세계를 새롭게 형성하면서 국제정치와 경제 영역에서도 상당한 작용을 할 것이라고 말한다.

심에 종교가 있다. 요한 바오로 2세를 기점으로 가톨릭 사회교리(Catholic social doctrine)가 교파적 진리를 말하기보다 공적 진리로 전환되면서, 가톨릭은 인권의 보편성을 주장하며 낙태를 금지하고 자살을 예방하는 생명 수호에 힘써 왔다.[16]

콕스는 오늘날 종교의 부흥은 전혀 예상하지 못한 일이라면서, 종교적 감성이 초월이 아닌 내재적인 것으로 돌아섰고, 내재 속에 있는 신성한 것의 재발견이 일어났고, 세속적인 것 안에 있는 영적인 것을 발견하고자 한다고 언급한다. 그는 신앙고백과 같은 교리적, 이성적, 합리적인 신앙에서 경험적이고 영적인 것을 추구하는 신앙으로 전환되고 있기에 신앙의 미래는 곧 성령의 시대라고 결론을 맺는다.[17]

서구 사회의 종교 부흥은 단지 종교적인 영향에만 영향을 미치는 것이 아니라 삶의 양식에도 변화를 가져왔다. 특별히 유럽 사회로 밀려드는 이슬람교도들로 인해 법과 제도의 정비를 요청받고 있다. 이처럼, 세속화의 영향으로 종교가 사라질 것처럼 보였지만 결과는 그 반대이다. 우리는 이를 후기 세속 사회(post-secular society)라고 부른다. 이는 단지 개인적이고 영적인 차원에서의 종교 부흥을 말하는 것이 아니라, 세속화된 사회 안에서 종교 공동체들의 재등장과 지속적인 성장으로 공적 사회 전반에 걸쳐 종교의 영향력을 인정하고 수용하려는 모습이라 할 수 있다.

마크 놀(Mark Noll)은 『세계 기독교의 새로운 형태』(*The New Shape of World Christianity*)에서 세계 기독교 지형의 변화를 사례 중심으로 설명한다. 지난 주일 중국에서 예배를 드린 인원이 유럽의 전체 예배 참석자보다 많고, 스코틀랜드보다 가나에 더 많은 장로교인이 있으며, 영국과 프랑스에서는 흑인이 더 많이 예배에 참석했고, 필리핀에서 예배드린 가톨릭 신자의 숫

---

16 George Weigel, "요한 바오로 2세 시대의 로마 가톨릭교회", 『세속화냐 탈세속화냐』, 37-58.
17 Harvey Cox, 『종교의 미래』(*The Future of Faith*), 김창락 역 (서울: 문예출판사, 2010), 9-23.

자가 이탈리아와 스페인보다 많다. 1800년대 평균적인 기독교인은 영국에 거주하는 29세 남성 백인이었지만, 오늘날의 평균적인 기독교인은 남미 또는 아프리카에 거주하는 젊은 여성일 것이다.[18]

필립 젠킨스(Philip Jenkins)도 서구 사회에서 기독교가 쇠퇴하는 듯 보이지만 기독교가 북반구의 종교 이미지를 버리고 남반구로 확대되고 있음을 지적한다. 그는 브라질, 멕시코 등 남미와 사하라 이남의 기독교 인구 증가를 주목한다. 중국에도 몇 가지 변화의 바람이 불고 있는데, 먼저 알렉산더 조우(Alexander Chow)는 중국 기독교의 성장과 변화에 주목하면서 하나의 도시적 현상으로 보았다.

2010년 3월 중국의 영자 신문 「차이나데일리」(*China Daily*)에 상당히 흥미로운 기사가 실리는데, "가정교회들이 베이징에서 성장하고 있다"이다. 중국 정부의 공식 입장을 대변하는 「차이나데일리」가 중국 내 불법으로 알려진 가정교회를 공식적으로 언급한 것은 국내의 민감한 이슈들을 거의 다루지 않았기에 상당히 이례적인 것이다. 이 기사에서 언급된 슈완교회(Shouwan Church)는 약 1천여 명 가까이 모이며 정부 당국의 간섭이 약화되고 있다고 설명한다.

조우가 주목한 것은 그 교회의 구성원들과 리더들이 매우 잘 교육받은 엘리트들로 베이징 최상의 대학 교수로부터 졸업생들이 상당하다는 점이다. 그동안 중국 기독교는 가난하고 잘 배우지 못한 약자들의 종교였지만, 중국 도시들 안에서 성장하는 교회들의 특징은 도시의 지적인 교회(urban intellectual church)라는 점이다. 특별히 그 교회들의 상당수가 존 칼빈의 가르침과 전통을 따르는 교회들로 수적인 증가와 함께 영향력의 확대라는 측면에서 중국 기독교의 중요한 변화라 볼 수 있다.

특별히 조우는 이들이 중국 사회의 공적 문제들에 관해 신앙과 신학적으로 목소리를 내고 있음을 주목한다.[19] 투 웨이밍(Tu Weiming) 역시 중국

---

[18] 이재근, 『세계복음주의 지형도』 (서울: 복있는 사람, 2015), 59-62에서 재인용.
[19] Alexander Chow, "Calvinist Public Theology in Urban China Today". *International Journal*

기독교의 성장을 하나의 도시적 현상으로 이해하면서, 엔칭, 진링, 성 요한, 링난, 푸젠 그리고 쑤저우대학과 같은 기독교 계통 대학들이 미국 방식의 강의와 연구를 진행하고 있다고 언급한다. 기독교뿐 아니라 중국의 사회주의 정치 문화에서 불교에 대한 관심도 급증하고 있다. 불교의 성산(聖山)들의 저명한 사원들이 복구되고 있고, 승려 지원자들이 급증하고 있다. 웨이밍은 중국의 종교 부흥의 이면에는 오랜 기간 인민주의와 실증주의 노선을 추구하면서 찾아온 '의미의 위기'의 대안을 종교에서 찾기 때문이라 말한다.[20]

아시아는 오랜 시간 유교와 불교의 지배권에 있었다. 공적 종교로서 유불교가 내세와 개인의 수양만을 강조해 왔던 것은 아니며, 국가의 정치와 지배 질서 형성에 상당한 역할을 해 왔음을 부인할 수 없을 것이다. 야와아키 나오시는 『공공 철학이란 무엇인가』에서 일본 사회가 요청하는 공공성의 원류를 서구 철학과 더불어 동아시아 종교에서 찾고 있다. 특히 유교에는 공공 철학적 요소를 가지고 있으며, 공자는 군자로서 추구해야 할 요소로 언급한 인(仁), 화(和), 예(禮)와 맹자가 내세운 인의예지신(仁義禮智信)은 '민을 위해' 위정자가 몸에 익혀야 할 공공 윤리라고 평가한다.

정치의 정당성은 인과 의 즉, 민을 위한 행복과 정의에 있으며 맹자는 그것을 위정자의 실천 즉, 왕도라고 불렀다. 유교 외에도 겸애를 주장한 묵자의 사상은 지나친 자기 이익의 추구를 억제하고 공정한 분배를 위해 행동해야 한다는 점에서 공공성을 주장하는 것이라 볼 수 있다.[21] 동서를 막론하고 종교는 여전히 사회 안에서 자신의 고유 역할을 담당하고 있다. 사회 체제를 유지시키는 정신이자 시민들의 일상에 파고든 문화적 토대이기도 하다. 종교를 신비적, 미신적으로 이해해 오던 것과 다르게 후기 세

---

    of Public Theology 8 (2014), 158-175.
20 Tu Weiming, "The Quest for Meaning: Religion in the People's Republic of China", 『세속화냐 탈세속화냐』, 121-140.
21 야마와키 나오시, 『공공 철학이란 무엇인가』, 성현창 역 (서울: 이학사, 2011), 78-79.

속 사회에서 종교는 사회의 통합과 삶의 목적과 의미를 깨닫게 하는 정서적 기능까지 요구받고 있다.

2. 종교는 왜 소환되어야 하는가?

하버마스는 공공 영역에서의 종교와 신념의 가시성은 최근의 현상으로 이를 사회의 '후기 세속'(postsecular)이라 불렀다. 그는 프랑크푸르트 학파를 따라 공적 이성의 사용에 있어서 종교의 역할을 극도로 배제해 왔으나, 9.11 사태 이후 종교의 가시적 영향력을 경험한 뒤로 전환점을 맞이하게 된다.

'신의 복귀'(God is back)는 종교 영역 안에 국한되는 것이 아니라 세계화된 사회 전반에서 걸쳐 있다. 종교의 귀환에 대해 부정적인 시각을 가질 수도 있는데, 중세까지 보여 주었던 주술적이고 신비적인 지배력이 다시 강화되는 것(re-enchantment of the world)이 아닌지 하는 우려이다. 그러나 오래된 신의 귀환이 아니라 세속화를 거친 종교의 복귀는 과거와는 다른 역할을 주문받고 있음을 알아야 한다.[22]

2004년에 독일 뮌헨에서 뜻깊은 두 거장의 대화가 이루어졌는데, 바로 하버마스와 후에 베네딕토 16세 교황이 된 요제프 라칭거(독일어: Joseph Aloisius Ratzinger)다. 이 두 사람은 "자유 국가의 정치 이전의 도덕적 토대들"이란 주제로 대화를 하면서 인간다운 사회를 세우는 토대가 무엇인지 논의했다. 다원적 사회에서 함께할 수 있는 공통의 기반, 구성원들이 연대할 수 있는 필요조건, 또 '함께'라는 인식의 관습이 무엇인지 다루었다.

---

[22] Chris Baker and Adam Dinham, "New Interdisciplinary Spaces of Religions and Beliefs in Contemporary Thought and Practice: An Analysis", *Religions*, 2017, Vol 8, (2).

먼저 하버마스는 "법이 사회 구성원을 묶어 주는 장치인가?"를 질문한다. 특히, 후기 세속화 시대에는 보편적인 규범이 사라지고 다양한 종교의 공존으로 혼란이 가중되기에 '신앙인과 비신앙인은 어떤 자세로 살아야 하는가?'를 고민해야 한다. 하버마스는 이성의 토대가 되는 가장 명확한 법이 있지만, 그 법이 정당성을 갖거나 설득력을 얻기 위해서는 문화적 토양에 근거해야 한다고 보았다. 현대 사회에서 결속의 끈으로 작동하는 실정법이 국민의 참여를 제한하고, 권력의 하수인이 되어 버릴 때 연대의 토대가 무너지게 된다. 이 부분에서 하버마스는 종교의 역할을 주문한다.

후기 세속 사회는 점점 더 세속화되는 환경에서도 살아남아 기능할 것이며, 사회는 종교 공동체가 당분간만 존속하리라 생각하지 않을 것이다. 후기 세속(post-secular)이란 표현은 종교 공동체가 사회적으로 바람직한 동기 부여와 태도의 재생산에 기여하는 기능을 갖고 있다는 것을 공식적으로 인정하는 것만을 의미하지 않으며, 공공의식 속에는 신앙인과 비신앙인 사이의 정치적 교류와 관련된 중요한 규범적 시각을 반영한다. 이런 사회에서 공공의식을 세우기 위해서 종교적 입장을 수용하고, 이를 성찰적으로 변형시켜야 한다는 인식이 더 증가하고 있다. 결국, 상호 보완적인 학습 과정을 인정하는 것이다.[23]

---

23 Jürgen Habermas, Joseph Ratzinger, 『대화-하버마스 대 라칭거 추기경』(*Dialektik der sakularisierung*), 윤종석 역 (서울: 새물결플러스, 2009), 51. 하버마스가 처음부터 종교의 공적 역할에 긍정했던 것은 아니다. 1980-90내대의 저작에서는 사회적 합의 과정에서 종교는 오히려 위험한 존재로서 자리한다고 보았고, 초월적 권위는 사회적 합의에 의한 권위로 이전되었음을 주장했다. 하지만 90년대 중반부터 그의 입장에 변화가 감지되는데, 2003년 Peace Prize 연설에서 세속화의 전제가 잘못됐고, 종교가 오히려 도덕적 원천으로서 작동됨을 인정하게 된다. Michael Reder, Josef Schmidt, S. J, "Habermas and Religion", Jürgen Habermas et al. *An Awareness of What is Missing* (Cambridge: Polity Press, 2010), 4-6.

하버마스는 형이상학적(Metaphysical) 철학의 종말을 고하면서 오늘날 후기 형이상학적(Post-metaphysical) 철학의 필요성을 주장한다. 이성으로 설명하거나 접근할 수 없는 부분들에 대해 종교는 근대의 세계관으로 인식할 수 없는 의미와 통찰을 제공할 것이다.

하버마스는 특정 종교와 전통들의 인지적 타당성을 부인하지 않으면서 신념과 지식 사이의 엄격한 구분을 철폐했다. 신앙의 내용과 본질들이 철학의 개념과 언어 안에서 통용이 가능하게 다가온다면 그들에게서도 배울 수 있다는 열린 자세를 요청한 것이다. 즉 종교의 철학적 인식 가능성을 열어 두면서 칸트가 제기했던 도덕의 촉매제로서 종교의 역할을 수용하고 있다. 그는 이런 사회를 후기 세속 사회(post-secular society)라고 명명했다.[24]

하버마스는 크게 세 가지로 후기 세속 사회를 설명한다.

> **첫째**, 국제적 갈등의 주요 원인으로 종교가 자리하고 있고 특히 근본주의의 확산과 테러의 공포는 세계화 상황에서 종교를 새롭게 인식하게 만들었다.
>
> **둘째**, 종교가 공적 영역 안에서 하나의 이데올로기와 같은 세계관을 제공한다는 것이다. 종교 기관은 하나의 '해석 공동체'(Communities of interpretation)로서 역할을 하면서 공적 의견을 제안하거나 형성할 수 있다. 예를 들어 낙태를 반대하거나 의료 분야에서 인권과 생명을 강조하는 여론을 형성하면서 공적 영역에 하나의 압력을 행사할 수 있을 것이다.
>
> **셋째**, 난민과 여행자들의 증가로 다원화된 종교 상황에서 사람들의 의식 전환에 크게 기여한다는 점이다.[25]

---

24 Jürgen Habermas, *Between Naturalism and Religion* (Cambridge: Polity Press, 2008), 245-246. 하버마스는 이성은 무엇을 하는 방법, 즉 도구적 이성으로 변해 버렸기에, 원래의 의미를 복구하기 위해서 실천적 이성, 즉 도덕과 가치를 묻는 이성의 회복을 주장한다. Harvey Cox, 『현대 사회로 돌아온 종교』(*Religion in the Secular City: Toward a Postmodern Theology*), 이종윤 역 (파주: 한국신학연구소, 1985), 249.

25 Habermas, "Secularism's Crisis of Faith", *Blatter für deutsche und internationale Politik*, in

하버마스가 종교에 요청했던 것은 도덕적 이성의 깊은 지점에서 가치와 덕의 담보자로서 민주주의 사회의 건강한 토론과 합의의 정신을 실행하는 것이다. '제도적 이성'(instrumental reason)의 한계를 극명하게 바라보면서, 영적이고 정서적인 차원의 사회 문제들에 대한 종교적 접근의 가능성을 제안하는 것이다.[26] 또한, 세속 사회에서 종교는 여전히 사회 통합의 기능을 감당하며 파편화된 개인주의를 극복하고 왜곡된 근대성을 변혁시키는 데 결정적인 역할을 한다고 인정했다.[27]

라칭거 추기경은 반대로 종교의 변화를 요청했다. 라칭거는 만인의 합의와 동의를 통해 세워진 법이 공평하지 못할 때, 또 소수의 권력자를 통해 사회가 폭력으로 작동할 때, 그런 부분을 제어할 수 있는 장치가 무엇일까를 고민한다. 그러면서도 종교가 과연 낭만적으로 사회를 치료할 수 있는 본질적인 힘을 가졌는지 질문한다. 그는 반대로 종교의 합리적, 이성적 장치가 필요함을 역설한다. 다시 말해 공적 영향력을 확보하기 위해서 종교는 합리성을 전제로 하는 소통 가능한 언어를 구사할 필요가 있다는 점이다.

라칭거는 절대 진리와의 만남을 회피하는 이성에 대해 비판하며, 이성이 정당화의 방법론과 법칙 안에 갇힐 때, 즉 신앙을 배제하는 이성은 병리적 현상과 상대주의적 독재의 위험에 빠지게 된다고 주장한다.[28] 그렇다고 라칭거가 이성을 마냥 낙관한 것은 아니다. 이성의 한계와 타락을 잘 알고 있지만, 종교의 역할을 다시 주문하면서 후기 세속화에서 종교 역시 이성적인 부분으로 보완되어야 할 필요성을 언급하는 것이다.

라칭거는 종교의 이성적 토대의 대표적인 부분을 바로 자연법으로 든다. 하나님의 완전한 법, 아퀴나스로 말하면 영원법의 구체적인 원리를 가

April 2008, 19-21.
[26] Elaine Graham, *Apologetics without Apology: Speaking of God in a World Troubled by Religion* (Eugene: Wipf and Stock Publishers, 2017), 50-51.
[27] Bellah, "Stories as Arrows: The Religious Response to Modernity", Arvind Sharma eds., *Religion in a Secular City* (Trinity Press, 2001), 95.
[28] 이규성, "신앙의 합리성 문제: 요셉 라칭거를 중심으로", 13.

리키는 것이 바로 자연법(natural law)이다. 물론 개신교 안에서는 자연법에 대한 논의를 자연 신학으로 제한하여 소극적으로 접근하기도 하지만, 최근에는 거스탑슨을 중심으로 다시 이 논의를 키워 가고 있다.

라칭거는 더 적극적으로 자연법을 언급한다. 자연법은(특히 가톨릭교회 내에서는) 모든 논리의 근거가 된다. 우리 모두가 공유하고 있는 이성의 근거로서, 다원주의적 사회에서 법의 윤리적 원리들에 관한 합의의 토대를 찾기 위해 세속 사회를 비롯해 다른 공동체들과 대화를 나눌 때, 가톨릭교회는 대화를 나눌 때 이 도구를 사용했다.[29]

자연법은 창조주 하나님 아래에서 이루어진 우주의 보편적 원리와 가치들로, 생명에 대한 존중을 비롯해 정의, 평화, 사랑 등 건강한 사회를 유지하는 기본 법칙과 덕목들이다.

하버마스와 라칭거의 대화를 통해 볼 때, 이성과 신앙이 서로 대립하는 지점에 있는 것처럼 보이지만, 근대 이후, 후기 세속 사회에서 상호 보완적인 입장으로 자리매김하고 있음을 잘 보여 준다.

니콜라스 월터스토프(Nicholas Wolterstorff)는 하머마스가 여러 저작에서 주장한 후기 형이상학적 철학의 특징을 네 가지로 설명한다. 비형이상학적(non-metaphysical), 공유된 생활 세계(shared lifeworld), 합리적(rational), 세속적(secular)이다.[30] 즉 근대 이성을 넘어서는 후기 형이상학적 종교는 자신의 특수성 안에 갇혀 있는 것이 아니라, 비신앙인들과 소통 가능한 합리적 이성의 언어로 번역이 가능한 의미와 체계를 지니며, 공적 이성으로서 보편적인 특성을 띠어야 한다는 입장이다.

더 나아가 하버마스는 사회의 분열을 방지하고, 공동체적 연대와 윤리 도덕적 규범의 토대로서 종교 공동체의 역할을 주장한다. 물론 다종교의 상황

---

[29] 하버마스, 라칭거, 『대화-하버마스 대 라칭거 추기경』, 69.
[30] Nicholas Wolterstorff, "An Engagement with Jürgen Habermas on Postmetaphysical Philosophy, Religion, and Political Dialogue", in Craig Calhoun, Eduardo Mendieta and Jonathan VanAntwerpen, *Habermas and Religion* (Cambridge: Polity Press, 2013), 95-97.

을 전제해야 할 것이지만, 합리적 이성만으로는 통합의 기능을 할 수 없다. 공적 영역에서 이성이든 신앙이든 서로를 향한 의사소통적 자세와 포괄적인 관용의 자세를 취해야 할 것이다.[31] 신앙을 가진 이들은 법과 도덕 안에서 평등주의의 원칙을 수용하고 자연 이성의 권위와 제도화된 학문의 결과를 받아들이는 것이 각자의 신앙에 위배되지 않음을 인정해야 할 것이다.[32]

이성의 절대성을 타파하고 신앙으로 보완하려는 그의 시도에는 분명 찬반의 논의가 필요하다. 그러나 분명한 것은 신앙의 기능과 역할에 대한 공적 요구는 그동안 교회가 잘못 인식해 온 신앙에 대한 근본적인 변화를 요구하는 것이기도 하다.

3. 종교의 번역 가능성

하버마스는 소통의 과정에서 이성의 역할을 긍정하면서도 종교 역시 이성의 언어와 논리 안에서 공통의 주제와 관심에 대한 참여가 가능할 뿐 아니라 이성적 사고에서 제안하지 못하는 부분에서 적극적인 참여 가능성을 열어 두었다. 민주주의를 기반으로 하는 사회에서는 종교적 배경과 상관없이 누구라도 공론장에 나타나 자신의 의견을 제시할 수 있어야 하기 때문이다.[33] 그는 근대 국가가 당면한 자연적 이성의 한계를 목도하면서 탈

---

[31] 하버마스가 일반적인 관용을 사용한다고 해서 이 용어를 가볍게 여겨서는 안 된다. 그는 독일 나치의 만행을 보았던 사람이고, 그 사상의 중심에 자리하고 있는 것이 이성의 극대화가 보여 주는 법과 전체주의의 파괴적 행위를 고민해 왔다. 그가 의사소통 행위 이론을 말하는 것도 타자와의 상호 이해를 목적으로 하기 때문이다. 그는 의사소통의 전제조건들로, 이해 가능성, 진리성, 규범적 정당성, 진정성을 말한다. 그는 이 개념으로 생활 세계 안에서 어떠한 권력과 돈의 논리로 식민화시키는 힘을 막고 상호 이해를 통해 갈등을 해결하려고 한다. 바로 관용은 의사소통적 상호 이해를 내포하는 개념이다.

[32] Wolterstorff, "An Engagement with Jürgen Habermas on Postmetaphysical Philosophy, Religion, and Political Dialogue", in Craig Calhoun, Eduardo Mendieta and Jonathan VanAntwerpen, *Habermas and Religion* (Cambridge, Polity Press, 2013), 102.

[33] Michael Reader, Josef Schmidt, S. J, "Habermas and Religion", Jürgen Habermas et al. *An Awareness of What is Missing* (Polity Press, 2010), 13.

이성적인, 초자연적인 탈물질적인 사고를 위해 종교로 관심을 옮겨 갔고, 서로 번역(translate) 가능한 방식으로 논의를 진전시킬 것을 제안한다.

하버마스의 후기 세속 개념은 후기 칸트적 계몽주의의 방식을 버리고 경험적인 언어와 이성적인 언어로 표현할 수 없는 영적이고 초월적인 것을 재가치화하는 것이다. 하버마스는 종교적 혹은 신학적 원칙들이 공적 논쟁에 지속적으로 정보를 제공하고 있다고 생각하면서 종교의 초월적인 원칙들이 민주적 가치들, 도덕적 이성의 깊은 통찰에 있어서 세속적 이해들이 할 수 없는 부분들을 감당할 수 있으라 보았다.

그 과정에서 종교가 공적 영역에 들어갈 때 '번역'(translation)이 일어나며 신학적 교훈들은 보편적 의식과 언어로 대치된다. 종교의 도덕 이성은 인간의 경험적 차원을 다루기에 사회의 관습들에 대해서도 판단할 수 있는 공적 자원이 된다. 계몽주의의 영향으로 경제와 정치의 공적 영역과 신앙의 사적인 영역이 분리되어 세속적 모더니티의 위기가 찾아온 것은 종교가 제공하는 상상력과 같은 영역을 무시했기 때문이다.[34]

하버마스는 신앙과 종교 전통 안에서 공적 이성의 계보들을 찾기를 원했고, 특히 희망의 자원으로서 신앙을 바라보면서 과학적 이성주의의 좁은 시야를 극복하고 의사소통적 이성을 넘어 신의 존재 가능성을 인정했다. 이성은 자기 근원적일 수 없으며 스스로 선의 개념과 내용을 공급할 수 없다.[35] 종교가 지니는 가치와 희망들은 비종교인들과 공론장 안에서 논의가 가능하며, 적절한 개념화로 번역이 일어날 때, 그러한 번역은 공동체가 문화 안에서 공유하는 공통의 메타포를 통해 상호 참여적일 수 있다.[36] 종교는 공적 이성의 계보를 형성해 온 일부이기에 종교를 배제할 수는 없을 것이다.

---

34 Elane Graham, *Between a Rock and a hard Place*, 47-48.
35 Craig Calhoun, "Secularism, Citizenship, and the Public Sphere", Craig Calhoun, Mark Juergensmeyer, Jonathan van Antwerpen eds., *Rethinking Secularism*, 84.
36 Calhoun, "Secularism, Citizenship, and the Public Sphere", 85-86.

하버마스의 종교에 대한 관심은 2008-2009년 경제 위기 상황에서 다시 일어난다. 물질적 악화와 불평등한 구조는 사회민주주의 국가가 지향하는 평등의 지점을 넘어서는 것이 필요했기 때문이다. 시민의 덕(civic virtue)을 새롭게 할 자원으로서의 종교를 주목하면서 종교와 형이상적인 인간의 존엄성에 대한 접근에서 해답을 찾았다. 다원화된 공공 논의와 인권의 강조보다 종교가 훨씬 더 잠재적으로 해방적이고 진보적일 수 있다고 해석한다.

그렇다고 그가 종교적인 제도와 관습, 실천 등이 가지는 내적인 역동성에 관심을 두는 것은 아니다. 프랑크푸르트 학파가 지향하는 기술적 이성의 절대적 형식인 계몽주의 프로젝트로의 회복을 위해서, 도덕적 이성의 형태를 띤 종교를 통해 그 회복 가능성을 열어 놓은 차원에서 후기 세속에 관심을 갖는 것이다.

미셸 딜런(Michelle Dillon)이 지적한 것처럼 계몽주의 프로젝트의 운명을 염려하면서 후기 세속화와 도덕적 이성의 형태에서 분리된 종교의 재인정이 계몽주의 프로젝트를 회복할 것을 확신했다. 후기 세속은 계몽주의처럼 세속이 본래 그 목표로 의도했던 것인지 모른다. 하버마스는 후기 세속 사회의 모순적 특성과 복잡성을 지적하면서 유럽은 세속화와 종교의 탈제도화가 계속해서 양립하고 있다고 말한다. 이민자들로 인해 종교의 다원주의가 발생하고 있고 글로벌 근본주의의 간접적인 영향과 신앙에 기반한 조직의 새로운 등장이 전통적인 사회 민주주의 국가 복지 체제를 재구성하고 있다.[37]

---

[37] Graham, *Between a Rock and a hard Place*, 50-51.

4. 공통의 종교(common religion)로서 시민 종교

종교의 공적 복귀가 최근의 현상이지만 인류의 역사 안에서 종교가 공적 위치에서 역할을 감당한 적이 없었을까?

국가 종교와는 다르게 공공선과 구성원들의 번영을 위한 종교로서 역할을 했던 적이 없었을까?

우리는 공적 종교 혹은 시민 종교에 대한 논의를 살펴보면서, 후기 세속사회에서 종교의 공적 역할이 과거와 어떻게 구별되어야 할지를 살펴야 할 것이다. 조승래는 종교는 어떠한 형태로든 인류 역사와 함께해 왔으며, 특히 서구 전통에서는 고대 플라톤에서부터 근대 국가 등장, 20세기의 전체주의 체제하에서도 면면히 유지되어 왔다고 주장한다. 그는 시민 종교론이 서구 전통의 중요한 부분으로 국가의 법을 지키는 것은 신이 부여한 양심을 지키는 행위라는 신념이며, 법을 어기는 것은 신의 처벌을 수반한다는 공포를 시민들이 가질 때 사회의 질서가 확립되고 안정이 유지된다는 흐름을 이어 왔다고 주장한다.[38]

플라톤이 주장한 시민 종교는 신화와 철학적 종교와 다르게 정의로운 정치 질서의 수립을 위한 필수적인 조건이었다. 『법률론』에서 법을 지키는 행위와 신을 숭배하는 행위를 같은 행위라고 주장한다. 시민 종교의 유용성에 대한 담론은 중세에도 나타나는데, 1159년 솔즈베리의 존(John of Salisbury)이 당시 잉글랜드 왕 헨리 2세(Henry II)의 자문관 토머스 베켓(Thomas Becket)을 위해 쓴 『정치가의 선』(*Policraticus: The Statesman's Book*)을 꼽을 수 있다. 그는 그 책에서 종교가 국가의 혼이라고 주장했다. 종교가 내적인 신앙에 머무는 것이 아니라 외적인 의례도 갖추면서 이를 통해 사회

---

[38] 조승래, 『공공성 담론의 지적계보: 자유주의를 넘어서』 (서울: 서강대학교출판부, 2014), 77-81. 플라톤은 『국가론』에서 이를 시민 신학이라고 불렀고 그것은 신화적 신학, 철학적 신학과 구별되는데, 인간과 사의 올바른 질서에 필수적인 원리와 교리로서 철학자들이 고안한 다음 알아듣기 쉬운 이야기와 이미지로 바꾸어놓은 것이다.

적인 그리고 정치적인 행위들을 순화로 이끌어야 한다고 생각했다.

토마스 아퀴나스도 종교가 인민들이 공동선을 추구하는 것을 가능하게 함으로써 국가의 안녕을 가져다줄 수 있음을 주목했다. 마키아벨리는 종교가 로마인들에게 도덕심을 고취함으로써 진정한 용기가 무엇인지 알게 해 주고 질서 속에서 번영을 구가할 수 있다고 믿었다.[39] 루소도 프랑스 혁명 직전에 시민 종교란 개념을 수용하면서, 각 국가가 국민의 가장 중요한 자유를 표현하기 위해 가치와 상징을 개발할 필요가 있고 교회와 교리의 권력을 극복하고 국가의 집단의식을 공고히 할 수 있는 일반 의지(general will)를 양성하는 잠재력을 필요하다고 말한다.[40]

시민 종교가 서양의 정치 전통에서 더 확고히 뿌리내릴 수 있었던 것은 종교개혁 덕분이다. 종교개혁은 만인사제주의를 통해 개인의 구원을 사적 영역의 일로 한정시키면서 한편으로는 이것을 가능하게 해 주는 국가를 설정하지 않으면 안 됐다. 교황 체제의 사제 지배를 종식시키고 만인사제주의를 실현할 수 있는 세속 국가를 유지하는 일 자체가 바로 시민 종교였다.[41]

근대에 이르러서는 로크에게서 이런 사상이 잘 발견된다. 그는 기독교야말로 정치 공동체의 질서를 유지시키고 구성원들을 계도시킬 수 있는 보편성과 초월성을 모두 갖춘 시민 종교라고 주장했다. 기독교의 교훈은 시민 생활에 필요한 이성과 같은 것이요, 기독교에서 말하는 신성의 진실성이 사회의 기초가 될 수 있다고 보았다. 영생을 얻기 위해서 인간들이 따라야 하는 기독교 신의 법은 곧 이성의 법이요, 자연의 법이어서 그것은 시민 생활의 옳고 그름의 공정한 기준이 되고 사회를 묶어 주는 원리가 된다는 것이다. 그는 '회개'가 신의 법, 이성의 법, 자연의 법으로서 합치를 의미한다면

---

[39] 조승래, 『공공성 담론의 지적계보』, 81-83.
[40] Max L. Stackhouse, *Globalization and Grace*, 이상훈 역 『세계화와 은총』 (용인: 북코리아, 2013), 146.
[41] 조승래, 『공공성 담론의 지적계보』, 84.

서 이것이 시민 생활을 가능하게 하는 진정한 종교라 생각했다.**42**

세속화 논의가 한창이었던 1960년대에 로버트 벨라는 "미국 안의 시민 종교"(Civil Religion in America)란 글에서 사회에 있어서 일반적인 공적 종교는 특정한 종교를 말하는 것이 아니라 미국 사회의 사회적 친밀도를 높이고, 자유, 평등, 정의와 같은 보편 가치를 세워 나갈 수 있는 일반 종교라고 주장한다.**43** 미국 사회가 다인종, 다문화, 다종교, 다언어로 다원화되는 상황에서 정치적, 사회적 갈등을 해소하기 위해서는 개인의 자유를 보호하는 한편, 사회적 합의를 위한 공통의 지지 기반이 필요했기 때문이다.

이런 입장에서 월터 립프만(Walter Lippmann)은 모든 시민이 지지하는 선한 의지로서 자연법과 일반 이성의 부활을 주장한다. 립프만 역시 근대성의 폐해로 개인주의의 부상과 상대주의의 만연히 공동체성을 약화시키고 있음을 목도하면서 공공 철학(public philosophy)의 관점에서 공공선의 회복을 주장한다.**44**

라인홀드 니버(Reinhold Niebuhr) 역시 비슷한 관점에서 립프만을 지지한다. 그는 철학과 신학을 결합하여 기독교의 인간 이해의 관점에서 민주주의 사회의 발전 가능성을 설명한다. 기독교 정치 철학적 관점에서 니버는 종교의 다양성 문제가 종교적인 방식으로 해결되길 바라면서, 더 높은 차원의 종교적 헌신으로서 종교적 관용(religious humility)이 민주 사회에서 전제되어야 한다고 보았다.**45**

---

[42] John Locke, "On the Resonableness of Christianity", George W. Ewing eds. (Chicago: Regnery, 1965), 14, 26-163, 『공공성 담론의 지적 계보』, 88에서 재인용.

[43] Bellah, "Civil Religion in America", Daedalus 96 NO 1. (winter, 1967), 3-4. 노영상, "교회와 신학의 공공성에 대한 논구", 새세대교회윤리연구소, 『공공 신학이란 무엇인가』 (용인: 북코리아, 2007), 67에서 재인용.

[44] Bellah, "Public Philosophy and Public Theology in America Today", Lerov S. Rouner ed., *Civil Religion and Political Theology* (University of Norte Dame Press, 1986), 82-84.

[45] Reinhold Niebuhr, *Children of Light and Children of Darkness* (Prentice Hall, 1974), 134-135.

시민 종교에 관한 미국 사회의 관심과 요청에도 불구하고 벨라는 미국이 기독교 신앙을 기반으로 중동에 전쟁을 일으키거나, 하나님의 이름으로 정치와 권력의 촉매제로 사용하는 일을 비판하면서, 그것은 언약의 파기이며, 언약의 오용이라 말한다. 시민 종교가 사회의 연대와 융합을 촉진시키도록 작용을 할 수 있지만, 또 다른 종교적 폭력을 발생시킬 수 있기에 종교의 공적 역할은 상당히 주의가 필요하다.

벨라의 시민 종교 개념은 고전 공화주의자들의 덕 전통과 현대 자유주의적 정치 전통의 불신과 긴밀하게 연결되어 있다. 공화주의적 전통은 기본적으로 칼빈주의 전통과 뒤르켐의 기능주의적 전통 그리고 공리주의와 융합된 것으로 볼 수 있다. 하지만 벨라의 시민 종교는 국가의 신성화를 통해 하나의 종교적 대상으로서 충성을 강요할 우려가 다분하다. 시민 종교가 규범적인 정치적 공동체를 통합하는 힘으로서 작용할 때 시민 종교는 다시 형성되기 힘들 것이다.[46] 그런데도 시민 종교가 구성원들의 소속감 증대와 도덕적 기반을 제공함으로 정치적 질서의 안정과 평화를 추구하는데 기여하는 부분은 분명히 인정된다.

그러나 시민 종교의 오용에 대한 염려는 전체주의와의 결합에서 더욱 구체적으로 나타난다. 레오이 S. 로우너(Reroy S. Rouner) 역시 미국의 시민 종교가 미국 시민들의 공통 정체성을 제공하고 다원화 사회에서 필요한 패러다임을 제공하는 것은 맞지만, 그것이 미국의 꿈과 신화를 성취하기 위한 정당성을 제공하거나 미국을 신성화하는 종교적 교리를 제공할 것을 우려한다.[47]

리차드 존 뉴하우스(Ricahrd John Neuhaus)는 로버트 벨라의 시민 종교 논의가 미국을 지지하는 하나의 제도 종교를 언급한 것이 아니라, 미국의 공적 토대를 형성하는 하나의 공공 철학적 성격을 규명한 것이라 보았다. 종

---

[46] Jose Casanova, *Public Religions in the Modern World* (Chicago press, 1994), 58-60.
[47] Reroy S. Rouner, "To be at Home: Civil Religion as Common Bond", Lerov S. Rouner eds., *Civil Religion and Political Theology* (University of Norte Dame Press, 1986), 128-136.

교는 제의적 특징, 거룩한 권위, 체계적 제도, 공적 교리, 소속감 등을 갖추어야 하지만 벨라의 시민 종교는 제도화된 것과는 거리가 있으며, 오히려 미국 사회와 생활의 종교적 측면을 주장한 것이라 말한다.[48]

시민 종교는 하나의 종교로서 그 자체로 제도화된 신념의 체제를 갖추지 않기에 종교로 인정될 수 없으며, 중요한 것은 미국 사회의 토대로서 종교의 신념, 상징, 제의들이 상당한 의미를 지닌다는 것에 의의를 둔 것이다. 그는 오히려 이런 부분들이 사회의 가치를 제공하거나, 공적 경건한 삶 그리고 미국의 공적 철학(Public Philosophy)으로 이해할 것을 제안한다.[49]

에밀리오 젠틸레(Emilio Gentile)는 파시즘이 하나의 종교로 등장할 수 있는데 그 배경을 근대적 현상으로 꼽았다. 전통사회에서 지배자의 권력은 신성한 기원을 갖거나 기성 종교에 의해 축성된다. 그러나 근대에서 정치가 독자성을 확보하고자 국가를 최고의 가치로 격상하는 과정에서 자신의 우월성을 확보할 수 있어야 한다.

이런 정치의 신성화는 근대의 과정에서 나타나는 현상으로 새로운 유형의 세속적 종교성이 만들어 낸 결과이다. 이런 정치의 신성화가 20세기 전체주의적 혁명에서 절정에 도달했고 국민들의 의식을 독점하고 통제하는데 종교적 이데올로기로서 자신을 포장하게 된다.[50] 공적 영역에서 종교의 지속된 등장에도 불구하고 후기 세속 사회에 요청되는 종교의 공적 모습은 근대와 근대 이전의 종교처럼 권력 순응적 또는 전체주의적 그리고 근본주의의 자기 재생산적인 모습이 아니다. 또한, 정치 영역 비롯한 다른 사회 영역의 권력들과 결탁하는 목적과도 거리가 멀다. 오히려 구성

---

[48] Richard John Neuhaus, "From Civil Religion th Public Philosophy", Rouner eds., *Civil Religion and Political Theology*, 99-101.

[49] Neuhaus, "From Civil Religion th Public Philosophy", 103-106.

[50] Emilio Gentile, "The Sacralization of Politics: Definitions, Interpretations and Reflections on the Question of Secular Religion and Totalitarianism", *Totalitarian Movements and Political Religions*, v. 1 (2000), 18-55. 조승래, 『공공성 담론의 지적 계보』, 90-93에서 재인용.

원들의 소속감을 높여주고, 사회의 도덕적 기반을 제공하거나 개개인에게 삶의 본질적인 의미를 제공하는 성격이 더 강할 것이다.

　시민 사회의 정신적 토대로서 종교는 단순히 국가에 봉사하는 기관이 아니다. 그것은 국가를 향한 견제와 함께 새로운 사회로의 비전을 선포하고 시민들에게 희망을 불러일으켜 주며 공적 이성의 한계를 극복할 수 있는 새로운 자원을 제공하는 것이다. 종교는 단순히 종교 자체를 위한 목적으로는 존립할 수 없으며, 종교를 넘어서는 자기 초월적 자세를 함양할 때에만 진정한 종교로서 공적 역할을 할 수 있는 것이다. 우리는 다음 장에서 후기 세속 사회에서 종교의 구체적인 역할을 살펴볼 것이다.

제3장

후기 세속 사회의 종교를 향한 요구

후기 세속 사회에서 공적 영역으로 복귀하는 종교는 구체적으로 어떤 역할을 담당해야 할까?

공공선 형성과 사회적 에토스 제공을 위한 종교의 역할은 무엇일까?

파편화된 사회에 공동체성을 제공하고 평화와 번영을 위한 토대를 어떻게 공급할 수 있을까?

공적 영역은 오직 세속의 이름표를 가진 사람들에게만 열려 있고, 종교 기관과 종교 기관에 소속된 시민들을 배제시키는 곳은 아니다.[1] 종교는 세속화된 근대 사회의 실패를 구원해 달라고, 다시 말하면 합리적 이성과 정치 제도로는 감당할 수 없는 초월적, 관계적 영역에서 대안을 모색해 달라고 부탁받고 있다.

물질적 욕망에 따라 개인의 이익을 극대화하는 근대 사회는 국가의 중재와 합의 정치의 한계를 노출했다. 사회의 공동체성을 형성하지 못할 뿐 아니라 뿌리 없이(rootedness) 살아가는 현대인들에게 정서적 안정과 삶의 기반을 제공하지 못하고 있다. 종교는 자신들의 구성원들을 위해서만 존재하지 않는다. 사회의 일원으로서 종교가 담당해야 할 몫은 단순히 영적이고 초월적인 영역에만 국한되는 것은 아니다.

---

[1] Clarke E. Cochran 외 4인, 『교회, 국가, 공적 정의 논쟁』(Church, State and Public Justice), 김희준 역(서울: 새물결플러스, 2016), 18.

이번 장에서는 종교를 향한 사회의 요구를 크게 네 가지로 접근해 보려고 한다.

1. 영적인 것과 의미의 추구

후기 세속화 현상은 정치 영역을 비롯한 시민 사회에서 종교가 다시 하나의 권력으로 작동되는 것을 추구하는 것이 아니다. 일상 생활에서 삶의 의미와 가치의 추구하는 도덕적 윤리적 기반을 제공하고, 공공 정책을 제안하거나 사회적 약자를 돌보는 사회적 책임을 하도록 종교에 요구하는 것이다. 시민들이 제도권 종교를 떠나는 듯 보이지만 이면에는 여전히 영적인 것을 열망하는 것을 알 수 있다.

영적인 것과 종교적인 것 사이에는 가변적인 측면이 있다. 둘 다 종교적 신념을 함축하고 있으며, 초월적인 실재와 연결되어 있다. 그러나 결정적인 차이는 조직화, 제도화되어 있느냐 아니냐에 있다. 일반적으로 영적인 것은 개인적인 생각, 경험의 현실과 관계되며, 반면 종교적인 것은 공동체가 참여하는 공적 제도와 의식, 전통 등과 관련된다.[2]

종교의 출발은 영적인 것으로부터 시작되다가 특정한 형태로 정형화되고 제도화되지만, 점점 시간이 흐를수록 박제화된 종교 안에는 영적인 것들이 사라지고 제도적인 외형만 남게 된다. 이런 흐름에서 젊은 층을 중심으로 탈제도화와 탈종교화의 특성이 두드러지게 나타나는데, 자신의 정체성을 특정 종교로 설명하지 않지만, 여전히 영적인 존재로서 자신을 인식하고자 하는 것이 최근의 흐름이다.[3]

---

[2] Graham, *Between a Rock and Hard Place: Public Theology in a Post-Secular Age* (London: SCM Press, 2013), 7.
[3] Graham, *Between a Rock and Hard Place*, 8-9.

찰스 테일러는 근대의 질병을 크게 세 가지로 지적한다.

첫째, 개인주의
둘째, 탈주술화된 세계
셋째, 도구적 이성의 강화[4]

자기 중심성을 강화하는 사회에서 타자와의 연대성이 상실되고 합리적인 가치 체계와 사회 구조에서 인간은 스스로를 성찰하지 못하게 된다. 인간의 이성과 가치를 낙관적으로 이해했던 근대는 인간의 본성적 한계를 자각하지 못했고, 그들의 계약과 합의가 온전한 정치 체제를 구현할 것이라는 낭만적인 기대를 품게 했다.

세속화가 진행될수록 여러 가지 폐해가 등장하면서 반이성적이고 반중립적인 영역에 대한 관심이 높아졌으며, 극단적 개인주의로 치닫는 것을 두려워하며 상호 관계성에 근거한 공동체적 문화를 열망하게 된다. 배타적 개인주의(exclusive Individualism)의 반대인 표현적 개인주의(expressive Individualism)가 나타나면서 사회의 상호성을 강화하며, 공론장 안에서 다양한 사회적 상상력을 요청하게 됐다.

찰스 테일러는 『세속 시대』(The Secular Age)에서 현대 사회를 '진정성의 시대'(Age of Authenticity)로 규정했다. 세속화 사회에서 현대인들은 삶의 의미와 목적이 잃어버렸고, 개인의 참된 자유가 박탈당해 왔다. 이를 통해 찰스 테일러는 종교를 통한 '진정성', '진실한 것'의 회복을 제안한다.[5] 진정한 것을 향한 현대인의 갈망은 영적인 것에 대한 욕구를 불러일으킬 뿐 아니라 도덕적 느슨함(laxity)을 경계하고 자아 성찰적이면서도 관계 중심적 삶으로의 전환을 촉구한다.[6]

---

4 Charles Taylor, *The Ethics of Authenticity* (London: Harvard University Press, 1992), 2-8.
5 Smith, *How (Not) to be Secular*, 84-87.
6 Taylor, *The Ethics of Authenticity*, 22-36.

세속 시대의 종교는 영적인 개인주의에 함몰되면서 내면성을 강화하는 쪽으로 발전하지만, 진정성의 시대에 영성은 통전성과 사회성을 포함하는 초월성을 향해 나아간다. 근대의 '닫힌 세계 구조'(closed world structures)는 개인적이고 형이상학적 인식론이 지배하지만, 초월성으로 향하는 '열린 세계 구조'에서는 공동체적이고 관계적이며, 영적 의미를 추구하려는 경향이 강하다고 볼 수 있다.[7]

종교는 정당한 원리를 기반으로 사회 질서의 성숙에 기여할 뿐 아니라, 내적인 동기를 유발하여 시민들의 공적 참여를 자극한다. 탈주술화(dis-enchantment) 사회는 종교의 미신주의, 광신주의를 거부하지만, 재주술화(re-enchantment) 사회는 후기 계몽주의 시대에 이성과 신앙, 정신과 육체, 몸과 마음을 통합하면서 전인적인 인간과 통전적인 사회로 나아가게 한다. 더 나아가 테일러는 진정한 종교는 교리 안에서 이성적인 논의가 가능하도록 구성되어 있다고 보았다.[8]

올리버 오도너번(Oliver O'Donovan)은 기독교 윤리의 출발점을 '회개/각성'(awaken)과 '성령'(Spirit)으로 이해한다. 인간의 자아 인식과 존재의 새로운 성찰로서 회개/각성은 새로운 도덕적 삶을 가능하게 할 뿐 아니라, 성령을 통한 특정한 신념과 방향을 바탕으로 타자를 지향하고 책임적 삶으로 나아가게 한다.[9]

더 나아가 도덕적 사고는 믿음, 소망, 사랑의 궤도 안에서만 깨달을 수 있기에, 신앙은 도덕성의 뿌리이자 윤리적 삶의 중심이 된다.[10] 종교적 신념과 신앙은 자신을 성찰하는 것을 넘어서 타자와 세상을 향한 삶의 기준과 방식을 선택하도록 할 뿐 아니라 공동체와 시민 사회의 근원적 토대가

---

[7] Smith, *How (Not) to be Secular*, 89-110.
[8] Charles Taylor, "Western Secularity", Craig Calhoun edited, *Rethinking Secularism* (New York: Oxford University Press2011), 38-41.
[9] Oliver O'Donovan, *Self, World, and Time* (Wm. B. Eerdmans Publishing Co. 2013), 4-5.
[10] O'Donovan, *Self, World, and Time*, 105-106.

되는 가치와 비전, 이상 등을 제공한다. 종교가 공유하고 있는 신념의 시스템은 각각의 공동체를 지탱하는 것을 넘어서 사회 질서와 공익적 삶에 헌신하도록 안내한다. 로빈 로빈(Rovin Lovin)은 미국 사회에서 기독교가 사회 질서 유지, 자유와 정의 수호에 헌신해 왔으며 다원화 사회에서 다른 종교 전통과의 협력과 상호 이해를 추구하는 것이 필요하다고 주장한다.[11]

케빈 J. 밴후저(Kevin J. Vanhoozer)는 20세기 중후반부터 등장하는 포스트모던적 전환에서 필요한 것은 철학적이거나 사회정치적인 변화가 아니라 영적인 차원이라 언급했다. 영적인 것은 신념과 행위의 토대가 될 뿐 아니라 새로운 삶을 형성시키는 전제 조건이 된다. 그는 영적인 차원을 개인으로 환원되지 않고 사회와 문화 안에서 영적 형성이 가능하며 포스트모던의 위기는 사회 전반에 걸친 영적인 변화와 위기라고 서술한다.

계몽주의를 비롯한 근대의 자율적 이성의 출현이 인간 스스로에 대한 자만심과 교만으로 이어지게 했으며, 이것은 자신을 스스로를 선하게 인식하는 죄악으로 발전하여 결국 인간 우상주의에 빠지게 했다.[12] 공적 영역에서 금기시되었던 영적이고 초월적인 것이 현실의 영역에서 분리된 것은 아니며 이성의 상상력 그리고 인간의 문화와 사회적 에토스에서 이중적인 인식의 방법으로 접근이 가능함을 인정하는 것이다.

세속 사회에서 잃어버린 영적인 가치와 삶의 의미들은 종교가 지니고 있는 주요한 요소다. 공적 종교들이 지니는 믿음과 신념들, 기독교의 믿음, 소망, 사랑이나 이슬람의 평화 추구, 유교의 인, 의, 예, 지, 불교의 깨달음 추구들은 종교가 현대 사회에서 기여할 수 있는 가장 확실한 영역일 것이다. 합리적 이성으로 무장한 인간과 이들의 계약으로 성립된 정치 제도들이 한계를 자각하고 타자 지향적이며 영적인 것을 갈망하려는 종교적 삶은 후기 세속 사회에서 종교가 기여할 수 있는 가장 큰 부분이라 할 수 있다.

---

[11] Robin W. Lovin, "Religion and American Public Life", Robin W. Lovin eds., *Religion and American Public Life* (New York: Paulist Press, 1986), 24.
[12] Kevin J. Vanhoozer, "Theology and the condition of postmodernity", 23.

2. 새로운 정체성과 소속감 부여

지그문트 바우만(Zygmunt Bauman)은 『방황하는 개인들의 사회에서』(The Individualized Society)에서 근대 사회를 '파편화된 개인화 사회'로 보면서, 사회 구성원을 개인으로 취급한 것이 근대 사회의 특징이라 말한다. 개인들의 행위가 '사회'라고 불리는 서로 얽히고설킨 관계의 조직망을 재형성하고 재협상하면서 근대 사회는 '개인화' 활동을 지속함으로써 존재해 왔다.[13]

로버트 푸트남(Robert Putnam)은 그의 유명한 저서 『나 홀로 볼링』(Bowling Alone)에서 시민의 참여가 민주주의에 필수 요소인데 미국 사회에서 최근 수십 년 동안 시민 사회의 영역이 쇠퇴하고 있음을 지적한다.[14] 그는 시민 사회의 재건에 있어서 종교의 중요성을 간파했으며 종교를 일종의 사회적 자본(social capital)으로 바라보았다. 지역 교회들은 다른 시민 사회의 조직에 참여하는 데 필요한 관계적 기술을 얻을 수 있는 곳이며, 지역의 필요한 정보들을 획득하고 인적 연결망이 구축되면서 주민 간 신뢰를 배우는 중요한 장이라 여겼다.[15]

---

[13] Zygmunt Bauman, 『방황하는 개인들의 사회』(The Individualized Society), 홍지수 역 (서울: 봄아필, 2013), 78.
[14] 유권자 투표가 1960년대 이후 약 4분의 1로 감소했고, 마을이나 학교 문제로 공공모임에 참석하는 것은 1973년 이후 3분의 1로 줄어들었다. 일간 신문 구독은 1970년 이후 4분의 1로 떨어졌고 노동조합 참여는 1975년 이후 반 이상 급감했다. 학부모 교사 협회는 1964년의 절반 수준이고, 보이스카웃 회원은 1970년대 이후 26%나 감소했다. 자원봉사 활동은 1974년의 6분의 1 이하이다. 현재의 논의에서 가장 관심 있는 문제에 대해 푸트남은 종교 봉사와 교회 관련 집단에 이TSms 미국인들의 망조직 참여는 1960년대 이후 5분의 1로 완만하게 감소했다. 그는 볼링의 전체 참여는 증가했는데도 불구하고 단체 볼링의 참여는 1980년 이후 40% 감소하면서 많은 미국인들이 혼자서 볼링을 치고 있다는 우울한 결론에 이르고 잇다. Rovert D. Putnam, Bowling Alone: Democracy in America at the End of the Twentieth Century. Robert Wuthnow, 『기독교와 시민 사회』 (Christianity and Civil Society: The Contemporary Debate), 정재영, 이승훈 역 (서울: CLC, 2014), 39-40에서 재인용.
[15] Wuthnow, 『기독교와 시민 사회』, 15.

종교를 기능적인 차원에서 접근했던 에밀 뒤르켐은 종교가 성스러운 것을 중심으로 믿음과 실천이 연합된 체계를 구성하면서 사람들을 단일한 도덕 공동체 안으로 묶어 준다고 이해했다. 인간의 정체성은 공동체 안에서 여러 관계의 만남과 그 공동체가 지니는 전통, 의식, 이야기를 통해 형성되기에 종교를 통해 새롭게 부여받은 공동체성과 정체성은 후기 세속사회에서도 사회통합의 역할을 제공할 뿐 아니라 소속감을 제공하여 세계관 형성과 삶의 태도에 상당한 영향을 미칠 수 있다.

종교는 하나의 공동체로서 소속감을 부여한다. 그레이스 데이비(Grace Davie)는 20세기 후반 영국의 종교 특성을 분석하면서 '소속감 없는 신앙'(believing without belonging)을 언급한 바 있다. 영국의 종교가 제도적인 특징에서 벗어나 영성을 추구하는 방향으로 나아가고 있으며, 그것은 종교가 자신들의 공동체성을 통해 건재해 왔던 과거의 패턴에서 벗어나는 새로운 시도를 열어가는 것이다.[16]

종교 공동체를 떠난 신앙에 관한 논의에 여러 의견이 있으나 종교는 여전히 공동체성과 긴밀한 관계를 맺고 있다. 종교는 배제와 차이를 강조하는 '다름의 공동체'(community of alterity)를 지향하지는 않으며, 오히려 공통적인 분모를 발견하면서 '동질성의 공동체'(community of sameness), '생활 공동체'(community of life)로서 서로를 배려하고 연대하고 책임을 지는 지구적 공동체라는 메타포를 가진다.[17]

인적 자원을 바탕으로 하는 종교의 공동체성 형성은 종교가 가지는 가장 큰 자원 중의 하나이다. 최근 공공 신학자들 가운데, 종교 공동체의 인적 자원을 하나의 사회적 자원으로 바라보는 시도가 늘고 있다. 특히 그레이엄은 '종교적 자본'(Religious Capital)과 '신앙적 자본'(Faithful Capital)로 구분하면서 종교적 자본은 건물, 예산, 사람들과 같은 실제로 사용 가능한

---

[16] Peter Berger, Grace Davie, Effie Fokas, *Religious America, Secular Europe?* (Surrey: Ashgate Publishing, 2008), 14.
[17] 강남순, 『코즈모폴리터니즘과 종교』 (서울: 새물결플러스, 2015), 67.

자본을 지칭하는 것이라면, 신앙적 자본은 비전, 가치, 신념, 신뢰 등과 같은 비가시적인 특징을 지닌다고 주장한다.[18]

파편화된 세속 사회에서 하나의 구심점을 통해 지속 가능한 공동체성과 자아 정체성을 심어줄 수 있는 곳으로서 종교는 가장 영향력이 있는 기관임을 인정해야 할 것이다. 엔리케 뒤셀(Enrique Dussel)은 근대성의 탄생 자체가 거대한 규모의 배제를 수반했으며 유럽에서는 획기적인 전환일지 몰라도 유럽이 비유럽에 대해 저지른 만행이라는 길고도 수치스러운 역사 없는 근대성을 생각할 수 없다고 말한다.[19]

근대의 역사는 인종적, 문화, 정치, 군사적 배제의 역사이다. 정체성과 집단성은 권력과 밀접한 관련이 있으며 타 집단과 공동체를 향한 억압과 폭력을 정당화하는 기제로 작동해 왔다. 근대성은 개인을 강조하고, 타자와 자아, 공동체들 사이를 구별 지으면서 저마다의 특권과 이익을 추구해 왔다.

세속 사회에서 파편화된 개인들은 전통적인 공동체의 붕괴와 가족의 해체를 경험하면서 정체성 상실을 경험했고, 소속감과 공동체성의 붕괴는 디지털 미디어의 발전으로 더욱 가속화되어 갔다. 가치와 의미는 홀로 형성되는 것이 아니라 믿음 체계를 공유하는 공동체를 통하기에 소속감을 상실한 현대인들은 공동체로부터 생명력을 제공받을 수 없다. 종교 공동체가 지니는 참여적, 소통적 특징은 현실적인 한계를 넘어서며 소속감과 정체성 형성에 대안이 될 것이다.[20] 종교가 개인의 내면 생활과 사적 습관만을 형성하는 것이 아니라 사람들의 관계와 문화를 형성하고 변화하는 상황에서 사람들에게 안정성을 제공할 뿐 아니라, 초월적인 영역과 연결

---

[18] Graham and Stephen Lowe, *What makes a good city?* (Darton, Longman and Todd Ltd, 2009), 40-41.
[19] Miroslav Volf, 『배제와 포용』(*Exclusion and Embrace: A Theological Exploration of Identity, Otherness, and Reconciliation*), 박세혁 역 (서울: IVP, 2012), 89.
[20] Esther McIntosh, "Bookreview: Belonging without Believing", *International Journal of Public Theology* 9 (2015)

시켜 진정한 행복을 발견하게 하고, 연대의 삶을 살 수 있도록 안내한다.[21]

공동체는 또 다른 확장된 가족이다. 비록 혈연으로 연결된 것은 아니지만, 신앙을 통한 깊은 또는 느슨한 연대로서 종교 공동체는 개인화된 세속 사회에서 참된 공동체가 무엇인지를 경험하도록 하는 주요한 장이 될 것이다.

3. 공공선을 위한 종교의 기여

종교는 그 자체로 공적 이성의 한 축이다. 하버마스가 지적한 것처럼 공적 이성은 전통과 분리되지 않으며 공적 이성과 종교적 이성 사이의 엄격한 분리는 불가능하다. 더 나아가 정치적 정의와 공적 담론을 형성하는 데 종교는 필수적이다.[22] 하버마스는 공적 이성의 계보 형성에 영향을 미친 신앙에서 세속 사회를 위한 적절한 통찰을 찾길 원했고, 특히 과학의 편협한 합리주의를 극복하는 희망의 자원으로서 신앙을 주목했다. 이성은 자기충족적일 수 없으며, 선함(goodness)의 토대를 제공하는 것이 거의 불가능하다.[23]

니콜라스 월터스토프(Nicholas Wolterstorff)는 유럽의 계몽주의가 하나의 지적인 현상이라기보다 넓게 퍼진 문화적 현상으로 이해했으며, 기독교 전통과 교회 권위의 붕괴 이후에 나타난 인간 중심적인 삶의 방식이라 주장한다.[24] 인간은 자기중심적인 삶을 추구한다. 현대처럼 합리적인 삶을 추구하는 사회에서는 효율성의 극대화로 이익 추구가 선한 것으로 인정된다. 다시 말해 인간과 인간 사회를 중심으로는 타자를 향한 헌신과 공동의 비전을 형성하기가 쉽지 않을 것이다.

---

21 Volf, 『인간의 번영』(Flourishing), 양혜원 역 (서울: IVP, 2017), 116.
22 Craig Calhoun, "Secularism, Citizenship, and the Public Sphere", *Rethinking Secularism*, 80-81.
23 Calhoun, "Secularism, Citizenship, and the Public Sphere", 84.
24 Nicholas Wolterstorff, *Faith and Rationality: Reason and Belief in God* (University of Notre Dame, 2015), 5.

제프리 스타우트(Jeffrey Stout)는 현대 사회에서 종교 윤리가 어떻게 시민들을 형성시켜 왔는지를 이해하지 않고서는 도덕적 담론의 가장 세속화된 논의를 추구할 수 없다고 주장한다. 그는 신학적인 결론에 설득당할 필요는 없지만, 종교 전통의 연구가 도덕의 중요성이 무엇인지를 가르쳐 준다고 보았다. 공적 담론에서 이루어지는 세속화가 사람들의 삶에서 본질적인 역할을 해 왔던 종교의 주장들을 제외하는 것이 아니기에 도덕적 언어를 이해하는 차원에서 신학적인 부분들도 고려해야 할 것이다.[25]

만약 공공선의 논의에서 있어서 종교를 배제한다면 그것은 궁극적으로 다원화 사회에서 중요한 자원을 잃게 되는 것이다. 특별히 민주주의 체제에서 배제와 차별은 용납되어서는 안 될 뿐 아니라, 그것은 다수와 다양한 이들의 협치라는 민주주의의 근본 정신에도 배치된다. 하버마스가 기대한 대로 종교의 가치와 실천은 미래의 공론장에 중요한 자원일 뿐 아니라 데이비드 트레이시(David Tracy)가 주장한 것처럼 가치의 언어들을 배제한 논의는 공공선에 아무런 도움이 될 수 없을 것이다.[26]

근대 국가의 등장 이후에도 여전히 종교는 시민 사회와 개인들의 생활양식에 영향을 미치는 중심축으로 자리하고 있으며, 새로운 종교의 탄생과 종교의 부흥은 세속화 이론이 하나의 허구였음을 고발한다. 세속화 이론가들이 주장하듯 종교가 공적 영역에서 물러나 사사화되거나 영적인 일에만 몰두하는 것이 아니라 그 자체로 이미 공적이다.[27] 다원화 사회에서 종교 정체성을 강조하는 것은 갈등과 다툼의 원인이 될 수 있으나, 각각의 종교가 추구하는 본래적 의의와 가치들은 기본적으로 사회의 안정과 공공선 증진을 위한 좋은 자원이 된다. 그런 의미에서 종교는 공공선의 중요한 자원이자 출발점이다.

---

[25] Jeffrey Stout, *Ethics after Babel: The Languages of Morals and Their Discontents* (Cambridge: James Clarke & Co Ltd, 1988), 187-188.
[26] Graham, *Apologetics without Apology: Speaking of God in a World Troubled by Religion* (Eugene: Wipf and Stock Publishers, 2017), 130.
[27] Casanova, *Public Religions in the Modern World*, 220.

공공선에 관한 생각의 상실은 곧 공유 가치 체제에 관한 이상의 상실로 이어졌고 극단적 개인주의를 강화하는 형태로 사회를 발전시켜 왔다.[28] 종교가 각자의 특수성을 기반으로 하는 교리와 의례 체계를 형성하고 있는 것처럼 보이지만 상당수 종교는 사회의 공적 선과 깊은 연관이 있다. 종교의 새로운 가시성은 사회 정책과 평등 그리고 인권 등의 담론에서 새로운 역할을 기대받고 있다. 이제 종교의 재부상으로 종교적이면서 신앙적인 문법과 언어들이 공적 서비스와 정부의 지침 등에 어떻게 적용되어야 할지를 고민해야 할 것이다.[29]

볼프는 종교가 공공선에 기여하기 위해서 크게 두 가지 차원을 고려해야 한다고 주장한다.

> **첫째**, 종교들끼리의 관계, 즉 그들의 경쟁심이다. 세계 종교는 온 인류를 위한 단 하나의 진리를 제시하지만, 그러한 종교가 여러 개다. … 지구적 공공선을 지향하며 지구화에 영향을 미치려면 종교는 폭력을 부추기지 않으면서 다원적 세계에서 자신이 믿는 보편적 비전을 지지하는 방법을 배워야 한다.
>
> **둘째**, 첫 번째와는 반대로 종교와 지구화의 관계에 대한 것인데, 종교는 너무 쉽게 상황에 적응한다. 역사 속에서 종교는 여러 차례 자신의 원래 비전을 배신하고 세속적 대의의 도구가 됐다. 종교는 지구화의 단순한 도구가 되기를 거부하고 번영에 대한 종교의 보편적 비전에 충실하며, 경쟁하는 비전들 사이에서 종교의 비전을 건설적으로 추구하는 방법을 배워야 할 것이다.[30]

---

[28] T. J. Gorringe, *The Common Good and the Global Emergency: God and the Built Environment* (New York: Cambridge University Press, 2011), 23-24.
[29] Graham, *Between a Rock and Hard Place*, 11.
[30] Volf, 『인간의 번영』, 88-89.

볼프는 세계 종교와 지역 종교를 구분하면서 지역 종교는 자신이 섬기는 부족의 신, 자기 그룹의 번영을 주장하지만, 세계 종교는 지역 문화와 상관없이 모든 인간에게 진리가 무엇인지, 정의롭고 선한 것이 무엇인지를 주장한다고 말한다.[31]

세계 종교는 일상적 번영을 넘어서는 선을 주장하며, 더 나은 선을 향한 관심을 갖는다. 종교는 변화하는 일상에 방향성과 안정성을 제시해야 하며, 자본주의 사회에서 물질에 예속되어 버린 인간의 욕망을 지도하고, 공동체성과 공공성을 향하도록 안내해야 한다. 공적 영역에서 종교를 배제하는 것이 불가능하며, 또한 하나의 종교와 이데올로기만 허용하는 것 역시 불가능하기에 존중과 포용의 원리가 작동되어야 한다.

종교는 변화하는 상황에서 시민들에게 안정성과 방향성을 제시할 수 있으며, 소비주의 사회에서 쾌락을 추구하는 문화에 압도당할 때 그것으로부터 욕망을 훈련시킬 수 있다. 그리고 사회의 불의에 맞서는 동기를 제공하기도 하고 정의가 승리할 것을 희망하게 한다.[32]

4. 새로운 사회를 향한 비전

존 아더톤(John Atherton)은 『국가 안에서의 믿음』(Faith in the Nation)에서 교회와 사회가 긴밀한 대화를 나누지 않는다면 신학은 생명을 밝히는 역할을 할 수 없으며, 단순히 영적인 문제와 세상에 무관심한 하나님에 관한 좁은 이해로 전락할 수 있음을 경고한다. 하나님에 관한 신앙이 어떻게 인간의 경험과 사회적 실천으로 이어질 수 있는지를 고민해야 한다고 말한다.[33]

---

31 Volf, 『인간의 번영』, 101.
32 Volf, 『인간의 번영』, 116-117.
33 John Atherton, *Faith in the Nation: A Christian Vision for Britain* (London: SPCK, 1988), 136.

그는 20세기 말 영국 사회가 후기 산업 사회로 진입하면서 경제가 쇠퇴하고 실업률이 증가되고 구심(inner city) 지역의 낙후와 양극화 현상을 바라보면서 종교는 사회에 새로운 비전을 제시해야 할 것을 주장한다. 특별히 영국 기독교의 역할을 강조하면서 그는 크게 두 가지의 이미지를 설명하는데, 하나는 그리스도의 몸으로서 다양성 속의 일치와 연합을 언급했으며 다른 하나는 공공선을 위한 사회 참여를 강조했다.

산업화로 인해 붕괴된 공동체성의 회복을 위해 교회는 성만찬과 같은 그리스도의 몸으로서 교회 됨을 통해 다양한 지체들의 연합과 일치를 구현해야 한다. 상호독립적이면서도 의존적인 개인들의 관계성 회복은 교회가 제시할 수 있는 사회 참여의 방식이다. 또한, 정의와 평화와 같은 기독교의 가치가 무너진 사회의 도덕성, 공공선을 회복하는 데 기여할 수 있을 것이라 주장한다.[34]

사회의 법질서 유지와 체제 존속을 위해서도 종교가 제공하는 도덕성과 사회적 상상력은 필요할 것이다. 마사 C. 누스바움(Martha C. Nussbaum)도 『시적 정의』(Poetic Justice)에서 스토리텔링과 문학적 상상이 합리적 논증을 방해하는 것이 아니라 오히려 법의 필수적인 구성 요소를 제공한다고 주장한다.

그녀는 공적 상상력으로서 문학적 상상력의 특징을 주목하면서 이런 상상력이 재판관들의 판결에, 입법자들이 법을 제정하는 과정에서, 정책을 실행하는 이들이 인간 삶의 질을 측정하는 길잡이가 될 수 있음을 말한다.[35] 또한, 공리주의의 합리적 선택 모델들은 인간을 효용이라는 관점에서 바라보면서 합계의 원리 혹은 극대화 방식을 따르지만, 효용이 설명하지 못하는 인간의 행복, 이타적 사랑 등에 대해 침묵할 수밖에 없으며, 인간의 개별성에 대한 존중과 질적인 차원을 간과한다고 비판한다.

---

34 Atherton, *Faith in the Nation*, 24-43.
35 Martha C. Nussbaum, 『시적 정의』(*Poetic Justice*), 박용준 역 (서울: 궁리, 2013), 28.

볼프는 종교가 종종 폭력을 정당화하고 때론 과학과 기술의 발전을 방해하는 것처럼 보이지만, 종교는 건강한 지구화의 장애물이 아니라 더 나은 방향으로 비전을 제시하고, 인간의 번영과 도덕적 틀의 형성에 기여한다고 말한다. 그는 시장이 주도하는 지구화는 주로 '떡'에 관심을 두지만, 종교는 물질적인 것에 관심을 집중하지 않고, 서로를 향한 진정한 보편성을 재발견하도록 도울 수 있다고 말한다.[36] 세속 사회에서 발견할 수 없는 사회에 대한 공적 비전과 가치의 선포는 현실 너머의 무엇으로부터 기원해야 하기에 종교의 사회적 상상력은 이런 부분에서 큰 도움이 될 것이다.

후기 세속 사회에서 현실적으로 종교를 배제하는 것은 불가능한 일이며, 반대로 하나의 세속 이데올로기만 작동하는 것도 불가능하다. 다원화 사회의 중심에 놓여 있는 종교는 갈등의 요소가 되는 동시에 통합의 주체가 될 수 있기에 종교의 참여는 선택이 아닌 당연하다는 인식을 하게 될 수밖에 없다.

5. 후기 세속화에 대한 기독교의 응답

세속화 현상이 모든 사회에 걸쳐 나타난 것처럼 보이지만 사실은 유럽 중심적(Eurocentric) 특징이 강하며, 특히 서유럽 일부 국가의 도시화된 사회에서 잘 포착된다. 그 외에 지역들에선 여전히 종교는 사회를 움직이는 축으로서 자리한다.

세속화가 가장 진전된 영국 사회를 보더라도 2004년을 기준으로 기독교는 72%, 기타 종교는 5%이며 무종교로 응답한 이들은 15%에 불과했다. 가장 덜 종교적인 레이셔스터시 역시 기독교 45%, 힌두교 15%, 무슬림 11%로 나타났다. 물론 10% 정도만 규칙적으로 교회에 출석하며 그 중 상

---

[36] Volf, 『인간의 번영』, 52.

당수가 중산층과 여성들이지만 영국 기독교는 흑인 중심의 교회, 오순절 교회들이 성장세를 보이고 있다.

신앙과 종교 정책에 관해 연구하는 애덤 딘험(Adam Dinham)과 비비안 론즈(Vivien Lowndes)는 다원화 사회에서 여전히 신앙은 공동체의 연대를 강화하는 데 결정적인 역할을 할 뿐 아니라 정치 사회의 영역에서 다시 등장하면서 공적 역할을 요청받고 있다고 주장한다.[37]

로버트 퍼베이(Robert Furbey)는 세속화의 영향으로 종교가 비합리적이고 공격적이며, 갈등과 분열의 원인이 되는 것처럼 보이지만 기독교는 서구 철학의 합리성 전통을 형성해 온 토대이며, 종교개혁 이후 인간 이성의 발전 과정에서 상당한 기여를 해 왔음을 언급한다. 기독교뿐 아니라 타 종교에서도 공공선과 사회 정의를 위한 전통들을 발견하게 된다.

시크교는 신 앞에서의 인류 연합과 모든 사람의 평등을 주장했고, 카르 세바(*kar sewa*)란 개념에서 알 수 있듯이 정직, 연민, 관용, 인내를 강조하기도 한다. 힌두교 전통에서는 신적인 용서와 동정심을 강조하면서 물질적인 이기심을 내려놓고 모든 존재의 가치를 즐기는 다르마(*dharma*)를 가르친다.[38] 근현대의 합리주의 전통을 형성하는 과정에서 종교는 이성의 긍정과 보편성의 근거로서 상당한 역할을 해 왔음을 부인할 수 없을 것이다.

종교의 공적 참여의 가장 대표적인 사례는 흑인의 해방과 인권, 종교적 자유를 얻기 위해 비폭력 저항을 추구했던 마틴 루터 킹과 인도의 해방에 헌신했던 간디의 사례일 것이다. 그리고 1990년대 캄보디아의 해방을 위해서 일어났던 불교 운동, 순례자 행렬이 있었고, 베트남의 틱낫한도 사회 정의를 위한 비폭력의 좋은 사례이다.

무슬림 세계에서도 마찬가지인데, 인도네시아의 초대 대통령인 압둘라 흐만 와이드(Abdurrahman Wahid)는 비무슬림들을 위한 시민참여와 민주주

---

[37] Adam Dinham, Robert Furbey and Vivien Lowndes eds., *Faith in the Public Realm* (Policy Press, 2009), 4-6.
[38] Robert Furbey, "Controversies of Public faith", *Faith in the Public Realm*, 30-31.

의를 시도했으며, 이란에서도 압둘라히 아흐메드 안나임(Abdullahi Ahmed An-Na'im)은 오랜 기간 아프리카 무슬림 인권의 증진을 위한 노력을 해 왔다. 남아공의 데스몬트 투투 주교는 흑인들의 인종차별 정책에 반대하여 진실과화해위원회에서 활동했다.[39]

이처럼 후기 세속 사회에서 종교의 공적 역할을 요청되고 있다면 기독교는 어떤 방식으로 응답해야 할까?

여기에는 크게 두 가지 입장이 가능할 것이다.

첫째, '공공선과 사회 정의'를 위해 '교회 밖으로' 참여를 강화하는 입장이다.

둘째, '대안 공동체'를 형성하면서 '교회 안으로' 다시 돌아와 본래의 전통과 실천을 충실히 하자는 입장이다.

교회의 사회적 공공선을 위한 건설적 참여는 교회다움으로부터 시작되고 마무리된다. 교회만의 정체성을 보존하되 동시에 사회적 공공선을 위해 다른 사회 기관들과 연대할 수 있는 것이 필요하다.[40] 이런 도식으로 단순화하기에는 무리가 있지만, 공적 참여의 방향성을 안과 밖으로 하면서도 서로에 대한 부분적인 인정과 비판을 적절하게 하는 입장이 있는데, 바로 공공 신학(public theology)과 급진 정통주의(Radical Orthodoxy)이다.

후기 세속 사회에서 공공 신학과 급진 정통주의는 첫 번째 유사점은 세속화, 사사화와 근대화에 대한 거절이라는 공통분모를 가진다는 점이다. 이 둘은 후기 세속화로 인해 다시 공적 영역으로 기독교가 재기하는 과정에서 새롭게 등장한 신학의 흐름이다. 각각의 입장이 기독교 역사와 신학 안에서 면면이 이어져 왔지만 학문적으로 정립된 것은 20세기 후반의 최근 일이다.

---

39 David Hollenbach, *The Common Good and Christian Ethics* (Cambridge university press, 2002), 96-97.
40 임성빈, 『21세기 한국사회와 공공 신학』 (서울: 장로회신학대학교출판부, 2017), 140.

미국의 급진 정통주의자로서 최근 큰 주목을 끌고 있는 제임스 K. A. 스미스(James K. A. Smith)는 계몽주의의 기획이 유럽과 북미를 지배하고 있고 여전히 세속의 영역 안에서 강력한 정치적 추진력을 갖고 있다고 말하면서, 서구의 세속화는 특정 종교에 대한 편견을 거부하고 나름의 중립성을 유지하면서 공공의 영역에서 설득력을 얻고자 해 왔다고 설명한다.

현대 사회에서 세속이라는 개념 자체에 대해서도 상당한 의구심들이 제기되면서 세속에 대한 이론적인 근거들이 체계적으로 해체되어 가고 있다. 그 결과 공공 또는 정치적 영역 속에서 고백적인 선포를 위한 새로운 공간이 마련되었지만, 그동안 기독교 역사에서 보여 왔던 제국적 기독교(christendom)의 콘스탄티누스주의적인 기획을 삼가는 공공 신학이 필요해졌다. 이런 비판적이면서도 건설적인 사안이 바로 공공 신학과 급진 정통주의에 의해서 정확하게 표현되고 있다.[41]

김은혜는 포스트모던 시대에 대한 적극적 응답으로서 근원적 정통주의(Radical Orthodoxy)의 대표주자인 밀뱅크와 교회의 신학을 주장해 온 스탠리 하우어워스(Stanley Hauerwas)가 신학의 정체성을 강조해 온 대표적인 예라 언급했다. 이들은 근대 신학과 기독교 윤리학이 근대의 역사적 학문성, 철학 그리고 사회과학의 문법에 항복해 뿌리내린 신학이라는 데 동의했다.[42]

급진 정통주의 주창자 밀뱅크는 근본적인 기준이 될 수 없는 인간의 이성과 합리성에 근거한 사회학과 역사학을 포기하고 신학 자체에서 인간 역사에 적용할 수 있는 근본적인 자원을 제공해야 한다고 보았다. 즉 그에게 신학적 임무는 공시적이고 통시적이며, 기독교 내러티브의 비판적 재현 속에서 헤게모니적인 것이 아니라 비변증적인 것을 추구하는 작업이다.[43]

---

[41] Smith, *Introducing Radical Orthodoxy*, 한상화 역, 『급진 정통주의 신학』 (서울: CLC, 2011), 45-48.
[42] David W. Haddorff, *Christian Ethics as Witness: Barth's Ethics for a World at Risk* (Eugene: Cascade books, 2010), 25. 김은혜, 『포스트모던 시대의 기독교 윤리문화』 (서울: 대한기독교서회, 2015), 42에서 재인용.
[43] Haddorff, *Christian Ethics as Witness: Barth's Ethics for a World at Risk*, 49. 김은혜, 『포스트모던 시대의 기독교 윤리문화』, 49에서 재인용.

하우어워스는 근대의 자유주의 기획을 거부하고 인간의 파편화된 삶이 아닌 공동체성 안에서 뿌리내린 덕스러움이 필요하다고 주장한다. 자신의 정체성을 공동체의 내러티브를 통해 형성하면서 시민 사회의 건강한 구성원으로의 모델적 삶을 살아가기를 부탁한다.

공공 신학의 부상도 눈여겨보아야 할 것이다. 기독교의 공적 역할에 대한 새로운 인식을 위해 공공 신학은 사적인 종교로 전락한 기독교의 공적 본성을 회복할 것을 주장한다. 세계화, 다원화되어 가는 사회에서 다양한 종교, 문화, 언어, 인종이 공존하며 어느 때보다 시민 사회가 성숙해져 가는 지금 기독교의 공공성을 다시 회복시켜야 한다.[44]

앤드류 R. 몰턴(Andrew R. Morton)은 유럽 공공 신학의 기초를 닦은 학자로 던칸 포레스터(Duncan Forreser)를 들면서, 포레스터가 복음은 공적이며, 따라서 신학이 복음의 공적 본질을 실천하는 학문이라는 점을 분명히 한 학자라 평가했다. 그는 포레스터가 공적인 것들이 사적인 것에 영향을 끼친다는 사실을 무시하는 경향이 있는 20세기 신학의 이분법적 사고, 즉 공적인 것과 사적인 것을 엄격히 구분하려는 경향을 비판했고, 종교나 신학이 현실 세계와는 상관없이 주관적인 행위나 조건에 관련된 형식이라는 주장도 거부했다고 보았다.[45]

던칸 포레스터는 근대 시대가 종교를 사적인 영역에 머물게 만들었다고 지적한다. 과거의 신학자들은 언제나 신학적인 입장에서 정치 문제를 언급해 왔으며, 특히 어거스틴, 아퀴나스, 루터, 칼빈은 적극적으로 사회 문제를 지적하고 변혁을 위한 시도를 이뤄 왔다고 말한다. 그는 사회를 위한 신학자들의 헌신은 피할 수 없는 부분이며 신학의 정치적 중요성은 중세

---

[44] 성석환, "지역공동체의 문화복지를 위한 공공 신학의 실천적 연구", 『선교와 신학』 33집 (서울: 장로회신학대학교출판부, 2014), 250.
[45] Andrew R. Morton, "Duncan Forrester: A Public Theologian", William F. Storrar & Andrew R. Morton eds., *Public Theology for the 21st Century* (London: T & T Clark, 2004), 26. "지역공동체의 문화복지를 위한 공공 신학의 실천적 연구", 251에서 재인용.

까지만 해도 거의 보편적으로 받아들여져 왔다. 그리고 교회는 어떤 방식으로든 정치 권력과의 관계를 맺어 왔고 세속의 권위와 긴장 관계에서 하나님의 나라를 이뤄 왔다.[46]

기독교의 공공성 회복에 관한 논의는 기독교적인 담론 안에 가둘 것이 아니라, 학제 간의 연구로서 시대의 과제와 상황을 분석하고 기독교의 독특한 해석과 실천을 통해 사회에 공헌할 수 있는 자세로의 전환을 요청한다. 기독교는 스스로 공적 기관으로서 정체성을 새롭게 하고 성경의 가르침과 교회 전통이 고수해 왔던 공공성의 논의를 활성화하면서 후기 세속 사회에서 종교의 공적 역할을 감당할 준비를 해야 할 것이다. 다음의 논의에서는 공적 참여의 두 가지 방향인 공공 신학과 급진 정통주의를 살펴볼 것이다.

---

[46] Duncan B. Forrester, *Christian Justice and Public Policy* (Cambridge University Press, 1997) 11.

제4장

공공성을 향한 신학의 출현

'공공 신학'(Public Theology)이란 단어가 처음으로 등장한 것은 1974년, 시카고대학의 마틴 마티(Martin Marty)가 니버를 공공 신학자라고 평가하면서부터이다. 마티는 공적 이슈들을 논의하면서 '기독교 현실주의'를 주창했던 니버의 신학이 미국 시민들의 종교적 신념과 행위에 상당한 영향을 미쳤음을 설명한다.

또한, 미국 시민들의 삶(Common Life)의 기초 질서를 세우기 위해 신학적 수사학을 사용하였던 조나단 에드워즈(Jonathan Edwards)와 호레이스 부쉬넬(Horace Bushnell), 사회복음(Social Gospel)의 월터 라우센부쉬(Walter Rauschenbush) 역시 공적 역할을 했다고 평가했다. 신학자들 외에도 그리스도인으로서 일반 정치 영역에서는 벤자민 플랭크린(Benjamin Franklin)과 아브라함 링컨(Abraham Lincoln) 그리고 우드로우 윌슨(Woodrow Wilson) 역시 교회 공동체의 경건한 신앙과 신학을 토대로 미국인들 삶의 한 측면을 형성시켰다고 보았다.[1]

마틴 마티 이후, 공공 신학에 대한 관심이 지속적으로 높아지면서 다양한 입장에서 공공 신학을 정의하려 하지만 특정한 합의 지점에는 이르지는 못했다. 이것은 공공 신학이 갖는 학문적 특징이 모호하여 무엇이라 정

---

[1] Martin E. Marty, "Reinhold Niebuhr: Public Theology and the American Experience", *The Journal of Religion* Vol. 54, No. 4 (Oct. 1974), 354-355.

의될 수 없을 뿐 아니라, 동시에 각각의 지역과 시대적 상황과 이슈에 따라 다양하게 반응하기 때문이다. 그뿐 아니라 '공공성'(Publicity) 개념 자체가 다양한 의미와 담론들로 구성되었기에 그 바탕 위에서 '공공 신학'을 정의하기 위한 통합적이고 기술적인 작업은 더욱 쉽지 않다.[2] 그런데도 주요 학자들이 공공 신학을 어떻게 이해하고 있는지를 살펴보는 것은 '후기 세속 사회'(post-secular society)에서 기독교의 공적 참여의 큰 방향성을 설정하는 데 도움이 될 것이다.

맥스 L. 스택하우스(Max L. Stackhouse)는 공공 혹은 공적 개념을 설명하면서, 기독교 윤리는 '공적 이슈(public issues)와 사항'을 다루어야 하고, 다른 종교인들이나 비기독교인과 신학적 윤리에 관해 공개적으로 토론하는 것이 마땅하며, 그 결과 사회 구조에 영향을 미칠 수 있어야 한다고 주장한다.[3]

해롤드 브라이덴버그(Harold Breitenberg)도 기독교 전통에서 '공공 신학'이 교회 안과 밖으로 모두에게서 이해 가능하고, 접근 가능한 방식으로 전개하면서, 교회와 시민 사회와의 상호 작용을 돕고 신앙 공동체와 개인들의 신학적 성찰을 제공해야 한다고 주장한다. 그는 공공 신학자들이 '소통 가능'(communicatable)하고, '수용 가능한'(acceptable) 방식들을 찾으면서 기독교의 신념과 실천이 '공적 삶'(public life)과 '공공선'(common good)의 추구에 어떤 영향을 미칠 수 있는지를 고민하면서 신앙인과 비신앙인 모두의 사회적 행동으로 이끄는 데 유용하다고 제안한다.[4]

후기 세속 사회에서 종교는 공공성을 위한 교리와 공동체적 실천을 위한 대화와 타협을 요청받고 있다. 공공 신학은 신학의 자리, 즉 각각의 상황에 따라 정치, 경제, 사회, 문화적인 이슈에 다양하게 응답해야 한다. 공

---

[2] Dirkie Smit, "Notions of the Public and Doing Theology", *International Journal of Public Theology* (2007), 431-454.
[3] 새세대교회윤리연구소,『공공 신학이란 무엇인가』(용인: 북코리아, 2007), 30-31.
[4] E. Harold Breitenberg Jr., "To Tell the Truth: Will the Real Public Theology Please Stand UP", *Journal of the Society of Christian Ethics* (2003), 66.

공 신학의 형성과정과 흐름을 집어 본다면 그 특징들이 더욱 선명하게 드러날 것이다. 장신근은 공적 신학의 지형도를 유럽, 미국, 영국, 독일, 남아공, 아시아로 구분하면서 그들의 반응을 네 가지로 설명한다.

> **첫째**, '변증적 측면'으로 기독교 신앙과 전통은 언제나 시대와 소통하고 공공성의 추구를 위해 노력했다.
> **둘째**, '변혁적 특성'으로 사회적 약자를 보호하고 정의로운 공동체를 이룩하기 위해 노력했다.
> **셋째**, '기독교의 정체성을 확립'하면서 존재로서 사회의 모델을 제안했다.
> **넷째**, 시민 사회의 영역에 참여하면서 '공공선의 확립'을 위해 노력해 왔다.[5]

이번 장에서는 공공 신학 각각의 특징을 서술하기 전에 먼저 그의 전개 방식을 따라 크게 네 개의 국가로 구분하면서 공공성을 향한 신학의 형성 과정을 살펴보려 한다.

1. 미국의 시카고 학파와 예일 학파

'공공 신학'이란 단어를 처음 사용한 마틴 마티는 종교의 철학적이고 사변적인 관심보다는 종교에 속한 개인과 공동체의 행동이 어떻게 공적일 수 있는지와 사회적 이슈의 참여에 기반이 되는 신학적 사고를 가능하게 하는 부분이 무엇인지에 관심을 두었다. 그는 주류 개신교와 로마 가톨릭 전통의 가르침이 공공질서와 생활에 연결된다는 의미에서 기독교의 모든

---

5 장신근, "공적 신학이란 무엇인가", 이형기 외, 『공적 신학과 공적 교회』 (서울: 킹덤북스, 2010), 31-73.

교회를 '공적 교회'(Public Church)로 설명한다.[6]

니버는 20세기 중반을 전후로 미국의 종교적 상황을 적절히 해석하면서 시대적 물음에 응답하고 있기에 그를 공공 신학자라 평가하는 것은 적절하다고 볼 수 있다. 니버의 사상이 교회를 위한 신학이 아니었다는 부분적인 비판에도 불구하고 그의 목회 현실과 시대적 상황 그리고 국제정치적 현실에서 복음의 교리를 사회과학적으로 적용한 훌륭한 시도를 펼쳐간다.

니버는 토크빌과 함께 미국 기독교의 실천적인 관심을 공유하면서 신앙고백과 교리들을 특정한 교리 안에 가둬 두기보다 문화적이고 사회적인 지혜 안으로 옮기려 했고 『미국 역사의 아이러니』(The Irony of American History)에서 어떻게 미국 사회의 행위가 이데올로기와 교리 그리고 사상으로 연결되는지를 살폈다. 종교는 도덕성과 밀접한 관련이 있으며, 종교의 열매로서 도덕성이 사회 안에 자리하게 되고 반대로 도덕적 삶의 정당성을 종교적 신념과 확신이 심어 준다고 보았다.[7]

니버는 미국의 경험이 대부분 중산층과 부르주아의 삶에 대한 동경을 가지면서 사회적 약자들과 소외 계층에 대해 교회가 관심을 기울이지 않은 것을 비판했다.

어떻게 미국 역사의 상당 기간 동안 중산층과 빈곤층이 거의 교류를 하지 않은 채로 양립할 수 있었을까?

니버는 분파화 된 교회들이 주류가 되면서 과거의 즉시성과 이동성을 잃어버리고 세속화되었기 때문이라 여겼다. 청교도 정신은 시간이 흐른 뒤 경제적인 성공을 가져다주었고, 가장 종교적인 것이 가장 세속적일 수 있다는 역설적인 결과를 초래하면서 개신교의 경건한 개인주의(Protestant pietistic individualism)와 부르주아 기독교를 낳게 했다.[8]

---

[6] Marty, *Public Church* (New York: Crossroad Publishing, 1981).
[7] Marty, "Reinhold Niebuhr: Public Theology and the American Experience", *The Journal of Religion* Vol. 54, No. 4 (Oct, 1974), 336-339.
[8] Marty, "Reinhold Niebuhr", 347.

물론 반대로 자유주의의 운동으로 근대 문화를 무비판적으로 수용하거나 평등주의의 원칙을 고수하면서 갈등의 현장에서 사랑과 연대를 과도하게 이입하려는 입장도 있었다. 대표적으로 사회복음과 사회구원을 주장한 월터 라우센부시이다. 그는 복음의 메시지와 아메리카 드림이 다르지 않다고 주장했기에 니버는 그에게 보내는 편지에서 사회적 현실주의와 기독교 신앙 모두를 균형 있게 유지해야 함을 강조한다.[9] 니버는 교회의 현실과 사회의 현실 모두를 균형감 있게 가져가려 하면서 국가의 교만과 폭력성을 경고하면서 도덕의 원천으로서 종교의 사회적 역할을 제안했다.

니버 이후 미국에서 공공 신학은 크게 두 가지 흐름으로 전개되어 왔는데 시카고 학파와 예일 학파이다. 전자는 제임스 M. 거스탑슨(James M. Gustafson), 데이비드 트레이시(David Tracy), 던 브라우닝(Don Browning)이 주도했고, 후자는 한스 프라이(Han Frei), 조지 린드벡(George Lindbeck), 로널드 티먼(Ronald Thiemann) 등이 있다.

시카고 학파의 입장은 수정주의(revisionism)이고 예일 학파는 후기 자유주의(post-liberalism)이라 불리 운다. 수정주의 입장의 신학자들은 신학이 공적 담론에 따라 전개되어야 한다는 입장이고, 신학이 사적인 영역에서 머물면서 섹트(sect)화되는 것에 반대한다. 참된 기독교 신학은 기독교인뿐만 아니라 이성을 가진 믿지 않는 사람들에게도 이해될 수 있는 공적 신학이어야 하기 때문이다.[10] 그렇다고 둘 사이를 날카롭게 구분하는 것은 경계해야 하는데 시카고 학파의 대표적인 학자인 트레이시는 19세기 자유주의 신학과 20세기의 신정통주의 신학을 결합하면서 기독교 정체성과 합리성, 곧 신학의 계시적인 차원과 인간 경험의 차원을 둘 다 포괄하는 수정주의의 입장을 전개했다.[11]

---

9 Marty, "Reinhold Niebuhr", 352-353.
10 노영상, "교회와 신학의 공공성에 대한 논구: 공공 신학의 이해와 수용에 대하여", 『공공 신학이란 무엇인가』, 64.
11 노영상, "교회와 신학의 공공성에 대한 논구", 65.

트레이시는 "공공 신학의 세 가지 유형의 공공성"(Three Kinds of Publicness in Public Theology)이란 글에서 공공성 논의를 위해 세 가지 방향의 접근이 필요하다고 주장한다.

> **첫째**, 공공성은 합리적인 연구를 위해 대화와 토론이 가능해야 하며, 토론을 위해서는 논리적인 설득이 필요하고 상대방을 존중하는 태도가 요구된다. 신앙과 종교를 대할 때 근본주의적인 태도를 취하기보다는 포괄적인 이성과 통합적인 자세가 요구된다.
> **둘째**, 종교 전통과의 진중한 대화가 요구된다. 종교는 자신들의 고유성을 표출하는 제의와 상징 그리고 예술과 음악 등의 요소를 지니며 저마다의 특수성을 보편적인 언어로 전환시켜야 할 필요가 있다. 하버마스가 의사소통의 방식과 중요성을 강조했던 것처럼 공적 영역에서 종교들은 다양한 타 종교들과 다원화 사회에서 소통 가능한 방식으로 전환되어야 한다.
> **셋째**, 착함과 옳음을 향한 예언자적인 활동과 묵상적인 사고가 요청된다. 고대 묵상가들은 더 나은 삶과 선에 대한 깊은 통찰을 추구했다. 깊은 깨달음을 추구하면서 사회와 개인은 변화됐고 더 높은 이상으로 진일보할 수 있었다. 예수님도 개인 기도와 광야의 묵상에서 얻은 깨달음으로 하나님 나라를 실현하고자 했다.[12]

트레이시의 방법론은 '상호 응답적'이며 '변증적'이고 '대화적'이다. 그는 각각의 문화적 상황에 접근할 수 있는 언어로의 번역을 요구하는 동시에 인간의 공통적인 경험을 바탕으로 하는 덕목들을 주목하면서 그러한 통찰들이 새로움을 향한 신학적인 개방성으로 이어진다고 보았다.[13]

---

[12] David Tracy, "Three Kinds of Publicness in Public Theology", *International Journal of Public Theology* 8 (2014), 331-4.
[13] Graham, "Heather Walton and Frances Ward", *Theological Reflection: Methods* (London: Scm Press, 2005), 160.

한편 칼 바르트(Karl Barth)의 영향을 받은 조지 린드벡(George Lindbeck)은 기독교 교리가 보편적으로 이용 가능한 숙어(idiom)처럼 사회 안으로 들어가는 것에 반대한다. 그는 인간 이성의 자원들과 협력하기 위해 하나님 말씀에 대한 우위성을 버리는 것은 이미 실패한 것이며, 이런 경향은 후기 계몽주의 문화 안에 자리한 자유주의 신학 전통의 순응으로 보았다. 오히려 하나님의 근원적 타자성과 거룩성, 그리스도 계시의 종결성(finality)과 독특성을 강조했다.

비슷한 입장은 존 하워드 H. 요더(John H. Yoder)와 하우어워스에게서도 발견된다. 이들은 신학적 자유주의에 반대하여 성경에 입각한 기독교 정체성으로 돌아갈 것을 주장한다. 기독교 사회 활동은 정치 활동에 참여하는 것이 아니라 오히려 교회 기관이 분리되지 않으면서도 독특한 예수의 내러티브를 실천하는 것이다.[14]

로널드 티먼(Ronald Thiemann)은 근대의 이분법적 사고 즉, 사적인 것과 공적인 것, 종교적인 것과 세속적인 것 사이의 구분은 더 이상 유지될 수 없으며, 개인의 '도덕적 결정'(moral decision)은 수많은 정치적, 사회적 이슈에 있어서 중요한 판단의 기준이 될 뿐 아니라 이런 도덕적, 신학적 성찰은 이미 기독교의 전통을 토대로 하기에 공적 영역에서 신앙을 배제하는 것은 불가능하다고 말한다.[15]

그는 공공 신학을 '기독교의 확신과 기독교 공동체가 속한 더 넓은 사회 정치적 맥락 사이의 관계를 이해하려 노력하는 신앙'이라 정의한다. 신학이 살아 계신 하나님에 관해 말할 때 그것은 온 세상을 다스리시는 존재에 관한 것이며 이런 의미에서 신학은 하나님에 관한 설득력 있고 신뢰할 만

---

[14] Graham, *Apologetics without Apology: Speaking of God in a World Troubled by Religion* (Eugene: Wipf and Stock Publishers, 2017), 116.
[15] Ronald F. Thiemann, *Constructing a Public Theology: The Church in a Pluralistic Culture* (Louisville: John Knox Press, 1991), 19.

하며 체계적인 지식을 명확히 표현하고 설명하는 것이어야 한다.[16]

그는 트레이시의 공공 신학에 관한 세 가지 전제 중, 두 가지에 문제가 있다고 분석했다. 티먼은 첫째 주장에 대해서는 동의하지만, 둘째와 셋째의 입장에서는 다른 의견을 제시하는데, 공공 신학은 신앙의 토대 위에서 출발해야 하며 예수 그리스도 안에서 하나님에 대한 확신이 공적 현장에서도 상호 연관성을 가지고 참여가 가능하다고 말한다.[17]

깊은 신앙적 신념에서 나오는 비판적 연구는 우리 사회의 문화적, 지적, 영적 삶을 매우 풍요롭게 해 줄 수 있다. 신학은 공동체적인 동시에 공적 활동이어야 하며, 실제로 신학이 신앙에 바탕을 두지만, 비판적인 관점에서 발전되었기에 오늘날에도 다양한 영역에서 계속 영향을 주고받고 있다.[18]

특히 인종, 문화, 종교적으로 다원화 사회에서는 시민들을 묶어 낼 수 있는 하나의 도덕성과 에토스의 제공에 있어서 종교의 역할이 지대하기에, 미국의 기독교 전통에서 생명과 인권, 자유를 향한 기독교의 공헌이 오늘날에도 여전히 필요하다. 교회는 다원화 사회 안에서 공동체들의 공적 삶을 위한 모델이 되어야 하며, 하나 됨을 위한 증인으로 역할을 감당해야 한다.

'다양성 안에서 일치'(unity in diversity)는 초대교회가 처한 상황에서도 신앙의 공통성을 확인하고 연합하려는 모습에서도 확인할 수 있다. 공동체의 가치와 덕목들을 훈련하는 동시에, 사회적 에토스를 세워 가는 실천적인 장으로서 교회는 공적 참여를 해 왔다. 그리고 교회가 제공할 수 있는 가장 중요한 공적 섬김(public service)은 세상을 위한 희망의 공동체가 되는 것이다.[19]

이처럼 북미의 20세기 후반 신학은 자유주의와 신정통주의의 종합에 초점이 맞추어 있다. 자유주의 신학은 '신의 내재성'(immanence)을 강조하면서 신학의 근거를 인간의 경험(experience)에 두지만, 신정통주의 신학은

---

16 Thiemann, *Constructing a Public Theology*, 21.
17 Thiemann, *Constructing a Public Theology*, 22-23.
18 Thiemann, *Constructing a Public Theology*, 27.
19 Thiemann, *Constructing a Public Theology*, 122-124.

'신의 초월성'(transcendence)을 강조하여 하나님의 계시(revelation)를 신학의 근거로 삼고 있다. 자유주의 신학은 인간의 주체성을 강조하는 주관주의적 신학이지만, 신정통주의 신학은 인식에 있어 객관적 대상성으로서의 예수 그리스도의 계시적 측면을 강조한다. 이에 오늘의 신학 과제는 이와 같은 주관적인 신학과 객관적인 신학의 극복 또는 종합에 있다고 해도 과언이 아닐 것이다.[20]

미국의 공공 신학은 두 갈래로 흘러오면서 서로 다른 방향성을 추구해 왔다. 교회 밖과 교회 안을 향한 집중으로 서로 분리된 듯 보이지만 이것은 서로를 전제로 하는 것이며, 신앙과 이성 사이의 적절한 균형과 참여를 통한 공적 신학으로 자리매김해 왔음을 주목해야 할 것이다.

2. 독일의 루터교 전통과 위르겐 몰트만

독일의 공공 신학은 종교개혁자 마틴 루터로부터 출발한다. 하인리치 보른캄(Heinrich Bornkamm)은 루터가 무엇을 두 왕국이라 불렀는지를 파악하기 위해서 1523년의 "세속 권위에 대하여"라는 루터의 글을 분석하는데 두 왕국과 두 정부라는 용어를 엄밀히 구분하지는 않았지만, 전자는 주권의 영역을, 후자는 주권의 방식을 가리키는 동전의 양면과 같은 양상을 지닌다고 평가했다.

정부라는 용어는 하나님이 세상의 세속적 영역과 영적인 영역 안에서 하나님의 의지를 실현시켜 나가시는 두 가지 방식으로 이원성과 통일성 모두 보존하려는 것이다.[21] 그는 어거스틴처럼 '사랑의 왕국'과 '사랑이

---

20 노영상, "데이비드 트레이시의 신학적 언어로서의 유비적 상상력", 국제기독교언어문화연구원, 『기독교언어문화논집』Vol 1. (1997), 326-348.
21 Heinrich Bornkamm, "두 왕국의 교리", 지원용 편, 『루터 사상의 진수』 (서울: 컨콜디아사, 1986), 208.

없는 왕국'으로 구분하지 않았고, 사랑은 보편적, 자연적인 계명으로 이성의 법안에 감추어져 있다고 파악했다. 이성과 사랑의 조화는 루터가 자주 표명한 본질적인 신념이다. 두 정부는 하나님의 것이며, 그리스도인은 세상을 결속시켜 주는 하나님의 뜻을 수행하기 위해 영적인 정부나 세속 정부의 수단을 사용할 필요가 있었다.[22] 루터는 어거스틴과 다르게 그리스도인만이 하나님 나라의 시민이라고 보지 않았으며, 그리스도인 역시 세상 나라의 시민이면서도 동시에 하나님 나라의 시민으로 보았다.[23]

베른하르트 로제(Bernhard Lohse)는 마틴 루터의 두 정부론을 이해하기 위해서는 당시 로마와 루터의 갈등을 파악해야 하며, 가톨릭의 정치적 영향력을 제후의 정치력으로 견제하면서도, 어거스틴으로부터 이어진 두 나라, 즉 '하나님 나라'(civitas Dei)와 '세상 나라'(civitas terrena)의 연장선이 황제와 교황 사이의 갈등으로 남았다고 보았다. 로제는 루터의 두 정부론은 그의 중심 사상이 아니며, 오히려 칭의의 관점에서 이해하는 것이 바람직하다고 말한다.[24]

루터는 교회와 세상 모두 하나님의 통치 아래 있지만, 영적인 것과 세속적인 것 사이의 차이점을 밝히면서, 세속적인 영역의 독립성을 신학적으로 설명했고, 교회가 세속적인 권력을 단념하고 정치적 행위 방식에 있어서도 폭력적인 방식을 취하지 않기를 원했다.[25]

이런 루터 사상의 흐름은 본회퍼에게서 잘 발견된다. 본회퍼는 교회를 정치의 영역에서 분리시켜 스스로 고립시키지 않으면서도, 교회를 정치적인 집단으로 끌고 가지 않았다. 대신에 교회는 국가에 대해 책임 있는 태

---

[22] Bornkamm, "두 왕국의 교리", 214-221.
[23] Bernhard Loshe, 『마틴 루터의 신학』(Luters Theologie in ihrer historischen Entwicklung und in ihrem systematischen Zusammenhang), 정병식 역 (파주: 한국신학연구소, 2002), 449. 루터는 그리스도인의 이중적 의무를 설명하면서 그리스도의 사람이 동시에 세상으로 사람이기에 그리스도인의 항상 관계 안에서 이웃에 대한 의무를 강조한다.
[24] Loshe, 『마틴 루터의 신학』, 441.
[25] Loshe, 『마틴 루터의 신학』, 447.

도를 가지고 있으며, 정부의 활동으로 인해 희생당한 이들을 돕고, 정부가 잘못된 방향으로 흘러갈 때는 적극적으로 간섭할 책임이 있다고 말한다.[26]

본회퍼에 따르면 하나님은 우리에게 노동, 가정, 관헌, 교회의 네 가지 영역을 위임하셨고, 그리스도인은 각각의 영역에서 하나님의 권한을 부여받은 하나님의 대리자로서 활동한다. 하나님이 주신 위임의 과제에 응답함으로써 그리스도인은 그 사회적 책임을 수행하며 동시에 자신이 속한 공동체의 구성원에 대한 책임도 수행해야 한다. 그러나 동시에 각각의 영역들이 본래의 역할을 감당하지 못할 때 서로 견제와 저항이 가능하다.[27]

본회퍼는 그리스도의 생명에 응답하는 것을 '책임'이라 명명하면서, 책임 있는 삶의 구조는 하나님과 인간을 향한 삶의 의무와 각자의 자유를 통해 드러난다고 보았다. 본회퍼는 책임 있는 인간은 구체적인 현실에서 살아가는 실제적인 이웃을 바라보기에 그의 행동은 처음부터 그리고 영원히, 원칙적으로 고정될 수 없으며 주어진 상황 속에서 파생된다고 주장한다.[28] 즉 교회의 책임 자리는 세상의 한복판이며, 이런 '현실 적합성'은 그리스도 안에서 화해된 하나님이 현실을 지향하는 것이다.

본회퍼가 두 왕국론을 주장했다면 바르트는 교회와 세상의 왕국 모두의 중심이신 예수 그리스도에 집중한다. 볼프강 후버를 이어 '독일개신교연합'(Evangelische Kirche in Deutschland, EKD)의 수장이 된 하인리히 슈틀홈(Heinrich Bedford-Strohlm)은 바르트의 기독론에 대한 관심 역시 독일이 처한 역사적 상황에서부터 출발한 것이며 바르트가 자유주의 신학으로 출발했다가 제1차 세계대전의 경험이 그가 돌아서는 결정적인 계기가 됐다고 말한다.

---

26 Torhjörn Johansson, "Religion in the Public Sphere-with Dietrich Bonhoeffer towards a Renewed Understanding of the Two Kingdoms", *International Journal of Public Theology* 9 (2015), 270-273.
27 고재길, 『본회퍼, 한국교회에 말하다』 (서울: 케노시스, 2012), 112.
28 Dietrich Bonhoeffer, 『윤리학』(*Ethik*), 손규태, 이신건, 오성현 역 (서울: 대한기독교서회, 2013), 311.

자펜빌 시기의 로마서 주석부터 윤리학 강연 및 『교회 교의학』의 초기 작품들에 이르기까지 바르트는 슈바벤의 경건주의자 프리드리히 크리스토프 외팅거(Freidirich Christoph Oettinger)의 명언을 자주 인용하였는데, '신체성은 하나님 길의 최종 지점이다'처럼 피안에만 집중하고 신체와 사회적 측면을 무시하는 기독교에 대한 반대 입장을 취했다.[29] 그는 지상에서 하나님의 일을 위한 봉사 그리고 전 우주를 향한 증언을 위해서 총체적인 회개와 갱신이 필요하며 인간은 자기 자신과 더불어 공적 책임을 지닌다고 보았다.[30]

전후 바르트의 관심은 교회를 넘어서 시민 사회로 향한다. 그는 시민 공동체는 교회 공동체를 둘러싼 또 다른 공동체라고 했다. 이는 그리스도가 교회의 중심이지만 동시에 시민 사회의 중심임을 강조하면서 국가와 정치 영역에서의 공적 역할을 인정하는 셈이다.[31]

루터파의 흐름과는 조금 다르게 몰트만은 1970년대부터 메츠와 함께 독일 사회에서 신학의 정치적 참여를 주장하기 시작한다. 스스로를 정치 신학자라 인식했지만, 그가 생각하는 정치는 국가 정부와 행정적 차원에서의 의미라기보다 사람들의 삶 전반에 걸친 사회 활동이라는 측면이 더 강하다고 볼 수 있다. 물론 당시 동독과 서독의 냉전 체제에서 교회의 화해 역할을 주문했지만, 냉전 체제가 종식된 이후로 그는 근대성에 맞서서 자율적 인간의 개인화와 합리적 이성의 발전으로 인한 기술의 신성화, 자본화를 문제 삼았다. 근대성의 폐해를 극복하는 방법이 본질적인 가치의 발견에 있다고 주장한다. 그는 그 가치의 발견을 기독교 신학과 전통에서 찾으려 했다.[32]

---

[29] Frank Jehle, 『편안한 침묵보다는 불편한 외침을』(*Lieber unangenehm laut als angenehm leise*), 이용주 역 (서울: 새물결플러스, 2016), 62.
[30] Karl Barth, KD IV/2, 640. Jehle, 『편안한 침묵보다는 불편한 외침을』, 139에서 재인용.
[31] Heinrich Bedford-Strohm, "Public Theology and Political Ethics", International Journal of Public Theoloy 6 (2012), 281.
[32] Scott R. Paett, *Exodus Church and Civil Society: Public Theology and Social Theory in the*

스캇 패스(Scott Paeth)는 몰트만의 공공 신학은 하나님 나라 신학을 지향하며 교회에 관심을 두기보다 공적 영역 안에서 비평적으로 또는 예언자적으로 목소리를 내면서 하나님의 명령과 의로움을 실천하는 것이라 말한다. 몰트만이 이해한 공공 신학은 다원화 사회 안에서 사회의 안정과 평화 유지와 같은 교회의 사회적 기능의 차원이 아니라 그들의 삶 안에서 그리스도의 다스리심을 교회와 그리스도인이 증언하는 것이며 인간의 가치와 존엄을 넘어서서 하나님의 통치를 인정하는 것이다. 그렇기에 몰트만의 신학은 공공의 영역과 상호 관계 안에서 하나님의 희망을 이 땅으로 가져오는 것이라 볼 수 있다.[33]

비록 '희망' 개념을 에른스트 블로흐에게서 빌려오지만, 블로흐가 마르크스의 철학과 무신론적인 이해에서 인간의 내적 본성을 통한 기대와 가능성으로 희망을 기대했다면, 몰트만은 십자가와 부활을 통한 희망을 기대한다. 십자가는 이 땅의 고통과 아픔에 연대하는 하나님의 사랑과 통치의 방식이며, 성부와 성자가 상호 응답적인 관계 안에서 부활로 이어지는 변증법적인 특징을 보여 준다.[34] 근대 사회의 개인주의 모순에 반대하여 성부, 성자, 성령의 관계적 삼위일체를 신학의 중심에 두면서 교회와 그리스도인은 교회 밖의 사회 공동체와 관계 안에서 다가오는 하나님의 나라를 구현해야 하는 책임을 가지고 주장한다.[35]

몰트만은 『세계 속에 있는 하나님』에서 세상과 공적 관계를 형성하지 않는 기독교 정체성은 존재할 수 없으며 하나님 나라 신학은 그리스도의 인격과 역사를 통해 세상과 연결된다고 말한다. 예수를 기초하지 않고 하나님의 성령에 대한 체험을 근거하지 않을 때, 신학은 유토피아의 불확실

Work of Jürgen Moltmann (Surrey: Ashgate Publishing Group, 2008), 5-13.
[33] Paett, *Exodus Church and Civil Society*, 16.
[34] Paett, *Exodus Church and Civil Society*, 24-34.
[35] Paett, *Exodus Church and Civil Society*, 47.

성 속으로 들어가기 때문이다.[36] 몰트만은 근현대 세계의 신학에 대해 공적 신학을 요청하면서 신학은 사회의 공적일 일에 관여하면서, 하나님 나라를 향한 희망 안에서 사회의 공공복리를 바라보며 깊이 유념하면서 가난한 자와 소외된 자들을 어떻게 정치적으로 대변하고 그들의 환경을 바꾸어야 할까를 고민해야 한다고 보았다.[37]

3. 잉글랜드의 성공회와 스코틀랜드 장로교

영국은 윌리엄 템플(William Temple), 로널드 프레스톤(Ronald Preston), 로완 윌리엄스(Rowan Williams)와 같은 성공회와 던칸 포레스터(Duncan Forrester)와 윌리엄 스톨라(William Storrar) 같은 장로교의 흐름으로 나뉜다. 이들 전통은 기존 영국교회와 스코틀랜드교회들의 입장으로부터 나왔고 교구와 회중 제도를 통해 강력한 지역주의와 짝을 이룬 성육신 신학의 전통을 발전시켰다.[38] 1940년대, 제2차 세계대전 이후 영국 사회는 국가의 재건 작업을 활발히 진행되면서 복지의 중요성을 인식하게 된다. 당시 '복지국가'(welfare state)에 대한 사회적 합의가 있었고, 경제 문제에서는 평등주의가 주목을 받았다.

사회주의 이론에 기초한 국가 건설에 대한 낙관적인 기대와 함께 재건 사업이 시작되지만, 시간이 흘러감에 따라 국민들의 기대와는 다른 양상이 나타났는데 개발의 이익이 소수의 계층에 집중되고 빈부의 차가 극심하게 벌어졌다. 당시 영국 기독교는 사회복지에 관한 훌륭한 전통과 자원을 가지고 있음에도 불구하고 공적 참여의 목소리를 내지 못했다. 이유는

---

[36] Jürgen Moltmann, 『세계 속에 있는 하나님』(Gott im Projekt der modernen Welt), 곽미숙 역 (서울: 동연, 2009), 9.
[37] Moltmann, 『세계 속에 있는 하나님』, 10.
[38] Graham, *Between a Rock and Hard Place*, 74.

일차적으로는 스스로 기독교 복음과 신앙에 대한 좁은 이해에 갇혀 있으면서 공적 현실의 참여를 주저했기 때문이다.³⁹

그런데도 몇몇 학자를 중심으로 복지 정책에 대한 움직임이 있었는데 템플과 윌리엄 비버리지(William Beveridge)이다. 템플은 기독교 공동체가 미래의 새로운 사회를 향한 비전을 제시해 줄 수 있으며, 시민들의 덕성을 배양하고 세속적 민주주의가 잘 정착하도록 도움을 줄 수 있다고 보았다.⁴⁰

윌리엄 템플은 교회의 우선 과제가 기독교의 정신과 원리들을 구체화하는 것이며, 각각의 이슈를 위해 신학자, 사회 과학자, 철학자, 정치인, 시민 봉사자들이 모여서 기독교의 복음을 토대 위에서 정치적이면서 사회적인 문제를 토론하는 방식을 제안했고, 그 방법을 '중간 공리'(middle axiom)라고 했다.⁴¹

에든버러의 던칸 포레스터는 '복지 국가'에서 '복지 사회'로의 전환을 주장하면서 신앙과 신학의 비전은 사회 정책으로 구체화되어야 한다는 데 동의한다. 기독교의 사회적 관심이 가치와 비전의 유지에 국한되어서는 안 되며, 그것은 정책 안에서 적용 가능한 방식으로 책임성을 지녀야 한다.

포레스터는 스코틀랜드가 가지고 있던 정치 사회적 문제를 가지고 씨름을 하면서 정치, 경제, 복지 문제들에 대한 구체적인 목소리를 냈지만, 그것이 단지 스코틀랜드의 문제로 제한시키지 않고 '지역'(local)에서 '세계'(global)로 나아가는 구조를 택한다.

던칸 포레스터는 공적 논쟁을 중단하는 것은 신학의 심각한 빈곤화를 초래할 뿐 아니라, 신학은 중립적일 수 없기에 자신의 독특성으로 공적 토

---

39 Duncan B. Forrester, *Christian and the Future of Welfare* (London: Epworth Press, 1985), 1-3.
40 Graham, *Between a Rock and a Hard Place*, 210.
41 Forrester, *Christian and the Future of Welfare*, 87-88.

론에서 공헌을 할 수 있음을 주장한다.[42]

포레스터를 기념하는 책에서 앤드류 R. 몰턴(Andrew R. Morton)은 '신학은 특별한 공공의 다원화된 상황 속에서 실천된다'고 말한다. 그는 포레스터의 신학 사상이 시장과 같은 일상의 삶으로 이루어지는 공공의 영역이었고 다양한 사람들과 대화하고 연대하면서 경청과 설득을 통해 신학을 공공의 자리에서 발견하려 했다. 더 나아가 신학은 특수한 대중의 상황 안에서 존재해야 하기에 특수성의 제한된 옷을 입어야 한다고 주장한다.[43]

포레스터는 공(public)과 사(private)의 구분이 근대 정치 이론에서 중요한 논의 대상이지만, 포스트모던 사회는 다원화되고 파편화됐고 공통의 선에 대한 이해가 다르기에 포괄적인 공적 논의의 장이 무엇보다도 중요하다. 이런 논의의 장에서는 정치적, 경제적으로 더 나은 선을 향한 가치들을 제공해야 하고 여성과 소수자들이 배제되지 않는 관계성을 전제로 해야 한다.[44]

영국은 마가렛 대처(Margaret Thatcher)와 토니 블레어(Tony Blair) 총리의 모습에서 확인되듯이 종교적 신념이 정치의 원칙과 방향 설정에 상당한 영향을 미쳐 왔음을 알 수 있다. 대처는 성경을 읽고 신학적 주제들에 대해 토론하는 것을 좋아했으며, 특히 1988년 5월 스코틀랜드교회의 총회(General Assembly)에서 산상수훈을 가지고 연설하면서 그녀의 개인적인 신학과 기독교 전통의 신념들이 정부의 정치와 연속선상에 있다고 밝힌다. 당시 진보 그룹인 노동당 정치인인 존 스미스(John Smith)는 스코틀랜드교회의 장로로서 그의 신앙이 공적 삶에 영향을 주고 있음을 밝히면서 '기독교 사회주의 운동'(Christian Socialist Movement)의 재기를 기대했다.[45]

---

[42] Forrester, *Christian and the Future of Welfare*, 81-86.
[43] Andrew R. Morton, "Duncan Forrester: A Public Theologian", in William F. Storrar & Andrew R. Morton eds., *Public Theology for the 21st Century* (London: T&T Clark LTD, 2004), 27-8.
[44] Forrester, *Christian Justice and Public Policy* (Cambridge University Press, 1997), 18-20.
[45] Forrester, *Christian Justice and Public Policy*, 28-29.

최근 영국 공공 신학을 이끌고 있는 그레이엄과 스테판 로우(Stephen Lowe)는 사회를 위한 헌신, 즉 사회의 번영과 잘됨(well-being)을 위한 '시민 됨'(citizenship)과 교회의 삶 그리고 기독교 신앙을 위한 헌신, 즉 '제자 됨'(discipleship) 사이에는 갈등이 있음을 인정하다. 그러나 둘 사이의 근본적인 출발점은 동일하다고 주장한다. 그들은 공공 신학의 형식을 크게 세 가지로 나누어서 설명한다.

> **첫째**, 공공 정책의 이슈에 대한 참여는 신앙의 관점에서 도덕적 명령에 기초한 어떠한 형식에 대해 '참여'(engagement)하는 것이다.
> **둘째**, 기독교인의 사회적 삶을 지지하는 것은 사회 안에서 '신실한 증인'(faithful witness)으로 살아가는 것이다.
> **셋째**, 정치와 사회적 영역에서 신앙을 가진 이들을 지지할 수 있는 신앙적 신학적 자원(capital)을 제공하는 것이다.[46]

영국의 공공 신학은 전후 새로운 사회를 향한 비전을 제시하고 정책을 제안하며 건강한 공적 파트너로서 종교를 위치시키면서 새로운 신학으로 발전해 간 것을 알 수 있다. 다른 신앙의 전통에도 불구하고 영국교회는 지역 사회를 위한 공적 참여에 협력했으며 특히 복지를 비롯한 인권, 환경, 난민 등의 이슈에도 적극적으로 응답해 왔다.

---

[46] Graham and Stephen Lowe, *What makes a good City? Public Theology and the Urban church* (London: Darton, Longman & Todd, 2009), 4-6.

4. 남아공의 개혁주의 전통과 토착화 신학

아프리카의 기독교는 17세 유럽 식민지 이주민들의 종교로 들어오게 된다. 이주민이 올 때마다 그들의 정체성에 바탕이 되는 교회 생활과 신앙 형태도 함께 수입됐다. 네덜란드와 프랑스의 칼빈주의, 독일의 루터교, 로마 가톨릭 그리고 프로테스탄트 비국교도에서부터 잉글랜드 가톨릭의 옥스퍼드 운동까지 말이다. 그러나 19세기부터 기독교는 아프리카 문화와의 상호 작용으로 토착화의 방식으로 발전하게 된다. 식민주의에 맞서는 민족주의적 저항의 종교가 되어 갔다.[47]

20세기에 들어, 1950년대 말부터 1980년대 말까지 독립 이후 시대 및 탈선교사 시대의 아프리카 기독교는 두 가지 흐름을 보인다.

> **첫째**, 남아프리카의 불평등과 압제 상황의 사회적, 정치적 변화를 위한 투쟁과 관련해 해방 신학으로서 '흑인 신학'이 등장했다.
>
> **둘째**, 기독교 이전의 종교적 전통을 강조하는 아프리카 민족들의 토착 문화에 대한 신학적 탐구로서 아프리카의 기독교적 정체성과 독자성을 찾는 작업이다.[48]

남아프리카공화국(이하 '남아공')의 존 W. 드 그루치(John W. de Gruchy)도 보편적인 공공 신학은 없으며 신학자들은 각자가 처한 특정한 상황과 정치적 현실에 대해 응답하기에 지역의 상황에 적합한 다양한 공공 신학들이 등장할 것을 예견했다.[49]

---

47 John W. de Gruchy, "아프리카 신학, 남아프리카", 『현대신학과 신학자들』, David F. Ford, 류장열 외 3인 역 (서울: CLC, 2005), 689.
48 Kwame Bediako, "아프리카 신학", 『현대신학과 신학자들』, 661.
49 Gruchy, "From Political to Public Theologies: The Role of Theology in Public Life in South Africa", in William F. Storrar, Andrew R. Morton eds, *Public Theology for the 21st Century* (London: T&T Clark LTD, 2004), 45.

남아공은 오랫동안 인종차별로 인해 수많은 갈등을 겪어 왔기에 그의 관심은 여기에 집중되어 있다. 남아공은 인종 분리 정책의 주역이었던 화란 계통 백인들의 신칼빈주의(Neo-Calvinism) 신학이 잘 나타나는ㅅ데 더키 스미트는 아브라함 카이퍼의 창조의 다양성 강조가 인종의 다양성 유지를 위한 경계선 긋기를 정당화하면서 인종 분리 이데올로기를 정당화했고, 각각의 인종들은 자신의 정체성을 지켜 나가기 위해 하나님으로부터 받은 책임이 있다고 주장했다.[50] 신학이 인종차별과 억압의 근거로서 작동된 것이다.

그루치가 1979년에 『남아프리카교회의 투쟁』(Church Struggle in South Africa)을 뒤이어 1984년에 목게디 모틀하비(Mokgethi Motlhabi)의 『아파르트헤이트에 대한 도전: 도덕적 국민의 저항을 위하여』(Challenge to Aparthheid: Toward a moral national resistance), 1985년에 찰스 빌라 비센시오(Charles Villa-Vicencio)의 『아파르트헤이트라는 덫에 빠져』(Trapped in Apartheid)가 출간된다.

1986년에 제임스 코크레인은 『권력의 신하들』(Servants of Power)에서 성공회와 감리교가 남아공의 인종차별을 경제적으로 이용하는 것을 비판했고, 같은 해 요한 킹호른(Johan Kinghorn)은 『네덜란드 개혁교회 아파르트헤이트』(Die NG Kerken Apartheid)에서 칼빈주의의 형성과 완성에서 네덜란드 개혁교회의 부정적인 역할을 비판한다.[51]

그러나 역설적으로 기독교 국가의 식민 지배 상황에서 그들이 전해 준 성경과 복음을 토대로 저항과 투쟁을 시도한다. 당시 유행하던 해방 신학의 여러 부류와 마찬가지로 아프리카의 해방 신학은 바르트와 본회퍼의 신학, 마틴 루터 킹의 흑인 해방 운동, 카이로스 문서[52] 그리고 데스몬드

---

50 Dirkie Smit, "üdafrika", 327-328, Richard Osmer, eds., *The Teaching Ministry of Congregations*, 장신근, "공적 신학이란 무엇인가", 이형기 외, 『공적 신학과 공적 교회』(서울: 킹덤북스, 2010), 59에서 재인용.
51 Gruchy, "아프리카 신학, 남아프리카", 691.
52 카이로스 문서의 출판은 남아프리카 아파르트헤이트의 억압과 저항의 마지막 십년에 접어들었을 때 cnfugs한, 남아프리카 신학과 교회를 위한 진리의 주요 계기였다. 세계 전역에 알려졌던 카이로스 문서는 해방의 투쟁에 헌신하고 있던 사람들 사이에서조차

투투(Desmond Tutu)나 알랜 보삭(Allan Boesak), 알버트 놀란(Albert Nolan) 등을 중심으로 토착화 신학의 움직임이 나타난다.[53]

에티엔느 드 빌리어(Etienne de Villiers)는 남아공의 해방 신학은 공적 성격을 분명히 지니고 있으며, 그리스도 복음의 빛 아래서 사회의 변혁을 향한 하나님의 부르심을 추구했다고 주장한다. 그는 벨직의 '신앙고백서'(confession Belgica) 36개 영역 안에 표현된 신정적(theocratic) 사상은 이런 분위기를 잘 표현하고 있으며 기독교의 가치를 현실 정치와 사회 안에서 교회의 목소리로 잘 대변하고 있다고 평가했다. 개혁교회들과 신학자들은 인종차별적인 국가 정책과 문화에 반대했으며 그것이 죄악임을 지적했다.[54]

도로시 죌레(Dorothee Sölle)도 흑인 신학자 제임스 콘(James Cone)이 말한 '복음의 백색 왜곡'에 동의하면서 억눌린 자의 해방이 하나님의 뜻이며, 하나님의 일이라고 이해하는 것이 흑인 그리스도인에게 도움이 된다고 말한다. 콘은 하나님을 안다는 것은 억압받은 자의 편에 서고 그들과 하나가 되는 것이며 해방의 목표에 한몫하는 것을 의미하기에 우리는 하나님과 함께 흑인이 되어야 한다고 말한다.[55]

1990년대, 남아프리카교회들은 아파르트헤이트 이후에 복지와 도시재생, 지역 사회 재건을 위한 비판적 신학으로 방향을 선회한다. 특히 스텔렌보쉬대학의 바이어스노드센터(Beyers Naude Centre)는 다른 일반 학자들, 기관들과 협력하면서 민주주의, 건강한 복지, 사회적 정의, 토지 사용, 캠페인 또는 신학 교육과 평신도들을 위한 성경 강의 등에 참여해 왔다. 더

매우 뜨거운 논란이 됐다. 왜냐하면, 문서에는 인종차별을 정당화하는 국가 신학, 인종차별에는 반대하지만, 저항하지 않는 교회 신학, 시대의 지조에 따라 비판적 참여의 예언자 신학을 구분했기 때문이다. Gruchy, "아프리카 신학, 남아프리카", 697.

53 Gruchy, "아프리카 신학, 남아프리카", 692-696.
54 Etienne de Villiers, "Public Theology in the South African Context", *International Journal of Public Theology* (2011), 7-8.
55 Dorothee Sölle, 『현대신학의 패러다임』(*Gott Denken: Einführung in die Theologie*), 서광선 역 (파주: 한국신학연구소, 2006), 140-141.

나아가 가난과 질병, 부족 간의 갈등과 토지 문제, HIV/AIDS의 문제와 같은 깊은 의식적 문제들까지도 신학과 성경의 연구를 통해 접근하면서 사회 변혁을 위한 교회의 공적 참여를 강화해 왔다.[56]

에티엔느 드 빌리어(Etienne de Villiers)는 남아공에서의 공공성을 향한 신학이 어떻게 자리 잡고 있는지를 설명하면서 대학과 기관들을 소개하는데, 스텔렌보쉬대학의 바이어스노드센터와 프레토리아대학의 공공 신학 센터(Centre for Public Theology), 크와줄루나탈(Kwa-Zulu Natal)대학과 웨스턴케이프(Western Cape)대학의 역할들도 언급한다. 그중에서도 베이어스 나우드(Beyers Naude)센터는 규모와 인적 구성 면에서 탁월함을 보였고, 그들의 선언문에서도 잘 드러나듯이 '민주적인 남아공에서 종교와 공적 삶의 상호 작용에 관한 연구'를 추구한다고 말한다.[57]

공공 신학은 데이비드 보쉬(David Bosch)가 선교학에서 새로운 패러다임을 주장한 것처럼 새로운 접근이 필요하다. 특히 세계화된 다양성이 마주하는 공론장에서는 낯선 자에 대한 환영(welcoming the stranger)이 중요하다. 새로운 공적 패러다임을 위한 사회적 현실과 윤리적 규범은 낯선 자의 존엄성(dignity)을 존중하며, 그들의 삶이 우리와 분리되지 않음을 인정하는 것이다.

낯선 자들의 존재는 하나의 선물이다. 복음의 증언과 선교에 대한 새로운 전략을 구상하기보다 우리의 인식이 전환하는 것을 요청한다. 이런 개방성은 그들 안에서 역사하는 성령님의 사역을 인정하고, 민주주의를 재구성하고 다양한 신념들이 마주하는 공간에서 공통의 목표를 설정할 수 있는 중간 공리의 원칙들로 실천되어야 한다.[58]

---

56 Gruchy, "Public Theology as Christian Witness: Exploring the Genre", *International Journal of Public Theology* (2007), 26-41.
57 Villiers, "Public Theology in the South African Context", *International Journal of Public Theology* (2011), 18-21.
58 William Storrar, "The Naming of Parts: Doing Public Theology in a Global Era", *International Journal of Public Theology* 5 (2011), 32-34.

21세기에 들어서 공공성을 향한 신학의 움직임은 에큐메니칼적인 면을 보여 주는데 2005년 에든버러에서 신학의 공공성에 관심 있는 학자들이 모였고, 2년 후인 2007년 프린스턴에서 '공공 신학 국제 네트워크'(Global Network for Public Theology)가 설립된다.[59]

이후 아시아, 아프리카, 오세아니아, 라틴아메리카 등지의 신학교들이 참가하면서 '국제 공공 신학 컨퍼런스'(International Public Theology Conference)가 3년마다 정기 모임을 실시하고 있다. 2010년은 호주 찰스스튜어드(Charles Stuart)대학, 2013년은 영국 체스터(Chester)대학, 2016년 남아공 스텔렌보쉬대학, 2019년 독일 밤베르크대학에서 열렸으며 공식 학회지인 「공공 신학 국제 저널」(International Journal of Public Theology)이 매년 발간되면서 전 세계적인 공적 이슈들과 사안들에 대한 기독교의 대응과 연구 결과물들이 나오고 있다.

---

[59] Storrar, "The Changing of the Editorial Guard: Tribute to Sebastian Kim", *International Journal of Public Theology* (2017), 371-372.

제5장

신학의 네 가지 공적 토대

후기 세속 사회에서 교회가 공적 참여를 시도할 때 어떤 신학의 토대가 필요할까?

교회 밖의 영역과 공공 신학이 조우할 때 기본적으로 '창조 신학', '자연법', '일반 은총', '하나님 나라'의 입장에서 접근이 가능할 것이다. 하나님의 선한 창조를 조명하고, 피조 세계를 이끄시는 하나님의 섭리와 은혜를 인정하여 종말에 완성될 하나님 나라를 구현하는 작업이 필요하다.

스택하우스는 공공 신학의 원리를 네 가지로 구분하면서 창조와 해방, 소명과 계약, 도덕법, 교회론과 삼위일체론을 출발점으로 삼았다.[1] 모든 신학 안에 공공 신학적 요소가 자리하지만, 그렇다고 모든 신학을 공공 신학의 토대로 삼기에는 무리가 있다.

이창호 교수는 공공 신학의 모형을 네 가지로 구분하면서, 사회 문화적 공적 변혁 모형, 윤리적 보편화 모형, 교회 됨 구현의 사회 윤리 모형, 총체적 공공선 지향 모형으로 구분했다. 이것은 구체적으로 어거스틴-니버 모형, 아퀴나스-리츨 모형, 재세례파-요더 모형, 칼빈-스택하우스 모형이라 서술한다. 각각의 유형을 다시 창조와 섭리, 교회, 종말의 세 가지 주제로 접근하면서 공공선의 관점에서 하나님의 섭리적 사랑을 존중하는 기

---

[1] Max. L. Stackhouse, *Public Theology and Polictical Economy: Christian Stewardship in Modern Society* (University press of America, 1991).

독교인에게 모든 영역에서 힘써 살아가기를 호소했다.[2]

이런 입장들을 토대로 공공 신학의 신학적 토대를 크게 네 가지로 구분하고자 한다.

첫째, 창조-타락-구속
둘째, 소명과 청지기의 공적 신앙
셋째, 일반 은총과 자연법
넷째, 하나님 나라

해방 신학 이후 교회의 관심이 공적 이슈로 전환되면서 적극적인 응답을 시도하지만, 신학의 체계적인 틀을 완성한 것이 아니기에 부분적인 아쉬움을 갖는다. 공공 신학을 재정립하기 위해서 신론에서부터 공적 하나님을 특정하고, 공적 교회, 공적 선교, 공적 신앙, 공적 예배, 공적 섬김 등으로 모든 신학을 '공공'이란 주제로 체계화할 필요가 있다. 이번 장에서는 크게 네 가지 입장에서 접근하려고 한다.

1. 창조, 타락, 구속

공공 신학은 창조된 모든 피조 세계에 관심을 두기에 자연스럽게 창조 신학을 중요시한다. 창조 세계의 보호자, 관리자로서 인간의 역할은 하나님의 선한 창조를 지속시키는 것이며 동시에 창조 세계를 무너뜨리는 죄에 대한 폭넓은 접근과 이해가 요구된다. 공공 신학은 타락의 교리, 즉 죄에 대한 이해에 있어서 해방 신학적 입장을 지지한다.

---

[2] 이창호, "기독교의 공적 참여 모형과 신학적 공동의 기반의 모색", 『기독교사회윤리』 vol 31. (2015), 67.

하나님으로부터 분리된 인간은 욕망의 노예가 되어 타자로부터 스스로를 분리시켜 타자와 피조 세계를 억압과 착취의 대상으로 인식한다. 이 땅의 구원은 그러한 억압으로부터 해방이며, 잘못된 사회 구조를 변혁시키고 본래의 모습으로 회복하는 것을 지향한다. 인간의 타락이란 인간이 전적으로 악하다는 것이 아니라 인간 본성의 모든 부분이 죄로 오염됐다는 의미이다.

죄는 인간의 모든 요소에 영향을 미치지만, 인간 안에 있는 하나님의 형상을 완전히 파괴하는 것은 아니다. 죄는 하나님의 말씀을 오만하게 거절하는 행위, 하나님의 권세를 이기적, 우상 숭배적 관점에서 부당하게 사용하는 행위, 하나님과의 교제를 거절하는 행위이다. 칼빈은 이런 죄를 인간의 삶과 사회를 파괴시키는 배후로 지목했다.[3]

칼빈에게 죄가 삶의 모든 영역에 관한 것이라면, 해방 신학은 그 죄가 정치, 경제, 사회, 문화의 구조적인 악까지 확장시킨다. 죄의 문제를 해결하기 위해 해방 신학과 개혁 신학은 회개와 회심의 필요성을 인정한다. 그 회심이 개인적인 차원에서 머물지 않고 정치, 경제, 사회, 문화의 전 영역에서 다시 지적이고, 영적이고 도덕적인 차원으로 나아가 억압받는 모든 현실을 회복하는 것으로 받아들인다.[4]

사회 복음(social gospel)을 주창한 월터 라우센부쉬(Walter Rauschenbusch)는 죄의 본질을 이기심으로 보았고, 그래서 죄를 지은 사람은 비사회적이거나 반사회적인 사고를 갖는다고 말한다. 그러한 죄는 '의'의 반대로서 개인적인 차원을 넘어서서 '조직화된 악'(organized wrong)으로 존재하며, 전제 정치, 전쟁과 군국주의, 지주 제도, 약탈적 경제로 이어진다. 그는 기독교회가 구조화된 제도적인 악을 죄라고 깨닫지 못하는 사실에 대해 비판한다.[5]

---

[3] John de W. Gruchy, 『자유케 하는 개혁신학』(*Liberating Reformed Theology: A South African Contribution to an Ecumenical Debate*), 이철호 역 (서울: 예영커뮤니케이션, 2008), 196-197.

[4] Gruchy, 『자유케 하는 개혁신학』, 200.

[5] Walter Rauschenbusch, 『사회복음을 위한 신학』(*A Theology for the Social Gospel*), 남병훈 역 (서울: 명동, 2012), 73-77.

존 소브리노(John Sobrino)도 그리스도인이 개인적 차원과 구조적 차원 사이의 연관성을 인지할 수 있을 때, 그들은 마음의 회개나 개인적 거룩에 만족하지 않을 수 있으며, 자신들의 개인적인 은혜에 머물지 않고 당연히 사회 구조의 변화와 그곳에 임한 하나님의 은혜를 위해 열심히 싸워야 한다는 것을 깨닫게 될 것이라 했다.[6]

리처드 마우(Richard Mouw)는 일반 은총이 정치 영역에만 국한되지 않으며, 카이퍼처럼 그리스도인의 책임이 미치는 모든 범위를 포괄한다고 보았다. 인간 사회의 모든 영역에서 사회적 선을 이루기 위해 서로의 공통성(commonalities)을 찾는 작업을 요청했다.[7]

특히 세계화 상황에서 공공 신학은 하나님의 언약과 일반 은총 차원에서 기독교의 공적 참여가 필요하다. 세상을 창조하시고 섭리하시는 창조주는 인류가 더불어 살기를 원하시고, 모든 피조물과 인간 존재를 위한 공공선이 기독교 공공 정책의 궁극적 목적이 되어야 할 것이다.[8]

공공 신학은 신학적 교리들, 창조, 타락, 구속, 종말, 언약, 교회론 등에 나타난 자연의 본성과 삶의 의미와 목적 등에서 어떻게 해석할지를 고민해야 한다. 기독교 교리가 교회 밖에서도 영감을 줄 수 있어야 할 뿐 아니라 보다 넓은 공중들에게도 이해 가능한 방식으로 접근되어야 할 것이다.[9]

---

6 J. Sobrino, *Spirituality of Liberation* (New York: Orbis, 1988), 63.
7 Richard J. Mouw, 『문화와 일반 은총』(*He shines in all That's Fair: Culture and Common Grace*), 권혁민 역 (서울: 새물결플러스, 2012), 125. 카이퍼는 일반 은총의 내적인 작용과 외적인 작용으로 구분하는데, 외적인 작용은 과학 지식의 진보와 예술의 번영과 같은 모든 종류의 가시적 성과들을 말한다. 그러나 카이퍼는 일반 은총의 내적인 작용을 설명하면서 사회적 미덕, 내면적 양심, 자연스러운 사랑, 인간성의 실현, 공공 의식의 성장, 신실함, 사람들 간의 신뢰, 경건한 삶을 위한 갈망 등 인간의 내면적 삶 어디에서나 일반 은총은 내적으로 작용한다고 보았다. 71.
8 Scott R. Paeth, "Public Theology in the Context of Globalization", Sebastian Kim eds., *A Companion to Public Theology*, 202.
9 Hak Joon LEE, "Public Theology", Craig Hovey, Elizabeth Phillips eds., *The Companion to Christian Political Theology* (Cambridge: Cambridge University Press, 2015), 50.

보수적 교리와 문자적 해석을 전개하는 근본주의자들의 관점은 하나님의 창조에 대한 폭넓은 이해를 부정할 수 있기에 공공 신학의 창조 신학적 토대는 특히 '해방'의 관점을 취해야 하고 억압받고 착취당하는 땅과 자연, 인간의 삶과 사회적 문제들에 대해서도 복음의 이해를 통한 영적이면서도 윤리적인 자원들을 제공할 수 있어야 한다.

물론 '인간이 사회의 변화를 일으킬 수 있는가?'에 대한 근본적인 질문을 해야 하지만, 해방 신학이 '그렇다'고 말하는 이유는 억압당하는 이들은 하나님의 영을 통해 지배자들과 권세들에 대항할 수 있고, 그것이 하나님의 신적인 목적으로 인식하고 있음을 알아야 할 것이다.

2. 청지기 정신과 소명 의식

스택하우스는 그동안 교회가 그리스도의 삼중직에서 '왕'과 '제사장'직에 대해 강조하면서 국가 권력과 종교 권력의 대립, 즉 초대교회의 반권위주의 전통과 콘스탄틴주의의 친권위주의 분위기가 대립 관계로 이어졌다고 말한다. 교회는 시민들의 영적인 삶을 담당하고, 반대로 국가는 시민들의 육적인 문제를 다스렸고, 교회는 교회법과 그리스도의 사랑으로, 국가는 시민법으로 하나님의 정의를 이뤄 왔다.

그러나 이런 이원론적 접근은 그리스도인이 세속 사회에 대한 참여와 관심을 약화시켰다. 스택하우스는 그리스도인은 모든 문화를 다스릴 권한을 위임받았으며 청지기적인 관점에서 '만인 제사장직'을 강화할 것을 주장한다. 또한, 공정과 정의의 사역, 돌봄의 목회를 통해 부르심에 대한 응답과 청지기의 삶을 주문한다.[10]

---

10 LEE, "Public Theology", 26.

베버는 『프로테스탄트의 윤리와 자본주의 정신』(*Die Protestantische Ethik und der Geist des Kapitalismus*)에서 개신교가 갖는 직업에 대한 소명 의식, 즉 청지기 정신이 경제적 발전의 토대가 되었음을 언급한다. 하나님의 정의를 역사 안에서 이루기 위해 기독교에 필요한 것이 소명 의식이며 이는 가톨릭의 수도원 전통과 개신교의 만인 제사장설을 거쳐 오늘날에는 그리스도인의 공적 삶의 토대를 제공하고 있다.

만인 제사장설에 익숙한 우리이지만 스택하우스는 만인 예언자설도 함께 제안한다. 모든 피조물을 위한 제사장의 역할이 하나님과 인간, 하나님과 자연, 인간과 인간을 연결시키는 것이라면, '만인 예언자설'은 사회의 악과 부조리의 견제를 위해 구약의 예언자 전통을 따라 정의와 사랑을 선포할 역할을 요청하는 것이다.[11]

어거스틴도 교회가 직접적으로 국가에 대응하거나 국가를 대체하는 권력으로 구조화되는 것을 경계하지만, 개별 신자들과 공동체가 이웃 사랑이라는 소명 의식에 입각해서 공공선 증진을 위해 참여하는 것을 허용한다.[12] 그러나 단지 소명감만 가지고서 공적 자리에 참여할 수는 없을 것이다. 신적인 부르심과 응답은 종교적인 이유를 넘어서 공론장 안에서 충분히 통용 가능해야 하며, 다원화되고 복잡한 현실에서 예언자적 관심으로 현실을 바라볼 수 있는 합리적 이성의 성찰이 필요하기 때문이다.

그레이엄은 정치인들이 기독교의 신앙을 어떻게 정치의 현실에 적용하는지를 살폈다. 한명의 그리스도인으로서 공적 책무를 수행했던 영국의 토니 블레어(Tony Blair), 미국의 버락 오바마(Barack Obama), 호주의 케빈 루드(Kevin Rudd), 뉴질랜드의 헬렌 클락(Helen Clark)을 예로 들면서, 신앙인으로서 정체성이 공적 활동에 방해가 되는 것이 아니라, 오히려 정치적 신념에 깊숙이 뿌리내려 자신만의 정치 철학 형성과 수행해 긍정적인 역할

11　새세대교회윤리연구소, 『공공 신학이란 무엇인가?』 (용인: 북코리아, 2007), 10.
12　이창호, "기독교의 공적 참여 모형과 신학적 공동의 기반의 모색", 68.

을 할 수 있음을 제안한다.

니콜라스 월터스토프는 자유 민주주의에서는 모든 시민의 자유가 보장되어야 하기에 정치의 현실에서도 각자는 자신의 종교적, 인종적, 사회적 정체성이 왜곡됨 없이 참여해야 한다고 말한다. 즉 정치인이라 하더라도 종교의 중립성을 이유로 자신의 종교적 선호와 관심을 포기할 이유가 없는 것이다. 영국의 토니 블레어는 그의 정치에 있어서 자신의 신앙과 신념을 공개적으로 드러낸다. 그는 이웃 사랑과 섬김이라는 기독교의 가치와 유사한 민주 사회주의의 도덕적 원리를 채택했고, 영국 사회의 재도덕화(remoralization)를 위한 기반으로서 기독교의 가치를 긍정한다.

엘렌 오트 마샬(Ellen Ott Marshall)은 공적 광장에서 그리스도인이 취해야 하는 태도를 크게 세 가지로 제안한다.

첫째, '조건 없는 사랑'이다.
자신이 믿고 따르는 종교의 신념과 실천의 절대성을 강조하며 분열을 조장하는 대신 관계를 세우고, 공감대를 형성하기 위해서는 사랑의 실천이 필요한데, 진정한 사랑은 연합을 통해 각자의 고유성을 드러나게 한다.[13]

둘째, '윤리적 비확정성'이다.
이는 윤리적 문제와 씨름하는 동안 어떤 결론에 도달하거나 결정을 내릴 때 자신이 내린 결론이 절대적이지 않으며 불완전함을 인정하는 것이다. 공공신학의 토대가 되는 네 가지 범주, 즉 성경, 전통, 이성, 경험에서 강조하는 다양한 입장들을 고려하면서 대화와 탐구의 공간이 필요할 것이다.[14]

셋째, '신학적 겸손함'이다.
이는 자신의 지식과 신념의 한계를 인식하고 그것이 전체적인 것이 아니라 부분적인 관점이라는 사실을 겸허하게 인정하는 것이다. 신앙의 헌신

---

[13] Ellen Ott Marshall, 『광장에 선 그리스도인』(Christians in the Public Square), 대장간 편집실 역 (대전: 대장간, 2010), 61.
[14] Marshall, 『광장에 선 그리스도인』, 88-98.

에 대해 청렴하며 다른 지식의 원천들에 대해서도 책임 있는 자세를 갖는 것이다.[15]

공적 참여에 있어서 공공 신학이 제안하는 소명 의식과 청지기적 자세는 종교성에 사로잡혀 신의 이름으로 투쟁하고 정복하려는 자세가 아니라, 보다 넓은 하나님 나라의 세움을 위해 겸손하게 모두와 함께하려는 시민 의식을 함양하는 것이라 볼 수 있다.

3. 공공선과 일반 은총(Common Good and Common Grace)

송용원은 기독교 전통에서 '공공선' 사상을 가장 발전시킨 인물로 중세의 '토마스 아퀴나스'와 종교개혁자 '존 칼빈'을 꼽았다. 아퀴나스는 모든 사람을 위한 선이라는 공적 차원과 모두를 위한 최고선으로서 하나님이라는 종교적 차원의 이해를 균형 있게 추구했다고 평가했다. 종교개혁 전통, 특히 개신교 공공선의 대표주자인 칼빈은 공공선이 하나님으로부터 유래하여 모든 사람의 구원을 위한 '영적 공동선'(spiritual common good)과 '사회적 공동선'(social common good)을 추구했다고 말한다.[16]

칼빈의 영향을 받은 화란의 신칼빈주의자 아브라함 카이퍼는 하나님의 은혜가 모든 인간사에 광범위하게 역사할 뿐 아니라 자연 일반에도 동일하게 역사한다고 말한다. 카이퍼는 창조 질서가 제대로 유지되는 것도 하나님의 주권적인 간섭이 있기 때문이며 하나님이 직접적으로 지키시고 역

---

[15] Marshall, 『광장에 선 그리스도인』, 150.
[16] 송용원, 『칼빈과 공동선』(서울: IVP, 2017), 22-30. 송용원은 칼빈의 공동선을 하나님의 형상, 성화, 율법의 제3기능에서 찾았으며, 그 실천 영역으로는 정치적 공동선, 경제적 공동선, 박애적 공동선으로 구분했다.

사하지 않으시면, 창조 세계는 곧 스스로 무너진다고 보았다.[17] 그의 공공 신학 핵심에는 일반 은총(Common Grace)이 있으며, 창조 세계 안에 반영된 하나님의 이미지가 완전한 영광으로 피조 세계에 머물러 있기에 칼빈의 보편적 은혜의 개념을 영역 주권론(Sphere Sovereignty)으로 발전시켜 왔다.[18]

스택하우스는 공공 신학이 하나님의 법을 통해 사회의 도덕법과 죄 그리고 자유에 대한 개념들을 새롭게 해석할 수 있다고 주장한다. 다시 말해 성경을 통해 도덕에 대한 이해를 새롭게 하면서 무엇이 선하고 악한 것인지를 기독교의 관점에서 제시하는 것이다. 이런 논의는 기독교 전통에서 말하는 자연법 논의와도 많이 닮아 있다.

스택하우스는 자연법을 긍정하면서 계시와 함께 이성의 선한 사용의 가능성을 제시한다. 공공 신학이 사회 질서를 유지하고 시민들의 양심에 호소하면서 사회적 삶, 즉 에토스 형성과 상호 연대적 환경을 세워 나갈 책임을 갖게 된다. 자연법(Natural Law)이 실정법의 토대가 되는 더 본질적이고 포괄적인 영역이기 때문이다.

그런데 자연법의 근원을 하나님에게서 볼 것인가와 인간에게서 볼 것인가의 논쟁이 있다. 바르트와 부룬너의 논쟁으로 잘 알려져 있다. 개신교는 가톨릭보다 자연법을 인정하지 않았고, 인정하더라도 그리스도 중심, 혹은 교회 중심의 외부에 있는 부차적이고 파생적인 것으로 생각했다. 법학자이면서도 신학자인 자크 엘륄은 『자연법의 신학적 의미』(*Le fondement theologique du droit*)에서 오직 하나님의 완전한 법이 모든 사회를 이끌어가는 원리가 되어야 한다고 주장하면서 자연법은 거의 부정하다시피 했다.

그러나 가톨릭 전통에서 자연법은 상당한 발전을 이뤄간다. 아퀴나스는 아리스토텔레스처럼 인간이 행복을 추구할 수 있는 존재로 보며 그 통로를 인간 이성으로 이해했다. 그는 하나님의 영원한 법안에 인간에게 해

---

[17] Mouw, 『문화와 일반 은총』, 74.
[18] Vincent E. Bacote, *The Spirit in Public Theology: Appropriating the Legacy of Abraham Kuyper* (Grand Rapids: Baker Academic, 2005), 87-95.

당하는 자연법과 그 아래 국가의 실정법들이 있으며, 죄악으로 타락한 인간과 세상에서도 하나님의 선한 창조의 원리가 작동하기에 세상의 공공선 증진을 위해 노력해야 한다고 주장한다. 즉 자연법을 통해 공공 신학을 접근할 때 사회의 도덕법 재건에 기여할 수 있으며, 그 토대를 신학에서 찾을 수 있다는 것이다.

리처드 마우는 개혁 신학(Reformed Theology)에도 다양한 분류가 있으며, 특히 아브라함 카이퍼와 헤르만 바빙크로 이어지는 신칼빈주의(neo-calvinist)가 자연 신학(natural theology)에 더욱 호의적이라 말한다. 그는 바르트와 부룬너의 논쟁을 언급하면서 히틀러 당시 독일교회의 자유주의 신학을 비판했던 바르트의 흐름을 보수적으로 이어받은 하우어워스식의 분리주의적인 모습을 거부하고 칼빈에게서 나타나는 하나님의 '자연적인 지식'(natural knowledge)의 가능성을 포괄적으로 받아들인다.[19]

그는 칼빈이 언급한 '종교의 씨앗'(semen religions)이 모든 사람의 마음 안에 깊이 자리하기에 하나님에 대한 자연적 인식의 가능성은 언제나 열려 있으며, 이런 사상이 자연법, 자연적 신학, 일반 계시 그리고 하나님의 형상으로서 인간과 일반 은총에서 잘 드러난다고 말한다.[20] 스테펀 그라빌(Stephen Grabill)도 개혁 신학 전통에서의 자연법 논의를 확장시키면서 칼빈의 사상 안에는 자연 신학적 요소가 다분히 자리하고 있으며, 토마스 아퀴나스의 이해보다 더욱 세련되게 형성되어 있다고 주장한다.[21]

물론 공공 신학적인 입장에 서 있는 이 중에 자연법과 일반 은총에 대해 거부감을 갖는 이들도 있다. 본회퍼는 로마 가톨릭과 같은 방식의 이성에 대한 긍정과 계몽주의를 엄격하게 거절하면서 그는 인간의 이성에 대

---

[19] Ricahard J. Mouw, *Adventures in Evangelical Civility: A Lifelong Quest for Common Ground* (Grand Rapids: Brazos Press, 2016), 98-99.
[20] Mouw, *Adventures in Evangelical Civility*, 12.
[21] Stephen J. Grabill, *Rediscovering the Natural Law in Reformed Theological Ethics* (Grand Rapids: Eerdmans, 2006), 97.

해 부정적인 태도를 취했다. 그는 변증적 신학(dialectical theology)과는 거리를 두면서 하나님 말씀과 반대되는 입장의 자연적인 것을 차단한다.[22] 자연적인 것은 궁극적으로 그리스도를 향하여야 하고 그리스도 안에서 발견될 때에 비로소 자연적일 수 있기 때문이다.

이것은 본회퍼의 신학이 기독론을 중심으로 논의가 전개되어감을 잘 보여 주는 것이며, 그가 처한 시대적 상황에도 영향을 미쳤다. 공공선의 개념은 기독교인이 세계화 과정에서 동반되는 극단적인 배타주의와 민족주의를 극복하는 하나의 돌파구를 제공한다.

넓은 의미로 공공선은 모든 피조 세계를 위한 선으로서 이해될 수 있으며, 이것은 인간 생명을 넘어서서 모든 생명의 선함을 추구하는 것이다. 신학의 목적이 교회의 확장과 신앙심의 고취가 아니라 창조 세계의 선함을 밝히며 비신앙인들과 하나님의 선한 나라를 함께 세워 나가는 것이라면 그들과의 공동 목표인 공공선을 발견하고 이를 추구하는 것이 필요한데, 바로 공공 신학이 그 지점에 있는 것이다.[23]

4. 하나님 나라

교회의 사회 참여란 적극적으로 하나님 나라 실현을 위한 이웃 사랑의 실천이다.[24]

하나님 나라는 구체적으로 무엇일까?

하나님의 통치에 있는 교회만이 하나님 나라가 아니다. 하나님 나라는 창조와 섭리적 은총에 의해서 출발한 창조에서부터 종말에 이르기까지의

---

22 Torhjörn Johansson, "Religion in the Public Sphere-with Dietrich Bonhoeffer towards a Renewed Understanding of the Two Kinigdoms", 280.
23 임성빈, 『21세기 한국사회와 공공 신학』(서울: 장로회신학대학교출판부, 2017), 191.
24 임성빈, 『21세기 한국사회와 공공 신학』, 21.

모든 시공간과 영역들이다. 또한, 종말에 완성될 희망의 나라를 향해 나아가는 모든 그리스도인의 삶 안에 자리하고 있다.[25]

하나님 나라는 세상의 나라와 분리되지 않으며, 세상의 깊은 곳에서부터 섭리하고 다스리시는 하나님의 통치를 통해 드러난다. 공적 교회와 공적 그리스도인은 하나님은 인간의 모든 삶의 영역과 피조 세계에 관심을 두고 계실 뿐 아니라 세상의 죄악으로부터 개인과 공동체를 보호하고 다스리심을 드러내야 한다. 하나님 나라는 구체적으로 기독교의 역사 안에서 불완전하게나마 드러났고 피조물들이 창조의 궁극적인 목적을 향해 종말에 완성되도록 우리를 인도한다.[26]

하나님 나라는 이 세계의 공공복리를 위한 성경의 희망에 대한 포괄적 지평이다. 하나님 나라의 기능으로서 신학은 사회의 정치적, 문화적, 경제적 그리고 생태학적 삶의 영역들을 고민한다. 그렇기에 하나님 나라의 신학은 세계의 모든 영역 안에서 공적 신학이 되어야 한다. 공적 신학은 사회의 공적 일들에 동참하면서 비판적이고 예언적으로 관여하는데 이 신학은 사회의 공적 문제들을 도래하는 하나님 나라의 관점 안에서 바라보기 때문이다.[27]

몰트만은 하나님 나라를 삼위일체의 관점으로 바라보면서, 12세기 칼라브리아 출신이며 시토수도원 원장으로 있었던 요아킴의 하나님 나라 이해를 수용한다. 그것은 종말론적이며, 묵시적으로 특히 오늘날을 성령의 나라, 성령의 시대로 이해했다. 하나님 나라를 삼위일체로 보는 것은 아버지의 나라, 아들의 나라, 성령의 나라로 구분하면서 점점 완성되며 다가오는 나라로 받아들였기 때문이다. 성부의 나라는 미래를 향하여 개방된 세계의 창조와 이 세계를 섭리하며 영광의 미래를 향한 개방성을 취한다. 아들

---

[25] Stackhouse, 『세계화와 은총』, 328-29.
[26] Mark G. Toulouse, *God in Public: Four Ways American Christianity and Public Life Relate* (Westminster John Knox Press, 2006), 137-139.
[27] Moltmann, 『세계 속에 있는 하나님』, 351-353.

의 나라는 십자가에 달린 그분의 자유케 하는 통치 그리고 사귐, 죄로부터의 해방이며 아버지의 인내와 사랑을 통해 완성된다. 성령의 나라는 아들을 통해 해방된 인간이 성령의 능력을 힘입어 역사 안에서 영광의 종말론적 완성을 경험하는 나라이다.

이 영광의 나라는 창조의 완성이자 해방의 우주적 실현 그리고 성령의 임재하심으로 성취된다. 창조는 영광의 현실적 약속이며, 그것은 미래의 아름다움에 대한 암호와 표시로 가득 차 있다. 아들의 나라는 영광의 역사적 약속이며 그것은 형제자매 관계, 즉 사랑의 경험과 희망으로 가득 차 있다. 성령의 나라는 인류의 역사와 존재의 죽음이란 제약을 받고 있지만, 영광의 나라가 진행되고 있음을 깨닫게 한다.[28] 몰트만은 이 나라를 '자유'의 나라로 보았다. 하나님과의 관계에 있어서 모든 가능한 자유 가운데서 역사적으로 가장 완전한 하나님의 자녀로서 누리는 자유, 하나님과의 관계 안에서 누리는 참된 자유의 나라이다.

스택하우스는 하나님의 나라가 궁극적으로 공공선을 지향한다고 보았다. 우리는 무엇이 공통적인지, 무엇이 궁극적으로 선하고 그 선이 어떻게 이곳의 현실에서 선취 될 수 있는지를 알고 있다. 하나님의 나라는 하나님의 주권적 통치가 작동하며 그리스도를 통해 그 주권적 통치가 구체적으로 가시화되었기에 하나님 나라를 살아가는 삶을 잘 알고 있다. 비록 그 나라가 아직 도래하지 않았으나 점점 다가오고 있으며, 하나님의 약속 안에서 그 나라를 희망하며 살게 된다.[29]

이창호 교수는 종말과 하나님 나라의 관점에서 네 개의 유형을 제안한다. 아퀴나스-리츨 모형과 재세례파-요더의 모형이 종말론적 하나님 나라의 '현재성'에 초점을 둔 것인데, 하나님 나라의 사회적 이상은 역사 속 공적 영역 안에서 이루어질 수 있고 또 이루어져야 하는 것으로 이해했다.

---

[28] Moltmann, 『세계 속에 있는 하나님』, 249-252.
[29] Stackhouse, 『세계화와 은총』, 325-328.

물론 두 유형이 교회 안에 초점을 둘 것인가 아니면 교회 밖에 초점을 둘 것인가의 차이는 있지만 둘 다 하나님 나라의 궁극적 이상과 역사적 성취 사이의 연속성을 강조한다고 볼 수 있다.

반대로 칼빈-스택하우스 모형은 하나님 나라의 실현을 미래적인 것에 두었고, 어거스틴-니버의 모형은 궁극적인 완성을 조금 더 하나님께 돌렸다.[30] 그러나 공적 참여의 근거와 공동기반으로서 하나님 나라를 탐색하는 것이 '완성'과 '연속성'의 차이는 있을지라도 그 나라를 기준으로 동력을 삼는다는 것은 부인할 수 없을 것이다.

우리는 공공 신학의 이론적 토대들을 네 가지로 살펴보았다. 창조-타락-구속으로 이어지는 기독교 신학의 중심 뼈대에 소명 의식과 청지기적 신앙을 갖추고 일반 은총과 자연법을 인정하면서 종말론적 하나님 나라를 구현하는 것이 공공 신학의 토대임을 밝혔다.

후기 세속 사회의 다원화 또는 세계화된 상황에서 공공 신학이 목회적인 측면에서 생명의 궁극적인 질문들, 가령 삶과 죽음, 의미와 목적과 같은 현대인들의 물음에 응답을 해야 하고, 이해 가능한 방식으로 기독교의 교리와 사회 참여를 설득할 수 있어야 한다. 이를 위해 현대 학문과의 대화와 토론을 통해 지적 온전성을 추구해야 한다. 사회의 공공선과 정의의 실현을 위해 기독교가 가지는 예언자적 측면, 즉 하나님 나라의 종말론적 차원을 선포하고 새로운 창조의 약속을 신뢰하도록 제안해야 할 것이다.[31]

그레이엄은 근대의 접근 방식이 지나치게 합리적이고 이성적이라면서, 신앙과 신학의 살아 있는 경험과 본질적인 부분들을 제공하지 못했다고 비판한다. 그녀는 신학이 회의적이고, 비관적인 차원을 넘어서서 변혁적인 신앙으로 현실화시키고 시민들의 공적 삶에 성찰적 관점을 제공해야 한다고 보았다. 그녀는 이런 접근을 선교형 변증(mission-shaped apologetics)

---

[30] 이창호, "기독교의 공적 참여 모형과 신학적 공동의 기반의 모색", 108-109.
[31] Ted Peters, "Public Theology: Its Pastoral, Apologetic, Scientific, Political, and Prophetic Tasks", *International Journal of Public Theology 12* (2018), 154.

이라 부르면서, 하나님의 선교적 관점에서 그리스도인의 실천, 즉 분별, 참여, 증언의 세 가지 차원을 언급한다.[32]

공공 신학의 토대를 확립하는 것은 크게 두 가지의 의미를 가진다.

첫째, 교회 공동체가 공적 참여와 신앙의 정당성을 확인시켜 주는 것이다.

둘째, 교회 밖을 향한 우리의 관점을 이해시키며 참여의 동기와 의도가 무엇인지 분명히 하는 것이다.

공공 신학에 대한 여러 비판 중에 하나는 공공 신학이 신학의 뿌리가 약하고 상황적 요소가 강하기에 신학으로 볼 수 없다는 부정적인 시각이다.

하지만 앞서 언급한 네 가지 요소는 공공 신학뿐 아니라 20세기 이후 등장한 해방 신학을 비롯한 최근의 정치 신학, 여성 신학, 생태 신학 등에도 충분히 적용 가능한 원리들이다. 공공 신학도 세계화의 상황 속에서 교회의 적극적인 응답을 위한 과제로 새로운 공중들과 대화와 참여를 위한 지향점을 지니기에 기독교의 신학 전통과 상황적 맥락들의 마주함이 필요하다.

여러 비판에도 불구하고 공공 신학의 근원을 다시 확인하는 것은 흔들림 없는 신학의 전진과 공적 참여를 위한 토대를 제공함으로써 더 나은 사회를 향한 신학적 모티브를 제공하려는 것이다. 이런 시각을 가지고 교회와 그리스도인은 각자의 현실에서 신학과 신앙의 공공성을 자각하고 일상의 참여를 시도해야 할 것이다.

---

[32] Graham, *Apologetics without Apology: Speaking of God in a World Troubled by Religion* (Eugene: Wipf and Stock Publishers, 2017), 124-125.

제6장

공공성의 재발견과 공공 신학

'공공성'을 향한 관심은 일반 사회에서도 새롭게 부상하고 있다. 정부가 주도하는 공(公)과는 다른 의미에서 사회 전반적인 '공공성'(公共性)을 학문적으로 해명하려는 시도가 일어나고 있다. 전 세계적으로 사회의 공공성에 관한 관심이 높아지는 이유는 신자유주의가 사회 전반의 공공성을 파괴하면서 시민들의 연대와 직접적인 참여를 통해 공공의 복지와 사회의 번영을 추구하려는 사회적 함의가 자리하기 때문이다.[1]

한나 아렌트(Hannah Arendt)는 공적인 것과 사적인 것의 엄격한 구분을 거부하고 공공적인 것을 '만민이 볼 수 있고 만민에게 개방되어 가능한 한 가장 널리 공시(公示)되고 있는 것'이며 '우리 모두가 공유하는 세계'라 했다.[2] 개인의 자유와 인권, 복지를 보장하면서도 사적 이익에 함몰되지 않고 공동체 전반의 이익과 발전을 위한 사회적 연대의 가능성을 추구하려는 것이다. 신학에서 공공성을 언급한다는 것은 교회와 세상, 거룩한 것과 세속적이라는 이분법을 거부하고 둘 사이의 공통적인 것, 공유의 지점을 인식하는 것뿐 아니라 신학의 영역이 교회 밖의 공적 영역에서도 가능할 수 있음을 주장하는 것이다.

---

1 조승래, 『공공성 담론의 지적계보』(서울: 서강대학교출판부, 2014), 5.
2 나오시, 『공공 철학이란 무엇인가』, 21.

하지만 일반 사회의 여론과 공적 담론이 어떻게 형성되어 왔는지를 살피는 것은 중요한 작업이다. 특히 아렌트와 하버마스의 작업을 주목해야 한다. 공공성을 합리적 의사소통의 가능성과 사이성으로 접근한 두 거장을 통해 신학이 갖추어야 할 공공성이 무엇인지를 살펴볼 필요가 있을 것이다.

1. 공공성의 형성과 흐름

'공공성'(Publicity)이란 무엇일까?

사전에서는 '한 개인이나 단체가 아닌 일반 사회 구성원 전체에 두루 관련되는 성질'로 정의하는데 어떤 구체화한 실체가 아니라 사적인 생활이나 사적인 영역과는 구분되는 공통의(common), 공동의(public), 개방적(open) 성질을 의미한다.[3]

라틴어 푸블리쿠스(*publicus*)는 형용사 포플러스(*populus*)에서 도출된다. 이것은 영어 'people'의 어원으로 '사람들'을 가리킨다. 이 단어가 사용되던 로마 시대의 사람들, 국민은 정치적 권리를 지닌 이들로 인민이 곧 국가 체제임을 알 수 있다. 독일어 'Öffentlich'는 영어의 'open'에 해당되는데 실제로 접근이 가능한 개방되어 있음을 의미한다.

이런 의미에서 조한상은 공공성의 세 가지 요소로 인민, 공공복리, 공개성을 제안한다.[4] 공공성은 확보되는 방식이 중요하다. 의사를 결정하는 과정의 '공개성'과 '참여성', '절차적 정당성'이 담보되어야 한다. 서구 역사에서 공공성의 논의가 어떻게 발전했는지를 살펴보면, 고대 로마는 공화제를 통해 인민 구성원 전체에 관련된 일들을 함께 논의했고, 'republic'은 사적인 것을 의미하는 '레스 프리바타'(*res privata*)의 반대말로 공중을

---

3 하승우, 『공공성』 (서울: 책세상, 2014), 7.
4 조한상, 『공공성이란 무엇인가』 (서울: 책세상, 2009), 17-21.

위해 함께 모여 의논하는 과정임을 알 수 있다.

물론 원로원이나 높은 지위에 있는 사람들이 주로 해당되며, 시민권을 가진 이들이 참여하는 것을 전제하지만, 그래도 몇몇 사람의 독점적인 결정에 비하면 상당히 발전된 모델이라 볼 수 있다. 하지만 중세로 건너오면서 교황과 황제, 영주나 귀족들이 공적인 것을 규정하는 일을 독점했고, 대중은 영주에게 속한 농민으로 전락한다. 근대로 넘어오면 공공성은 대중에게로 크게 확산되어 가는데, 홉스와 로크가 국가의 자유를 제한하고 개인의 주권을 쟁취하는 방식으로 공공성 논의를 전개한다.

로크는 군주 혼자서 자연 상태의 자유를 누리는 것은 사회를 위험에 빠뜨린다고 비판했고, 근대 국가의 토대가 되는 자유주의 사상은 공보다 사를 더 중요한 것으로 여기면서 개인의 자유와 의사 결정이 박탈당하는 삶을 불행한 것으로 간주했다. 20세기 들어서 유럽은 시민들의 참정권이 늘어나는 방향으로 혁명이 진행된다. 그러나 자본주의의 발전으로 개인의 삶이 불행해지자 반작용으로 등장한 사회주의가 다시 국가 주도의 공공 정책들을 주도하면서, 공공성은 오히려 퇴보하게 된다.[5]

사이토 준이치는 『민주적 공공성』에서 하버마스와 아렌트를 비교 분석하면서 공공성을 네 가지로 정리한다. '합의 형성을 위한 공공성', '복수성', '생명 지향성', '친밀성'이다.

> **첫째**, '합의 형성을 위한 공공성'은 인간이 자유를 가지고 주체적으로 사고할 수 있고, 의사소통을 나눌 자유가 있으며, 이를 통해 비판과 담론의 공간을 세워 나가는 것을 의미한다.
>
> **둘째**, '복수성'을 설명하면서 아렌트는 공공권이 사람들 사이, 관계 사이에 있는 것으로 보았기에 다양한 관점이 전제되는 다수가 절대적으로 필요하다고 여겼다. 악의 평범성 개념처럼 인간이 자유롭게 사고하지 못하

---

[5] 하승우, 『공공성』, 24-48.

는 전체주의적 상황은 인간 소외현상을 야기할 뿐이다.

셋째, '생명 지향성'인데, 각자가 자신의 능력을 발휘할 수 있는 공공적 가치를 세우고, 타자와 연대하며 경제와 정치로 환원할 수 없는 본래적 가치인 사람, 자연, 공동체의 생명력을 복원해가는 것이다.

넷째, '친밀성'으로, 사랑의 공동체로서 관계 안에서 사랑을 나누고 타자를 수용하고 인격적 대우를 하는 것이다.[6]

월터 리프먼(Walter Lippmann)과 로버트 벨라(Robert Bellah)는 공공 철학을 제안한다. 리프먼은 『여론』(Public opinion)에서 언론은 진리를 발견하고자 하는 소망과 의도에서만 공적 의의를 획득한다고 보았고, 벨라는 『마음의 습관』(The Habit of Heart)에서 사회를 구성하는 사람들의 가치 의식의 고찰이 사회 연구에 필요함을 역설한다.[7]

둘은 각각 공과 사를 강조하는 멸사봉공과 멸공봉사의 두 흐름을 대조하면서 공공성은 타자와의 커뮤니케이션을 통해 자아를 실현하면서도 공동의 이익을 도모해야 한다고 말한다. 그는 오늘날의 상황을 '불안정한 글로벌 시대'라 보는데 이유는 이데올로기가 상실되면서 사회를 뒷받침할 수 있는 이념과 패러다임이 부재하기 때문에 공공 철학을 제안한다.[8]

살펴본 바와 같이 공공성은 공개성과 공통성, 공익성을 위해 개인과 개인, 집단과 집단 사이에서 발생하는 여론의 공개적 토론과 참여적 의사결정 과정으로 세워지는 그 무엇으로 요약될 수 있다. 공공성은 어떤 동질성을 추구하는 것이 아니라 차이를 확인하면서도 연대하는 것이기에 배제와 소외, 고립과 고독은 사라져야 할 요소다.[9]

---

6 사이토 준이치, 『민주적 공공성』, 윤대석, 류수연 역 (서울: 이음, 2009), 45-111.
7 나오시, 『공공 철학이란 무엇인가』, 26-27.
8 나오시, 『공공 철학이란 무엇인가』, 43.
9 준이치, 『민주적 공공성』, 28-40.

공공성 논의의 핵심 중 하나는 공공 정책을 수행하는 이들의 공공 철학 부재이기에 이를 위해 시민 사회와 공공의 참여가 가능한 구조의 개편이 요구되며, NGO나 NPO와 같은 단체의 역할이 중요해졌다. '공공재'와 '공유재'를 확대해가는 과정에서 중간 단체의 중요성이 대두되면서 종교의 공공 철학적 사상을 다시 발견할 필요가 있다. 종교를 단순히 사적인 영역으로 두지 않고, 사회성과 공익성을 갖는 유기적 연대의 장으로 이해하는 것이다.[10]

민주주의는 다원성을 전제로 하는 사회이기에 다른 의견들과 정체성을 가진 사람들과의 논의를 배제하는 것은 민주주의의 위기를 초래할 수 있으며 종교도 예외는 아니다. 종교는 사회에서 논의되는 공공성의 특징을 가지고 참여해야 하며 이를 위해 공적 신학은 교회가 공론장에 접근하려 할 때는 공공성에 대한 포괄적인 이해와 대화를 위한 관용적 태도가 필요하다.

지그문트 바우만(Zgmunt Bauman)은 근대 세계가 낳은 인간의 개체화와 파편화를 비판하면서, 인간을 자유롭게 해방한다는 근대성의 이상이 오히려 인간에 대해 무관심하게 만들 수도 있다고 지적한다. 개인은 시민에게 최악의 적이 될 수 있다. '시민'은 시의 정치적 참여에 관한 주체적인 존재이자 시의 관심과 복지를 통해 스스로의 삶을 보장받지만, 개인은 공동체와 공공의 선, 선의의 사회, 혹은 정의로운 사회에 대해 회의적이며 경계심을 갖는다.

바우만은 일상의 정치적 개념으로서 아고라(agora)와 같은 공간이 중요하다고 지적한다. 사적인 관심과 추구의 언어가 공적 공간을 식민화하고 있으며, 공공의 해결책이 모색되고 조정되며 합의되는 매개의 장소가 텅 비어가고 있음을 비판한다.[11] 공론장이란 사회 구성원들이 다양한 의사소통의 장치를 통해 서로 만나고 공통의 이해관계가 걸린 문제들을 논의하

---

10 나오시, 『공공 철학이란 무엇인가』, 193-195.
11 Zygmunt Bauman, 『액체 근대』, 59-66.

며 그에 관한 공동의 의견을 형성하는 하나의 공통 공간(a common space)이다. 이런 공론장은 근대 사회의 핵심적 특징으로 새로운 사회를 향한 열망을 형성하는 초월적인 공간이자 사회 구성원들의 공통 정신이 마주하는 곳이다.[12]

하버마스는 『공론장의 구조 변동』(Strukturwandel der Öffentlichkeit)에서 18세기를 중심으로 국가 중심이 아닌 일반 시민 사회의 발전과 그들이 여론을 형성해 내는 공론장의 발전사를 설명한다. '국가 및 시장 경제가 일상 생활을 지배하는 현대 서구 사회에서 대안으로 제기되는 공개 토론의 장'이 바로 공론장이다. 18세기에 이런 공간으로 카페, 살롱을 꼽았으며 다양한 인쇄 매체의 발달하면서 사회의 각 이슈에 대한 시민들의 공적 논의를 가속화시켰다. 처음에는 민중이 배제된 과시적 공공성이 형성되는 문예적 공론장으로 출발하였으나 점차 공론장의 구조가 바뀌어 새로운 독서층이 생겨나고, 정보가 생산-유통-소비되어 갔다.[13]

부르주아적 공공성의 특징 중 하나는 '공개성'(openness)인데 이는 여론과 깊은 관련이 있다. 하버마스는 초기 자본주의의 장거리 무역이 단순히 상품 거래만 한 것이 아니라 먼 지역의 소식을 전달하는 부르주아 공론장의 효시가 됐다고 말한다.

이런 상인들의 사적인 정보 교류가 신문을 통해 사회적인 공개성으로 발전된다. 공론장에서는 언론 매체의 역할이 상당히 중요하게 작동되는데, 여론을 수렴하고 발산할 수 있는 토론의 장이 필요하기 때문이다. 물론 언론 이외에도 광장과 같은 실제적인 논의의 공간도 있어야 한다. 여론의 등장으로 국가 주도의 공론장이 부르주아의 영역으로 넘어오게 되면서 그들이 공공 정책을 감시하고, 시민들을 연대시키는 상당한 역할을 하게

---

[12] Taylor, 『근대의 사회적 상상』(Modern Social Imaginaries), 이상길 역 (서울: 이음, 2011), 133-153.
[13] Jürgen Habermas, 『공론장의 구조 변동』(Strukturwandel der Öffentlichkeit), 한승완 역 (서울: 나남출판사, 2013), 35.

된다.[14] 하버마스는 공론장이 국가의 권력과 자본으로 움직일 수 있는 위험성을 경고하면서, 그 개념을 '생활 세계의 식민지화'로 설명한다. 대중매체의 긍정적인 역할에도 불구하고 매체의 특성상 부정적 역할로서 과시적인 공공성이 발전할 수 있음도 간파했다.[15]

하버마스가 제안한 공론장 개념이 국가의 통제를 벗어난 시민 사회의 합리적 이성을 토대로 자발적인 참여와 토론을 거친 담론 형성의 장으로 이해될 수 있다. 그러한 담론은 민주주의를 발전시킬 뿐 아니라 사회 구성원의 목소리를 상당수 반영하면서 사회의 안정과 통합에 기여할 것으로 이해된다.

하지만 낸시 프레이저(Nancy Frazer)는 하버마스의 공론장 개념의 토대가 영토 국가/국민 국가의 한계를 벗어나지 못하고 있다고 지적한다. 근대 국가에서는 정의 문제가 재분배의 경제 문제나 인권 차원의 사회적 문제에 집중했지만, 새로운 시대에는 누가 정의의 담론에 참여할 수 있는지, 또 어떻게 정의가 결정되는지를 고려해야 한다고 말한다.

그녀는 근대 국가가 베스트팔렌 조약을 토대로 영토개념으로 정의되면서 근대적 한계를 넘어서지 못하고 있다고 지적한다. 이런 인식의 틀에서는 정의에 관한 논의가 권력 있는 소수의 논의 안에 머물며, 수많은 당사자의 권리와 목소리가 반영되지 못하는 한계가 있다고 비판한다.

하버마스의 공론장이 모두를 다 받아 주는 포용적, 개방적, 참여적 공간처럼 보이지만 일차적으로 세계화/지구화 시대에는 어울리지 않는다. 그 공론장은 자국의 시민을 위한 공간이며, 더 세부적으로 합리적 이성의 토론이 가능한 헤게모니의 언어를 사용할 수 있는 주류계층의 장이다. 물론 하버마스가 여성주의의 관점을 일부 수용하긴 하지만 다원화 사회 안에서 수많은 공중(publics)을 소외시킬 수 있다.

---

14 하승우, 『공공성』, 34-38.
15 하승우, 『공공성』, 109.

프레이저는 여전히 하버마스의 공론장은 부르주아적 태도를 가지며, 국가의 후원하에 경제 문제로 제한되어 있다고 말한다.[16] 그렇기에 공중은 다층적으로 분화되어야 하며 시민 사회의 '약한 공중'과 국가 내부의 '강한 공중'을 구분해야 한다.[17]

더 나아가 미셸 푸코(Michel Foucault)와 아렌트를 빌려와 근대의 기획과 전체주의의 한계를 비판하면서 새로운 정의를 위한 '틀'의 필요성을 역설한다. 이것은 공론장을 넘어서는 초국적 공론장이며, 이를 위해 개개인의 정체성도 초국적 시민성으로서 정리될 필요가 있고, 한 국가의 공적 담론도 지구화란 틀 안에서 조정될 필요가 있을 것이다. 또한, 대항적 공론장 또는 저항적 공론장이란 개념으로 다원적 민주주의와 공동체들의 연대를 지지하기도 한다.[18]

일반 시민들의 여론 형성을 위한 장으로서 공론장이 누군가를 배제하고 비판하는 역설적 공간이 될 수 있기에, 공론장의 참여 방식과 진행에서도 공공성을 발현할 수 있는 섬세한 논의가 필요할 것이다.

2. 공적 신학의 특징들

후기 세속 사회에서 신학이 공적 이슈에 대해 공론장에 함께 논의의 참여한다는 것은 무엇을 의미할까?

공론장에 소환된 신학은 어떤 태도와 소통의 방식을 가져야 할까?

「공공 신학 국제 저널」의 편집자였던 세바스찬 김(Sebastian Kim, 이하 김창환)은 공공 신학의 위치를 정리하면서 기독교 역사는 그동안 지리적 혹

---

16 Nancy Fraser, 『지구화 시대의 정의』(Scales of Justice), 김원식 역 (서울: 그린비, 2010), 139-142.
17 Fraser, 『지구화 시대의 정의』, 147.
18 Fraser, 『지구화 시대의 정의』, 254.

은 교파적인 특징으로 연구가 활발히 진행되어 왔지만, 기독교 역사가 사회에 미치는 영향에 대해서는 연구가 미진하다고 평가했다. 교회는 사적인 신앙의 영역에 관여하는 것이 아니라 교회의 존재 자체가 '공적 기관'으로서 모든 영역에 관여하는 것이며, 교회 밖의 구성원들과 함께 '공공선'(Common Good)을 추구하는 곳이다.[19] 종교의 복귀는 종교가 가진 특수한 전통과 지혜, 윤리적 함의와 자원들이 세속 사회에 필요하다는 반증일 것이다.

김창환은 종교가 사회적, 경제적, 군사적, 윤리적 갈등의 원인을 제공하는 것이 아니라 그러한 갈등을 중재하고 해결할 수 있도록 노력해야 하며, 사회 정의를 추구하고 평화를 세워 나가는 것이 하나님의 뜻을 실천하는 것이며 성경과 기독교의 평화 전통을 따르는 것이라 말한다.[20]

그러나 기독교 사회 윤리와 같이 교회를 모든 문제의 해결 중심을 올려 놓는 것은 아니다. '공공 신학은 종교 문제를 주로 다루는 것이 아니라 현실 사회가 안고 있는 다양한 문제와 이슈들에 대해 종교적 관점, 신앙과 초월적인 관점으로 비판과 대안을 제시하는 것이다. 공공 신학의 중요한 실천은 공적 대화(public conversation)이다. 교회와 그리스도인은 각각의 현실 앞에 놓여 있는 정치, 경제, 사회, 종교의 영역에서 신앙에 근거한 비판적 성찰과 합의에 참여해야 한다.[21]

공적 대화와 참여를 위해서 신학은 하나님 나라의 보편적 이해를 유지해야 한다. 공공성과 관련되지 않은 기독교 정체성 형성은 존립 자체가 어렵기에 어느 특정한 신앙의 관점과 주제에 함몰되지 않고 열린 자세가 필

---

19 김창환, "교회의 공적 중요성과 공공 신학의 제기", 공적신학과교회연구소, 『하나님의 정치』 (서울: 킹덤북스, 2015), 71-93.
20 Sebastian Kim, *Theology in the Public Sphere* (London : SCM, 2011), 154.
21 Jürgen Moltmann, *God for a Secular Society: The Public Relevance of Theology* (London: SCM press) 5-23, quoted in Sebastian C. H. Kim, *Theology in the Public Sphere: public Theology as a Catalyst for Open Debate* (London: SCM Press, 2011), 3.

요하다.[22] 신학은 교회와 그리스도인을 위해서 존재하지 않으며 교회를 둘러싼 사회의 전 영역을 향한 성찰과 선포이고, 그것이 신학의 최종적 목적임을 분명히 해야 한다. 그렇기에 공공 신학은 교회와 종교적인 문제를 다루기보다 더 나은 사회를 위한 공공선의 증진을 목표로 하면서 기독교의 독특한 통찰과 실천을 제시해야 한다.

그렇다면 공공 신학은 어떠한 신학적 자세와 태도를 지녀야 할까? 크게 네 가지로 구분하여 살펴볼 필요가 있다.

1) 파편적이고 상황적인(fragmental and contextual)

윌리엄 미야트(William Myatt)는 던칸 포레스터와 트레이시, 발터 벤야민(Walter Benjamin)의 공공 신학 특징들을 비교하면서 공공 신학이 갖는 파편적(fragment) 성격을 분석한다.[23]

이미 포레스터는 『그리스도인의 정의와 공공 신학』(*Christian Justice and Public Policy*, 1997)에서 '신학적 파편'(theological fragment)이라는 개념을 사용하면서 모든 것을 설명하려는 거대한 신학 이론의 반대 개념으로서 오늘날 필요한 신학적 논의의 방식이 바로 파편성/부분성이라 언급한 바 있다. 또한, 『신학적 파편』(*Theological Fragments*)에서도 그 논의를 이어 간다.[24]

이 파편성이 날카로운 분위기를 연출하는 듯하지만, 각각의 부분을 통해 현실과 타자에 향한 협력적인 관점을 제공하는 원천이 될 것이다.[25] 공공 신학은 경쟁적이고 파편적인 상황(fragmented context) 안으로 들어가기를 요청받고 있으며, 자신의 전통과 실천이 어떻게 보다 구체적인 청중들에

---

22 Moltmann, *God for a Secular Society*, 7.
23 William Myatt, "Public Theology and The Fragment: Duncan Forrester, David Tracy, and Walter Benjamin", *International Journal for Public Theology* 8 (2014), 85-106.
24 Duncan B. Forrester, *Theological Fragment: Explorations in Unsystematic Theology* (London: T&T Clark, 2005).
25 Forrester, *Christian Justice and Public Policy* (Cambridge University Press, 1997), 3.

게 적절하게 수용될지를 고려하면서 무엇을 말하고 실천할지를 생각해야 한다.[26]

신학적 파편성은 지역의 필요성을 파악하고, 도덕적 또는 정치적 상황과 시스템을 성찰하면서 파편성 안에 감추어진 하나님의 진리를 발견하고자 한다. 포레스터는 신학적 파편성의 예로서 바르트를 중심으로 작성된 독일의 바르멘 선언을 언급한다. 유럽의 특수한 상황에 대한 파편적 응답으로서의 신학은 단순히 지역 안에 함몰되지 않는다. 신학의 파편적인 관심을 작은 영역과 실천으로 끝나는 것이 아니라 부분을 통한 전체의 통합으로 궁극적인 하나님의 통치와 섭리를 드러내게 한다.[27]

신학의 파편성은 근대 신학이 보여 주었던 보편적이며 추상적이고 형이상학적인 이성의 한계 안에 갇힌 종교성을 벗겨내고, 신학이 위치하는 구체적인 현장에 귀를 기울인다. 하나의 교리와 사고체계로 모든 것을 설명하고 이해시키려 했던 서구 중심의 근대 기획을 무너뜨리고, 무엇으로 특정할 수 없는 다양한 틀과 포용 가능한 개방성으로 골자로 한다. 현장 중심의 신학적 파편성의 중요한 요소가 바로 '공적 대화'(Public Conversation)이다. '공적 대화'는 개별 사항들의 특수성을 강조하면서 성경과 교회의 전통을 토대로 각자가 속한 공론장 안에서 사회 이론과 일반 학문과 대화하면서 문제들을 풀어간다. 이런 대화는 탈교회적 관점이고 사회 참여적 방식으로서의 대화이다.

트레이시의 파편 이론 역시 전체성을 강조하는 사회와 제도에 대한 깊은 반성으로부터 출발한다. 『다원성과 모호성』의 서문에서 '대화'의 초월적 및 현상학적인 분석을 실행한다. 그는 대화에는 일정한 규칙과 논리적인 체계가 있음을 발견하지만, 그런 대화의 게임은 오랜 시간 동안 지배해 온 다수의 논리를 따르고 있을 뿐 아니라 대화에 참여하는 것이 지배 질서

---

[26] Graham, *Between a Rock and A Hard Place*, 211.
[27] Duncan B. Forrster, "The Political Service of Theology in Scotland", William Storrar, Peter Donald eds., *God in Society* (Edinburgh: St. Andrew Press, 2003), 116-120.

의 패턴을 반복하는 것이라 말한다.

신학도 마찬가지인데, 특정한 전통과 교리가 점령해 온 신학적 담론을 반복하는 것은 진리를 왜곡시킬 수 있기에 트레이시는 전통적 대화가 아닌 파편적인 대화를 시도해야 한다고 주장한다. 이것은 신학과 철학이 이제는 서구 중심적인 것이 아니라는 점을 인식하고 비서구적인 다양성을 인정하는 방향으로 가야 함을 의미하기도 한다.[28]

미야트는 포레스터와 트레이시의 '파편성'에 대한 관심이 벤야민의 문화 개념 안에 있는 '이질성'과 연관되었음을 주목한다. 동질성은 그 문화의 지배적인 단일한 노선과 성격에 동의하고 수동적으로 순응한 것이지만 이질성은 탈 중심적이고, 다중심적이다. 그는 중심에서 멀어지는 '주변화'를 강조하고 하나의 방향을 추구하는 역사의 흐름보다는 역사의 순간성과 비결정성에 집착한다.

역사가들은 지배적인 관점과 특정한 사상의 순차적인 흐름을 정리하지만, 벤야민은 힘의 논리에서 자유롭지 못할뿐더러 종합을 위해 부분을 왜곡할 수 있다고 보았다. 연대기적 관점도 중요하지만, 파편화된 시간과 사건에 집중하면서 전체를 해석하려는 노력뿐 아니라 부분에서 전체로 나아가는 역설적인 접근을 요청한다. 미야트가 보기에 포레스터, 트레이시, 벤야민은 일관되게 탈 중심, 탈 전체, 탈 전통을 추구한다. 이처럼 공적 신학은 부분적이고 파편적 성격을 띠며, 각자가 처한 상황의 특수성을 주목하면서 전체화된 단일한 입장에서 벗어나 부분적이면서도 통전적인 적절한 이해와 해석을 전개하려 한다.

공적 신학이 '전체성'(Totality)과 '보편성'(Universality)에 관심을 두기보다 '지역성'(Locality)과 '파편성/부분성'(Fragment)을 강조하는 것이 가장 큰 특징이라고 할 수 있다. 주류 개신교의 신학은 교리와 전통과 같은 보

---

[28] David Tracy, 『다원성과 모호성』(*Plurality and Ambiguity*), 윤철호, 박충일 역 (서울: 크리스천헤럴드, 2007).

편성에 익숙할 뿐 아니라 여전히 자신의 신학적 전통이 특정 역사와 상황 안에서 출발해, 특정 시간과 공간을 지나왔음에도 그 신학이 모든 세계의 보편적용 가능한 원리라 생각한다.

다원화되고 세계화된 전 지구적 상황에서 공공 신학은 보편성보다는 특수성에 관심을 두면서 특정한 문화, 지리, 언어, 계층, 정치적 상황 등에서 발생한 지역적 이슈들과 일상 생활의 영역까지 그 관심을 확대하고 있다. 그레이엄은 공공 신학이 초기 기독교의 상황과 같이 다원화된 상황(유대인, 이방인, 회의주의, 로마 제국) 속에서 기독교를 변증하고 증거 하려는 다양한 실천과 신앙의 전통들을 회복하는 것으로 보았다.[29]

「공공 신학 국제 저널」에 실린 최근의 연구물들을 살펴보면 이런 특징들을 잘 알 수 있다. 최근에는 각 지역의 이슈와 상황들을 신학적으로 성찰하고 해결책들을 제안한다. 유럽의 종교 다원주의 상황에서 발생한 최근 파리의 이슬람 극단주의의 테러들을 분석하고 있고,[30] 노르웨이의 석유 의존과 기후 변화에 관한 논의,[31] 사모아 섬 안에서 발생하는 국지적 폭력에 관한 기독교적 응답의 가능성,[32] 남아프리카의 사회 변화 상황에서 공적 용서에 관한 성찰,[33] 인도네시아의 에이즈 문제를 신학적으로 어떻게 성찰할 것인가[34] 등이 실려 있다.

---

[29] Graham, "Showing and Telling", 151.
[30] Oliver Tonneau, "Muslim Citizens! After the January 2015 Paris Attacks: France's Republicanism and its Muslim Population", *International Journal of Public Theology* 3 (2016).
[31] Richard Bourne, "Oil Dependence and Climate Change: Public Theology in Norway", *International Journal of Public Theology* 2 (2016).
[32] Mercy Ah Siu-Maliko, "A Public Theology Response to Domestic Violence in Samoa", *International Journal of Public Theology* 1 (2016).
[33] Robert Vosloo, "Difficult Forgiveness? Engaging Paul Ricoeur on Public Forgiveness within the Context of Social Change in South Africa", *International Journal of Public Theology* 3 (2015).
[34] Daniel Susanto, "hiv/aids in Indonesia and its Theological Dimension", *International Journal of Public Theology* 1 (2015).

이처럼 공공 신학은 각 지역과 사회의 현장을 토대로 하면서 그들이 안고 있는 공적 문제와 이슈들을 공적 자리에서 토론하고 비판적으로 사유하면서 신학적 통찰을 제시한다. 교회의 특수성을 강조하지만, 더 나아가 기독교의 보편적 진리를 가지고서 각각의 현장에서 시민 사회와 적절한 대화와 연대를 통해 더 나은 사회를 건설하려는데 동참하는 것이다. 기독교 내부의 문제에 관심을 두기보다는 시민 사회와 지역 공동체의 과제를 자신의 것으로 수용한다. 또한, 다원화된 전 지구적 차원의 이슈와 지역교회가 자리하고 있는 일상 생활의 문제까지 포괄적으로 다루는 것이다.

2) 포스트크리스텐덤(Post-christendom)

공공 신학과 같은 새로운 신학에는 새로운 패러다임의 접근이 필요하다. 기독교가 다시 세속의 영역 안으로 들어가려면 기존의 관계 방식과는 다른 시도가 있어야 할 것이다. 종교적인 진리와 구원을 담보하고 있다는 오만한 주류 기독교의 태도에서 벗어나 다른 사회 구성원들과 동등한 입장에서 대화하려는 태도가 요청되는데 재세례파의 관점은 이런 지점을 정확하게 집어낸다. 그들은 콘스탄틴 황제의 기독교 공인 이후 최근까지 기독교가 사회 전반에 지배적인 위치에 있었음을 지적한다. 이런 세계를 크리스텐덤(Christendom)이라 부른다.

크리스텐덤에 관한 정의가 명확하지 않는데, 기독교 세계, 기독교 왕국, 제국적 기독교로 번역된다. 이는 교회와 정치 권력이 하나가 된 상태로 교회가 세상의 권력을 취하면서 그 본래 성질을 잃어버린 것이다. 이것은 하나님 나라를 이루는 방식에서 예수의 사역과 완전히 반대되며, 세속적 권력과 군사적 폭력의 방식을 택한 것이다.[35]

---

[35] John H. Yoder, 『근원적 혁명』(*The Original Revolution*), 김복기 역 (대전: 대장간, 2012), 88-89.

런던의 아나뱁티스트 네트워크의 대표로 있는 스튜어트 머레이(Stuart Murray)는 크리스텐덤을 크게 다섯 가지로 정리한다.

> **첫째**, 기독교의 '지리 영역'을 표현한 것으로 그 영역 안에 살아가는 대부분의 사람은 최소한 형식적인 그리스도인으로 간주한다.
> **둘째**, 역사의 특정 시대를 의미하는 것으로 로마의 콘스탄틴 1세가 기독교로 개종했던 4세기에서부터 최근 20세기 말까지이다.
> **셋째**, 기독교적인 이야기와 언어, 상징과 절기별 리듬에 영향을 받은 문화를 총칭한다.
> **넷째**, 교회와 세속 정치의 상호 협력과 연대를 합법화하여 정치적 타협을 이룬 것을 의미한다.
> **다섯째**, 세속 사회에서 하나님의 주권적인 섭리 대한 인간의 신념과 태도 그리고 사고방식을 뜻한다.[36]

크리스텐덤에 가장 민감하게 반응했던 요더는 주류 기독교가 4세기 이후 정치권과 결탁하면서 콘스탄틴주의로 물들었고, 종교개혁 이후에도 봉건 제후 세력들과 결탁하면서 세속 정부와 단절하지 못했음을 한탄한다. 최근 그러한 흐름이 대학이나 각 기관 등 세속 권력과의 관계에서 동일하게 반복되고 있다고 말한다.

공공 신학을 전개하려고 할 때 기독교가 그동안 취해 왔던 권위적인 모습을 과감히 내려놓아야 한다. 지난날의 교회 감독들과 성직자들이 성경과 교회 전통의 권위로 교회 밖의 영역들을 해석하고 삶의 실천을 강요했던 모습이 아니라 다원화 사회 안에서 다양한 목소리를 공정하게 들을 수 있는 열린 자세가 요청된다.[37]

---

36 Stuart Murray, 『이것이 아나뱁티스트다: 기독교 신앙의 본질을 말하다』(*The naked anabaptist*), 강현아 역 (대전: 대장간, 2011), 109.
37 Ted Peters, "Public Theology: Its Pastoral, Apologetic, Scientific, Political and Prophetic Tasks", 158.

신학이 포스트크리스텐덤적 태도를 취하려 한다면 구체적으로 그것이 무엇일까?
스튜어트 머레이는 이들 특징을 상세하게 설명한다.

> **첫째**, 중심에서 주변으로의 이동이다. 크리스텐덤에서는 기독교 이야기와 교회들이 그 사회 중심에 있었지만, 포스트크리스텐덤에서는 주변으로 자리를 옮길 것이다.
> **둘째**, 주류 속에서 소수 속으로 이동이다. 다수를 차지하던 그리스도인은 소수자의 위치로 전환될 것이다.
> **셋째**, 정착자에서 일시 체류자로 이동이다. 기독교의 동질화된 문화와 사회의 편안함에서 이방인, 유랑자, 순례자로서 살아갈 것이다.
> **넷째**, 특권층에서 다원성 속으로 이동이다. 기독교는 사회의 특권층으로 지배 세력을 형성했으나 앞으로는 다원화 사회에서 여러 공동체 가운데 그저 하나로 자리할 것이다.
> **다섯째**, 지배자의 삶에서 증인으로서의 삶이다. 사회를 통제하는 역할에서 예수를 따름으로 증인의 삶을 살아갈 것이다.
> **여섯째**, 현상 유지에서 선교의 자리로 이동이다. 다수를 차지하던 시대에서 소수의 위치에 머물면서 그리스도인의 선교적 삶이 강조될 것이다.
> **일곱째**, 기관에서 운동으로 이동이다. 제도적 기관으로서 주된 역할을 하던 시대에서 하나의 운동으로서 분투하는 삶을 살 것이다.[38]

포스트크리스텐덤에 대한 머레이의 설명은 신학이 취해야 하는 관점들을 명확하게 설명하고 있다. 물론 생존을 위해서 취하는 전략은 아니며, 기독교의 영향력 감소로 인해 위축된 상황에서의 분전도 아니다. 이는 기독교가 사회를 자신들의 가치 체계와 진리로 정복하려는 시도를 중단해야

---

[38] Murray, *Post-Christendom* (Carlisle: Paternoster, 2004), 19-20.

하는 것을 말하며, 그들과 더불어 공통의 사회에서 상호 존중과 대화를 통해 살아가기 위해 노력하는 것이다.

3) 개방적이고 참여적인(public and engagement)

마틴 마티는 『공적 교회』(The Public Church)에서 미국의 기독교 정치 역사에서 복음주의, 가톨릭, 주류 개신교가 자신들의 종교 전통을 유지하면서 어떻게 공적 교회론을 형성시키면서 활동했는지를 기술한다. 공적 교회들은 공동체들의 공동체(communion of communions)로서, 가장 중요한 특징으로는 '특정한 개방성'(specific openness)을 띠는 것이다. 마티는 알트하우스에게서 이 개념을 차용한 것이라 밝히면서, 인간들의 공동체 또는 도시는 공생을 위한 연합체(ecclesia)를 구성하기에 교회 역시 세속 질서에 대한 차별성 없이 교회 밖의 시선으로 자신을 이해해야 하고, 그 시대가 당면한 전체주의와 근대성 그리고 자유주의 안에서 더 나은 사회를 세우려는 작업을 시도해야 한다.[39]

공적 신학은 인간의 삶과 현실을 초월적인 관점, 즉 신학적 관점으로 바라보면서, 더 나은 사회를 이루기 위해 접근하는 것이다. 마티는 기독교를 크게 세 가지 진영으로 구분하면서, 복음주의는 개인적인 신앙의 경험과 성경 중심적인 사고를 중요시해 왔고, 로마 가톨릭은 제2차 바티칸 공의회 이후에 공공성에 대한 깊은 관심을 가지게 되었으며, 주류 개신교 진영은 종교개혁자들의 정신을 이어받아 세속 사회의 공적 질서 변화를 시도해 왔다. 하지만 최근까지 통전적인 공공 신학을 정립하지 못했으며, 오히려 콘스탄틴주의에 빠져 있었다고 비판한다. 그는 교회의 본질 자체가 완전히 공적이며 기독교 역사 안에서도 공적 역할을 해 왔지만, 최근에는 그러한 모습들이 약화됐다고 안타까워한다.

---

[39] Marty, *The Public Church*, 22.

공공 신학이 가장 경계하는 것 중의 하나는 신학과 신앙의 사사화(privatization)이다. 사사화는 개인의 삶과 내면 속으로 종교를 가두어버림으로 타자와 주변 세계에 대해 무감각할 뿐 아니라 하나님의 창조 세계와 구속 사역의 통전성을 왜곡할 우려가 있다. 스톨라는 세계화 시대에 신학은 다양한 공적 이슈에 책임적으로 응답해야 하며, 탈영토화, 탈이데올리기화 되는 상황에서 스스로를 세계 속의 보편적 시민으로 인식하는 동시에 선교적 차원에서 공 영역에 대한 인식을 지니고 있어야 한다고 주장한다. 신학자들은 공공 정책에 어떻게 선한 영향력을 미칠지를 고려하면서 오늘날 난민, 이주자들, 나그네, 이주 노동자들의 인권과 존엄성을 세계화의 차원에서 접근할 것을 주장한다.[40]

볼프는 기독교 공동체의 예언자적 역할은 세상을 변화시키기 위해, 인간의 번영을 추구하기 위해 그리고 공공선을 위해 참여하는 것이며, 그 방식은 기독교 정체성에서 나오는 말과 행동을 통해 세상 속으로 자신을 투사하는 것이라 주장한다. 여기에는 두 가지 방식이 있다.

> **첫째**, 그리스도인이 자신의 전 존재를 통해 세상에 참여하는 것으로, 단순히 지적인 감동과 비전의 대안적 제시가 아니라, 사회 제도를 변화시키는 것만이 아니라 개개인의 삶 전체가 인간의 번영을 위해 노력하고 공익을 위해 섬기는 것과 관련이 있다.
>
> **둘째**, 문화적인 차원과 관련이 있는데, 정치, 경제, 문화 그리고 커뮤니케이션에 있어 사람들의 권리나 의무와 관련되며, 모든 영역에서 선을 추구하고 찾아내고 그것을 보존하고 강화하는 것이라 말한다.[41]

---

[40] Storrar, "Public Theology in the South African Context." 40-42.
[41] Volf, 『광장에 선 기독교』(*Public Faith*), 김명윤 역 (서울: IVP, 2014), 142-143.

더 구체적으로 비그리스도인에게 기독교의 증언을 통해 지혜를 나눠주는 일과 정치적인 영역에서 직접 참여하는 모두를 추구해야 한다.

김창환은 공공 신학이 종교적인 문제들보다 넓은 차원의 이슈들에 있어서 다른 시민들과 대화하며 민주주의 방식 안에서 대안적인 해결책들을 제시해야 한다고 말한다.[42] 그는 20세기에 등장한 정치 신학, 해방 신학, 여성 신학 등과의 차이점을 명쾌하게 설명하는데, 먼저 해방 신학은 라틴 아메리카, 정치 신학은 전쟁 후 독일 등의 지리적인 한계를 가지지만 공공 신학은 북미, 유럽, 남아프리카, 호주 등에서 전 세계적으로 등장하고 있다고 보았다.

또한, 각각의 신학이 다루는 이슈로 해방 신학은 가난, 부정의, 국가와 교회, 혁명의 문제를 정치 신학은 고통받은 현실, 종교적 신앙과 정치의 관계, 정치 참여를 다루지만 공공 신학은 불균등, 정책 결정, 종교의 사사화, 국가와 시장 미디어의 독점, 세계화, 시민 사회 등 오늘날 사회가 당면하고 있는 다양한 주제들을 포괄적으로 다루고 있다.

신학 방법론에 있어서 해방 신학은 의심의 해석학, 텍스트와 컨텍스트의 해석과 실천의 우선성을 강조하고 정치 신학이 정치적 이론의 참여와 국가 권력과 정치 체계에 대한 비판이라면 공공 신학은 다양한 학문의 참여, 비평적 연구와 열린 토론, 사회 윤리와 합의를 통한 방법론 등을 사용한다고 말한다. 그는 공공 신학이 교회 밖의 공통 관심사인 다양한 이슈와의 대화에 참여하는 것'이라고 말하면서 기독교와 종교적인 이슈에 집중하기보다 더 넓은 정치, 경제, 문화, 사회적 이슈에 있어서 다른 시민들과 대화하고 실제로 공적 영역 안에 참여하도록 그리스도인에게 권고한다.[43]

공공 신학은 다양한 상황에서 발생하고 많은 실천가를 통해 지역의 현장에 접목되는 것이다. 그레이엄은 『무엇이 좋은 도시를 만드는가』(*What*

---

[42] Sebastian Kim, *Theology in the Public Sphere* (London: Scm Press, 2011), 3.
[43] Kim, *Theology in the Public Sphere*, 23.

makes a good city?)에서 공공 신학을 다음과 같이 서술한다. 세속적인 세계와 관련하여 신실한 증언을 하도록 기독교인을 훈련시키고, 교회의 보고서나 공적 선언문을 통해 신앙 공동체들의 관점에서 공공 정책의 문제들에 관여하는 신학, 또한 공적 이슈들을 신학적으로 성찰하기 원하는 그리스도인을 위한 신학 그리고 신앙을 가진 정치가들이나 다른 공인들의 영향력이 어떻게 공공 정책과 연결될 수 있는지를 연구하는 학문이라고 말한다.[44]

공공 신학의 관심은 교회 공동체 안의 이슈와 담론에 머물지 않는다. 보다 폭넓은 하나님 나라의 신학적 관점을 가지고 피조 세계의 전 영역에 관여할 뿐 아니라 시민 사회의 문제까지 적극적으로 참여한다. 교회와 국가의 관계는 기독교 전통 안에서 상당한 논의가 있었으며 어거스틴, 아퀴나스, 루터, 칼빈 그리고 최근의 공공 신학과 공동체주의까지 지속적으로 제기되어 왔던 주제로서, 엄격한 분리와 일치 그리고 중간의 입장들 사이에 그 강조점을 달리해 왔다.

윌리엄 스토라는 공공 신학이 에큐메니칼적, 세계적, 지역적, 교회적일 뿐 아니라 세계 시민 사회에 뿌리를 내리기 위한 집단적이고 다양한 국제 기관들 사이의 협력을 가능하게 하는 초국가적인 면모를 갖추어야 한다고까지 말한다.[45] 작게는 지역교회로부터 출발하겠지만, 더 넓게는 온 지구를 포함하는 공공의 관점으로 신학적 응답과 참여를 추구하는 학문이라 할 수 있다.

4) 중간 공리와 이중 언어성(middle axiom and bilinguality)

하버마스는 세속 이성과 종교적 신념이 서로 대칭적인 구도를 갖는 것이 아니라 공론장 안에서 가능한 의사소통의 언어 안에서 서로 '번역'(translation)이 가능하다고 말한다. 종교적 확신과 세속적으로 정당화된

---

[44] Graham, *Between a Rock and A Hard Place*, 80.
[45] Graham, *Between a Rock and A Hard Place*, 75.

정책 혹은 제안된 법들 사이의 갈등은 오직 종교적 시민들이 선한 공적 이성을 위해 세속 국가의 헌법을 수용했다는 것이 전제될 때만 가능하다.

종교의 확실성은 근대 사회의 분화된 구조에서 성찰적인 압력이 증가함에 따라 외부로 노출됐고, 세속 이성으로 옮겨지기를 요구받고 있다. 더 나아가 자유 국가에서 모든 종교적 삶의 형태가 동등하게 보호되기에 세속과 종교적 이성을 공공 영역에서 엄격하게 구분하려는 과도한 짐에서부터 종교 시민들을 해방시켜야 한다.

자유 국가는 종교와 정치 사이의 제도적인 분리를 통해 종교 시민들에게 정서적 혹은 심리적 차원의 비이성적인 의무를 부과해서는 안 된다. 종교 시민들은 공적 담론에 참여하는 순간에 공과 사의 구분으로 자신의 정체성을 나누지 않으면서도 제도적인 '번역'(translation)의 조건들을 인지할 수 있다. 심지어 종교적인 언어가 오직 그들만 사용할 수 있고, 그들의 종교적인 의견이 정치적 논쟁에서 공헌할 수 있다는 생각은 자신을 시민 영역의 한 구성원으로 이해하고 있다는 것이다.[46]

후기 세속 사회에서 종교의 언어가 세속의 언어로 번역 가능하다면, 다시 말해 종교와 세속, 신앙과 이성, 초월과 내재 사이 두 세계의 연결을 시도하는 것이라면 이것은 20세기 중반 등장했던 중간 공리의 원리를 채택하는 것이다.

중간 공리는 20세기 중반에 J. H. 올담(J. H. Oldham), 윌리엄 템플 그리고 프레스톤 등이 시도했던 방식으로 '학제 간 연구'(interdisciplinary)를 기본으로 한다. 1937년 옥스퍼드대회에서 올담이 이 용어를 처음으로 사용했는데, 복음의 윤리적 요청에 대한 순순히 일반적인 언명과 구체적인 상황 속에서 시행되어야 할 결단 사이에는, 중간 공리라고 말할 수 있는 것이 필요하며, 이것이 기독교 윤리에 타당성과 의미를 준다고 했다. 이것은

---

[46] Jürgen Habermas, *Between Naturalism and Religion* (Cambridge: Polity Press, 2008), 129-130.

사회의 특수한 상황 속에서 기독교 신앙이 자신을 표현하려는 방향이며 영구한 구속력을 지니는 것이 아니라 일시적으로 요구되는 행동의 유형을 정의한 것이라 보았다.[47]

중간 공리는 하나의 매개 형식(a form of mediation)으로 기독교 신앙의 진리와 정치적 그리고 행정적 결정에서 직면하는 복잡한 부분들 사이를 중재하는 것이다. 그 작업은 공론장에서 사회과학자들과 참가자들을 존중하는 자세로 그들의 목소리를 경청하는 것이 필수적이다. 이런 자세는 기독교 신앙으로 모두를 통합하려 하기보다는 대화의 상대가 신앙을 가지고 있지 않음을 전제하면서 현실 사회가 당면하는 주제에 관해서 열린 자세로 기독교 윤리의 관점으로 접근한다. 유럽은 전쟁 이후 평화, 교육, 인종, 국제 질서 안정 등의 다양한 이슈들에 관해 모든 국가와 기관들의 협력이 절대적으로 필요했고, 기독교 역시 이런 흐름에서 분리되지 않았기에 적극적으로 대화하고 참여하려는 움직임을 보였다.[48]

윌리엄 스톨라(William Storrar)도 중간 공리가 기독교의 윤리적 원리들과 일반 사회에서 공유된 가치들 사이의 중간 토대로서 중요한 기능을 담당하는 도덕적인 지시들(directives)을 매개하는 성격을 가진다고 보았다. 이것은 기독교가 가지는 매우 특별한 인식으로서 하나님의 선하심과 구원의 신비와 같은 더 깊은 의미의 논의로 나아가기 위한 중간의 규범과 일시적인 기능을 감당하는 신학적 원리이다.[49]

하지만 이런 중간 공리의 방식에도 약점이 있다. 던칸 포레스터는 크게 두 가지의 현실적 어려움을 지적한다.

---

[47] Edward LeRoy Long, jr., 『기독교 윤리의 종합적 연구』(*A Survey of Christian Ethics*), 박봉배 역 (파주: 한국신학연구소, 1979), 142.
[48] Forrester, *Christian and the Future of Welfare*, 87-88.
[49] Storrar, W. F, "Scottish Civil Society and its Devolution: The New Case for Ronald Preston's Defence of Middle Axioms", *Studies in Christian Ethics*, 37-46. *Between a Rock and a Hard Place*, 100에서 재인용.

첫째, 적용과 실천의 측면이다.

중간 공리가 어느 특정한 권위와 입장을 따르기보다 다양한 의견과 실천 방안들을 검토하는 작업으로 시작하기에 각 전문가와의 소통에서 문제가 발생할 수 있으며, 또한 적용과 실천에서도 그것이 기독교라는 틀 안에서 용인이 될 수 있는지를 고민해야 한다. 소통의 과정에서 기독교는 스스로를 하나의 입장과 의견으로 자신을 낮추려는 모습이 필요하며 실천에서도 기독교의 전통과 독특성만 주장하기보다 상호협력적인 방식으로 나아가야 한다.

둘째, 엘리트주의(elitist)적 면이 있다.

사회과학자들과 전문가들과 논의를 하더라도 일반 성도들 삶의 자리의 어려움을 알지 못한다면 그것은 학자들의 논의에서 끝날 우려가 있다. 즉 이론과 실천 사이의 문제가 발생하며, 실천에 있어서도 개개인의 상황적 특징에 따라 다양한 입장이 가능하기에 논의의 과정에서부터 현장의 목소리를 듣는, 특히 소외된 사회적 약자들의 관점이 반영되어야 한다.[50]

신정통주의자로 구분되는 바르트도 비슷한 관점을 견지한다. 계시의 절대성을 강조하며 세속 이성을 완전히 배제하는 듯 보이지만 그의 후기 저작인 『그리스도인 공동체와 시민 공동체』(*The Christian Community and the Civil Community*)에서 신학의 이중 책임성을 언급하는데 하나는 교회를 향한 책임 그리고 동시대적인 공적 상황에 대한 의무를 언급한다.

바르트는 이중 언어적인 세련된 해석을 내놓으면서 시민 공동체와 교회 공동체 모두 그리스도의 종말론적 나라의 다른 두 비유라 말한다.[51] 두 공동체는 하나님의 섭리 아래 있기에 교회의 공적 증언은 이중적 형태, 즉 선포와 기도로 이루어지면서 교회와 세속 모두를 향해 있다. 기도도 단순

---

50 Forrester, *Christian and the Future of Welfare*, 90-91.
51 Eva Harasta, "Karl Barth, a Public Theologian?: The One Word and Theological Bilinguality", *International Journal of Public Theology 3* (2009), 188.

한 침묵이 아니며 기도 안에서 하나님과 세상을 향하게 되고 선포 역시 선포 안에서 하나님의 영광과 은혜가 임한 현장을 발견하게 된다.[52]

로널드 티먼은 기독교 신학이 하나님이 주신 은혜(God's guiding grace)와 자유로운 인간의 활동(free human inquiry)을 이중적으로 강조하고 있지만 그런데도 그 우위성은 바르트의 입장을 따라 하나님의 자유로운 은혜에 있으며 해석의 두 입장이 절대적으로 양립될 수 없다고 말한다. 신학은 계시에 대한 변증적인 특성을 성찰하는 것이며 그것에 대한 묘사를 반복적으로 시도하는 것이라 보았다.[53]

하인리히 베드포드 슈툴홈(Heinrich Bedford Struhm)은 독일 루터란의 전통에 맞게 두 왕국/정부론을 지지하면서 공공 신학의 특징으로 이중 언어성(bilinguality)을 언급한다. 루터의 두 왕국/정부 교리는 세상 안에서 그리스도인이 어떤 정치적인 입장과 관점을 가지고 살아야 하는지를 잘 보여 준다. 종교개혁 시절, 성경의 가르침을 그대로 정치적 현실에 접목하려 했던 과오를 피하면서도 하나님의 영적 통치를 인정하려는 양면적인 입장을 취했다. 공공 신학의 이중 언어성은 신앙과 신학이 공적 사회 현실로 들어갈 때 유사하고 이해 가능한 적절한 언어와 개념으로 전환되어야 한다는 것이다.

그는 전 EKD 수장이었던 볼프강 후버의 신학과 가톨릭 교황의 사회교서를 설명하면서 성경이 말하는 이웃 사랑의 계명이 어떻게 공적으로 사회적 약자를 돌보는 정책이 될 수 있는지 그리고 미국 가톨릭 사제들이 발표한 사회교서에서 이웃 사랑을 사회적 약자를 돌보는 것으로 어떻게 이해하고 있는지를 설명한다.[54] 그렇다고 이중 언어주의(bilingualism)가 기독교의 진정성 상실을 의미하는 것은 절대로 아니다. 성경과 신학의 메타포

---

[52] Harasta, "Karl Barth, a Public Theologian?", 194-195.
[53] Ronald Thiemann, *Constructing a Public Theology*, 86.
[54] Heinrich Bedford-Strohm, "Public Theology and Political Ethics", *International journal of Public Theology 6* (2012). 273-291.

에 근거를 두면서도 모든 보편 사람들의 선한 의지(good will)를 세워 나가는 데 기여할 수 있음을 밝히는 것이다. 이를 통해 세속 사회는 인간의 가치와 존엄성을 다시 회복하게 하고, 풍성한 삶을 위한 주요 자원으로서 기독교 전통을 이해하게 될 것이다.[55]

이런 관점에서 임성빈은 공공 신학의 특징과 방법론을 정리하면서 지향점을 다섯 가지로 구분했다.

첫째, 성경적 토대를 가진 신학적 전통에 근거해야 한다.
둘째, 이중 언어를 구사할 줄 알아야 한다.
셋째, 학제 간 연구를 지향한다.
넷째, 비판적 접근을 시도한다.
다섯째, 보편성을 지향해야 한다.

그는 공공 신학의 상황적 중요성보다 책임 있는 응답을 추구한다는 점에서 맥락을 강조한 것이다. 이것은 공공 신학이 이웃 사랑의 실천과 같이 보편적이어야 할 것을 주장한 것이다.[56] 공공 신학은 기독교 신앙의 우위성을 강조하지 않아야 하며 오히려 공공선에 어떻게 기여할까를 고민해야 한다. 그리고 이중 언어를 통해 교회 밖의 영역에 대화를 시도해야 하며, 공공 정책을 이해하고 중재하면서 방법론에 있어서 학제 간 연구를 지향해야 한다. 또한, 성경이 전하는 예언자적 메시지를 밝히고 약자에 우선적 태도를 취해야 한다. 그리고 생명에 대한 성찰과 하나님의 신실하심을 경험할 수 있는 영적인 충만함으로 정의와 온전성을 이루어야 한다.[57] 공

---

[55] Jenny Anne Wright, "With Whose Voice and What Language?", *International Journal of Public Theology* 9 (2015), 165.
[56] 임성빈, 『21세기 한국사회와 공공 신학』, 71.
[57] John de Gruchy, "Public Theology and Christian Witness: Exploring the Genre", *International Journal of Public Theology* 1 (2007), 39-41.

공 신학은 교회의 울타리를 넘어 사회적 이슈들을 공론장 안에서 합리적인 언어로 의사소통이 가능하기 위해서 신학의 관심과 방법론을 확장하면서 열린 자세로 참여할 필요가 있다.

이처럼 공공 신학은 단지 공적인 것에 관심을 둘 뿐만이 아니라 공적인 것과 관련하여 특별한 종류의 신학적 방법론에 관심을 갖는다. 그것은 어떤 종교나 교파적인 관심을 초월하는 모두를 위한 공공선의 추구이다. 공공 신학은 방법론적으로 다원화된 공공 영역 안에서 대화와 합의의 절차상 기준을 갖기에 또한 공적이다.

공공 신학은 세속의 철학과 비기독교인의 세상에 대한 종교적 성향들과 마주하여 그들의 언어로 신학적 입장을 설명한다. 종교와 세속의 경계에서 전문가, 일반인, 비종교인 혹은 타 종교인들과 소통하려는 번역의 활동을 담당한다. 더 나아가 공공 신학은 신앙의 경계를 넘어서 더 많은 청중에게 기여한다고 믿기에 공적이라 할 수 있다.

제7장

다양한 공론장과 포괄적 접근들

윌리엄 스톨라(William Storrar)는 세계화된 다양한 공공 영역에서 저마다의 목소리들이 제기되기에 하버마스가 제안한 공론장의 개념보다 더 광범위한 차원의 논의가 필요하다고 주장한다. 그는 '포괄적인 공공 영역'(inclusive Public Sphere)의 필요를 언급하면서, 아이리스 영(Iris Marion Young)과 같이 다양성이 담보되는 세분화된 영역들인 '다원적 공론장'을 요청한다. 사회적 신분, 문화, 인종, 성, 계급 등을 이유로 대화적 합리성이 약화되고 소수의 목소리가 배제되지 않아야 하기 때문이다.[1]

신학이 구체적인 공론장에 참여해야 한다면 어떤 영역이 가능할까?

모든 영역에서 기독교의 공통된 목소리를 내기보다는 각자의 영역에서 기독교의 특수한 공헌을 할 수 있으려면 공론장에 대한 심도있는 논의가 필요하다.

남아프리카공화국의 더키 스미트(Dirkie Smit)는 정치적 공간, 경제적 공간, 시민 사회 그리고 공공 여론을 공공 신학이 참여해야 하는 담론의 장으로 보았고, 영국의 앨리슨 엘리어트(Alison Elliiot)는 공공 신학의 역동성을 연구하면서 제도적 공공권(institutional public), 구성적 공공권(constructed public), 개인적 공공권(personal public)으로 구분하여 참여의 방식을 나누었다.

---

[1] William Storrar, "The Naming of Part: Doing Public Theology in a Global Era", *International Journal of Public Theology* 5 (2011), 29-31.

벤자민 발렌틴(Benjamin Valentin)은 보다 다양하고 폭넓은 대중들과의 대화가 필수적이기에 공공 신학은 학제 간 연구를 바탕으로 해야 하며 학계를 넘어서서 사회 문화적으로 소외된 지역의 사회 정의를 위해서 노력해야 한다고 주장했다.[2] 공론장이 합리적 사고와 토론이 가능한 이들의 전유물이라면 모두를 위한 공론장은 이미 진입장벽이 높은 또 다른 배제의 장이 될 우려가 있기 때문이다.

에네이다 제이콥슨(Eneida Jacobsen)은 이론을 제공하는 모델(foundational models)과 실제적인 참여를 위한 모델(action models)으로 나누고 다시 각각을 세 가지로 구분한다. 이론적 차원은, '발표 모델'(model of disclosure), '보편적 모델'(universal models), '실제적 모델'(factual models)이고, 실천의 차원은 '청중 모델'(model of audience), '변증 모델'(apologetic model), '상황 모델'(contextual model)이다.[3]

제이콥슨은 동일한 방식으로 공론장에 참여해야 하는 것이 아니라 이슈와 대중의 상황에 따라 이론과 실천에서 다른 적용이 필요하고 주장한다. 스캇 패스(Scot Paeth)는 공공 신학의 유형론을 '분석적 과제'(analytical task), '해석적 과제'(interpretative task), '건설적 과제'(constructive task)로 구분하면서 신학이 사회와 대화하면서 어떤 결론에 도달하기 위해 어떤 방식으로 관계 맺음을 시도해야 하는지를 구분했다.[4]

이처럼 학자마다 공중의 영역, 접근과 해석의 방식을 구분하는 것은 그만큼 공공 신학을 정의하고 특정하기가 쉽지 않다는 반증이다.

이번 장에서는 공공 신학의 영역을 세 명의 주요 학자들을 토대로 살펴보려 한다. 트레이시, 스택하우스, 김창환이다.

---

[2] Benjamin Valentin, *Mapping Public Theology* (Trinity Press International, 2002), 114.
[3] Eneida Jacobsen, "Models of Public Theology", *International Journal of Public Theology* 6 (2012), 7.
[4] Scott R. Paett, *Exodus Church and Civil Society*, 62-67.

첫째, 트레이시는 공공 신학의 영역을 크게 교회(Church), 학계(Academy), 사회(Society) 세 가지로 구분했다.
둘째, 스택하우스는 세계화 상황에 맞게 정치 경제(political economy) 영역을 덧붙인다.
셋째, 김창환은 여섯 가지로 좀 더 세분화하는데 국가, 시장, 미디어, 학계, 시민 사회 및 종교 공동체이다.[5]

공공 신학이 모든 영역과 이슈에 관심을 두어야 한다는 것은 그동안의 신학이 특정 주제와 대상에 함몰되어 있었다는 것을 의미하며, 새로운 신학의 패러다임으로서 공적 참여와 책임을 다하면서 '더 나은 사회'를 향한 공공 신학의 목표를 추구하려는 것이다.

1. 트레이시: 사회, 학문, 교회

트레이시는 『유비적 상상력』(*The Analogical Imagination*)에서 오늘날 신학은 복잡한 여러 가지 공중(Publics)들과 마주하기에 신학이 위치한 환경과 대중들의 관계가 중요하다고 말한다. 아리스토텔레스가 언급했듯이 인간은 사회적, 정치적 존재이기에 신학자들 역시 사회적 자아로서 다양한 공중들과의 관계 안에서 공적 담론의 형성을 위한 적절한 해석과 접근을 요청받게 된다.

교회와 신학이 실수하는 것은 그들이 연구해야 할 다양한 공중들에 대한 인식이 부족할 뿐 아니라 자신이 담론들과 무관하다는 안일한 생각을 가지기 때문이다.[6] 신학은 인간의 근본적인 물음과 진리에 대한 수많은 전

---

5   김창환, "교회의 공적 중요성과 공공 신학의 제기", 76-77.
6   David Tracy, *The Analogical Imagination: Christian Theology and the Culture of Pluralism* (New York: The Crossroad Publishing Company, 1981), 3.

통과 의미의 담론의 연속이다. 또한, 역사적으로 다양한 공중들의 질문에 응답해 왔고 앞으로도 대답해야 할 책임이 있다. 그래서 트레이시는 공공신학의 영역으로 먼저 '사회', '학계', '교회'로 구분했다.

첫 번째 공중은 '사회'이다.

이는 세 가지로 세분화된다. '기술경제', '정치', '문화'의 현실(realm)이다. 기술경제는 상품의 생산과 유통, 서비스 산업에 관한 조직과 관련되어 있다. 기술의 가치를 인정하고 상품의 거래와 소비연결망을 통해 사회 전반에 영향을 미치는 현실로서 기능적이며 제도적인 합리성을 기반으로 한다. 현대 사회에서 제도적 합리성은 공중들에게 하나의 패러다임으로 작동한다. 하지만 그 이면에 성찰적이며 관계적인 이성에 대한 다른 욕구들이 요구되고 있다.

합리적 이성의 논의를 넘어서는 또 다른 차원의 이성이 필요한데 '시민담론'(civic discourse)이나 '공공 철학'(public philosophy)이 그 예이다. 또 다른 현실인 '정치' 현실도 비슷한 토대를 갖는다. 폴리스의 시민들은 정치 영역에서 합리적으로 이해 가능한 개념들의 토대 위에서 대화와 토론을 진행하고 공공 철학이나 공적 담론을 형성시킨다.

가장 대표적인 논의가 존 롤즈(John Rawls)의 정의론이다. 그는 개개인의 독립된 자아들이 이성적인 논의를 통해 합의된 정치 구조 안에서 이상적인 정의를 세워 나갈 수 있다고 여겼다. 그러나 개인이 지니고 있는 가치와 의미, 윤리적 질문들은 간과했다. 각자가 속해 있는 종교나 문화의 전통적 배경을 가지고 있기에 합리적 이성만을 가지고 공론장에서 토론하고 여론을 통합하기에는 무리가 있을 것이다.

사회의 공공선을 세우기 위해서는 이성을 넘어서는 다른 이성의 보완이 요청된다. '문화'의 영역도 비슷하다. 사회의 에토스와 세계관, 인식의 원리, 삶의 양식 등을 망라하는 문화는 합리적 이성으로만 구성될 수 없다.

트레이시는 클리포드 기어츠(Clifford Geertz)가 종교를 '문화의 총체'로 이해한 것을 받아들였고, 오랫동안 지속적으로 사람들의 동기를 유발하고 의미를 제공해 온 상징의 체계로서 종교의 중요성을 인식했다. 공공 신학이 사회 안에서 공적 응답을 감당하는 것은 합리적 이성의 한계를 넘어서서 이성적 사유로 답할 수 없는 가치와 의미의 문제들까지 포괄하여, 보다 폭넓은 공공선의 총체적 형성에 기여해야 한다고 여겼기 때문이다.[7]

두 번째 공중은 '학계'이다.

트레이시는 신학이 기독교의 특수한 공동체와 사상을 통해 형성되어 온 것이 아니라 일반대학 안에서 하나의 학문 분과로서 발전해 온 공적 이성의 영역이라고 주장한다. 이런 입장에서 기여했던 대표적인 신학자로 앤더스 니그렌(Anders Nygren)과 볼프하르트 판넨베르크(Wolfhart Pannenberg)를 꼽았다.

니그렌은 언어 철학과 가치 중립(valuefree)적인 동기(motif) 연구에서 신학의 학문적 특징을 토대로 '사랑'을 연구했으며, 판넨베르그는 종교학의 테두리 안에서 '계시'를 역사적 이해로 접근했다. 신학이 일반학문에 포함되지 않고 교회에서만 통용될 때, 신학만의 특수성은 보전이 되겠지만 세상을 향한 신학 본연의 역할은 왜곡될 수밖에 없다. 신학은 현대 학문 안에서 의미와 가치를 성찰하면서 공적 담론 안에 일반 이성이 관찰하지 못하는 영역에서 기여할 필요가 있다.[8]

세 번째 공중은 '교회'이다.

교회는 그리스도인의 특수한 공동체이지만 트레이시는 사회학적이면서도 신학적인 현실로 들여다본다. 교회는 제3의 공중으로 하나의 기관과 조직체이다. 개인들의 정체성을 형성하고 공동체 안에서 상호 관계의 사회화를 이루며, 전통적인 의미의 공유체가 된다. 물론 교회에 대한 사회

---

[7] Tracy, *The Analogical Imagination*, 6-14.
[8] Tracy, *The Analogical Imagination*, 15-20.

학적 이해가 교회를 기능적인 차원으로 환원시킬 가능성이 있지만, 마치 철학과 신학이 대화하듯 교회를 사회 안에서 새롭게 인식할 수 있는 관점을 제공할 것이다. 그런 시도는 트뢸치(Troeltsch)나 본회퍼, 로빈 길(Robin Gill), 피터 버거(Peter Berger) 등에게서 이미 이루어졌으며 신학을 하나의 주요한 공적 이성이나 담론으로 여기도록 해 주었다.[9]

트레이시의 이런 분류는 신학과 신학자들의 영역이 교회 안으로 한정되는 것이 아니라 보다 넓은 공중들과 협력하면서 이성의 한계를 넘어 사회의 공공선에 기여할 가능성을 제공하려는 것이다. 신학은 근본적인 질문들에 대해 자신의 전통에 비추어 설명하면서 의미와 진리의 문제들에 있어서 공중들을 위한 공공성의 형성에 기여할 수 있기 때문이다.

2. 맥스 스택하우스: 세계화(globalization), 정치 경제(political economy)

스택하우스는 트레이시의 삼중 영역에 동의하면서도 새롭게 변화되는 시대에 따른 새로운 공중에 대한 이해가 필요하고 주장한다. 세계화 시대에 전 지구적인 차원까지 확장된 영역에서 신학의 공적 참여는 영역의 제한을 둘 이유가 없다. 신칼빈주의의 사상에 서 있는 스택하우스는 창조, 섭리, 구원의 흐름을 따라가면서 모든 인류를 사랑하시는 하나님께서 그리스도인이 모두를 위한 정의에 헌신하길 원하시기에 전 지구적 차원의 공적 참여를 제안해야 한다. 하나님의 사랑과 자비는 보편적이며 모든 문화권의 사람들이 향유할 수 있어야 한다. 그런 보편적인 하나님의 사랑은 창조사건과 예수 그리스도의 활동 안에서 가장 잘 나타난다.[10] 이런 스택

---

9   Tracy, *The Analogical Imagination*, 21-28.
10 새세대교회윤리연구소, 『공공 신학이란 무엇인가』, 32.

하우스의 입장은 세계화와 정치 경제 영역에서도 마찬가지이다. 종교가 사회적, 경제적 발전에 상당한 영향을 미친다는 베버의 논의와 맥을 같이 하며, 특히 세계화 상황에서 기독교가 사회적 에토스 형성에 적절한 역할을 해야 한다고 주장한다.

『프로테스탄트 윤리와 자본주의 정신』에서 베버는 한 사회에 자리 잡은 종교적 특성이 그 사회의 경제적인 발전, 인권 보호 그리고 다원주의적인 시민 사회의 발전을 촉진시키거나 억제하면서 문화 형성에 결정적인 역할을 미친다고 보았다.[11]

스택하우스는 특정 사회의 종교적이고 윤리적인 전통들이 얼마나 그 사회 체제와 밀접한 관련이 있는지 살피면서 개방적이고 공평한 경제 체제의 형성은 건강한 시민 사회의 존재 여부에 달려있다고 말한다. 그러한 경제 체제는 도덕적이고 영적인 부분에 깊이 의존하기 때문이다.

스택하우스는 가난으로 고통받는 사회와 새로운 부를 창출할 수 있는 역동적인 사회의 깊은 간극은 바로 도덕 자본(Moral capital)에 있다고 힘주어 강조한다. 자본주의의 발전을 이해하려면 그 사회의 경제적 자원들을 파악해야 하고, 그러한 조건을 공급하는 도덕적이고 정신적인 외형들을 살펴야 한다. 이를 통해 종교적이고 윤리적인 역동성이 자본주의와 시민 사회에 미치는 영향을 깨닫게 될 것이다.

스택하우스는 정치 경제에서 종교가 미치는 영향을 크게 세 가지로 특정했다. 바로 '과학 기술의 신학적 특징', '기업의 교회적 특징', '경영의 청지기적 특징'을 제시한다. 종교를 향한 믿음은 세속화 이후 합리적 이성을 통해 과학기술에 대한 맹신으로 이어졌다. 공동체에 빵을 제공하고 분배했던 기업의 초창기 모델은 교회 공동체의 원형을 그대로 담고 있다. 공동체와 조직을 운영하고 그것을 소명으로 생각했던 종교개혁의 전통은 경영이라는 책임 있는 자세를 요청했다. 다시 말해 정치 경제의 영역은 본

---

[11] 새세대교회윤리연구소, 『공공 신학이란 무엇인가』, 34.

래 종교가 지니고 있었던 기능들이 분화된 것이지만 그 바탕은 여전히 종교스러운 특징이 남아 있다는 것이다.

스택하우스가 관심을 두었던 정치 경제는 지구화로 인해 전혀 다른 상황을 맞이한다. 세계화로 가는 기업적 자본주의를 긍정하지만, 상당한 부를 누리는 새로운 현실의 이면에 무엇이 있는지 언급한다. 앞서 언급한 종교적, 신앙적인 면들이 상실되는 것을 안타까워하면서 그는 부의 불평등으로 고민하는 약자들에게는 시장 경제 체제가 해결해 주지 못하는 재분배의 역할이 정부와 교회의 몫으로 남는다고 말한다.[12] 스택하우스의 관심은 개방적이고 시장 중심적인 경제 체제에서 좀 더 나은 질서와 에토스를 만드는 데 있다. 자본주의 시장 경제 체제가 가지는 장점이 분명하지만 생산, 분배, 소비에서의 불평등한 구조와 왜곡을 어떻게 해결할 수 있을까를 염두한다.

모두가 자유롭게 시장에 참여하고 활동할 수 있다는 자유주의 체제가 왜 이런 불평등 현상을 가져올까?

스택하우스는 시장 경제 제도의 두 기둥인 애덤 스미스(Adam Smith)와 베버를 비교하면서 그들이 이 제도의 이면에 관심을 두고 있음을 지적한다. 스미스는 '보이지 않는 손'(invisible hand)이 시장 질서를 안전하고 균형있게 운영할 것이라는 이상을 가지면서 정부의 개입을 최소한으로 해야 한다고 말했고, 막스는 계급 간의 투쟁을 통해 부의 불균형을 타파해야 한다고 보았다. 이들은 인간이 가지는 본질적인 측면을 고민하는데 특히 베버는 정신, 영적인 차원과 도덕과 윤리적인 원리가 경제 영역에 미치는 중요성이 분명하다고 말한다.[13]

---

[12] Stackhouse, 『지구화, 시민 사회, 기독교윤리』(*Capitalism, Civil Society, Religion, And the Poor*), 심미경 역 (서울: The Pastor's house, 2005), 82.

[13] Stackhouse, *Public Theology and Political Economy* (University press of america, 1997), 85. 베버는 개신교 윤리 중에서도 금욕주의가 자본주의 정신의 발전에 크게 영향을 미쳤음을 주장하면서 역사적으로 네 가지 단계의 금욕주의를 설명한다. 칼빈주의, 경건주의, 메서디즘, 재침례파이다. 하지만 그 중에서도 수도원 중심의 금욕주의 운동이 칼빈을

기독교는 아이러니하게도 부가 가지고 있는 부정적 요인, 더 나아가 부의 불평등한 분배를 지적하면서도 부의 증식을 신의 은총과 축복으로 여겼기에 가난과 빈곤의 문제를 신앙적으로 충분히 설명해내지 못하는 한계를 드러낸다. 개신교 윤리가 자본주의 정신을 만들어 내고 합리적 시장 경제 시스템의 세계관과 에토스를 제공한 것은 사실이나 그 결과 발생하는 가난의 문제는 개인적인 나태와 게으름, 신의 부재로 몰아가는 이중성을 초래하기도 했다.

베버의 주장을 더욱 발전시킨 스택하우스는 무엇이 공정하고 개방적인 시장 체제인가를 고민하는 동시에 어떻게 그것이 작용하고 있는가에 대한 보다 정확한 이해가 필요하고 주장한다. 근대적이고 개방적인 체제들이 어떤 식으로 발달해 왔는지 인식해야 하며, 특히 사회적 원동력들이 특정한 종교적, 윤리적 전통의 영향력 아래 있음을 언급한다. 성숙하고 발전된 시민 사회와 정직성, 공평성, 책임성, 투명성 등의 덕목이 개방적 경제 체제의 성장에 필요한 조건이기 때문이다.[14]

베버가 말한 그 정신적인 것은 바로 오늘날 말하는 자본주의의 정신이며 그 정신이 근대의 시장 경제를 태동시켰다.[15] 공정한 개방적인 시장 체제들은 이기주의나 파렴치한 탐욕의 장이 아니며, 그것들은 도덕적이고 사회적인 책임에 관한 구조 없이는 존립할 수 없다. 사회를 공정하게 유지할 수 있는 통합적 체제하에서 자본주의는 성숙할 수 있다. 최근 사회적

통해 일상 안으로, 경제적 삶의 현장안 으로 들어온 것에 주목할 필요가 있다. 수도자들처럼 철저히 하나님을 향해 고행하는 삶을 이상적으로 여기는 사회에서 일상을 수도자처럼 살아야 한다는 윤리적 논의는 개신교 내의 상당한 설득력을 갖기 시작했다. 금욕적 생활 태도는 죄로부터 스스로를 지키는 것은 물론이고 비그리스도인과 차별성을 두는 외적 형태인 동시에 경제 생활에 집중할 수 있는 끊임없는 동기를 부여하기 시작했다. 금욕은 수도원과 개신교들에게 막대한 부의 축적을 가져왔고, 이익 추구를 신앙적으로 합리적으로 합법화시켜 신의 뜻으로 여기는 결과를 초래했다. 부의 추구가 영리 추구 욕망의 산물이 아니라 직업과 노동에 대한 성실한 수행을 의미했고, 정직과 근면의 척도로 여겨지기도 했다.

[14] 새세대교회윤리연구소, 『공공 신학이란 무엇인가』, 36.
[15] Stackhouse, *Public Theology and Political Economy*, 88.

자본(social capital)이나 문화적 자본(cultural capital)에 대한 논의가 한창인데, 양극화로 고통받는 사회의 새로운 윤리적 함의를 창출하고 사회의 역동성을 더하기 위해서는 시장 경제 이면에 있는 정신적인 자본의 중요성을 인식할 필요가 있다.[16]

세계화된 정치 경제 영역에서 종교는 제외될 수 없으며, 부와 빈곤에 대한 새로운 해석을 제공하고, 사회적 영향을 통해 자본주의를 견제할 수 있도록 교육할 뿐 아니라 실질적으로 연대할 수 있는 장을 제공해야 한다. 막스와 그 후예들은 사회적 차별과 경제적 불평등을 조장하는 차원에서 종교를 아편으로 분류했지만, 자본주의의 출발과 형성 배경에 기독교가 미친 영향들에 대해 정확하게 평가하고 있는지가 의심스럽다.

어떻게 자본주의가 발전해 왔는지를 그 배경이 되는 사상과 신앙 그리고 관습의 깊은 사조들을 연구한다면 종교를 결코 외면하지 못할 것이다. 단지 물질적인 관심이나 생존의 법칙이 아니라 지적이고 문화적이며, 사회적인 것들이 어떻게 결합하여 역동적인 사회의 조건들을 제공해 주는지 이해가 필요하다.

3. 김창환: 미디어, 시민 사회

김창환은 공공 신학의 영역을 여섯 가지로 구분한다. 국가, 시장, 학계, 종교, 미디어, 시민 사회이다. 먼저 국가는 지역 및 중앙 정부, 의회, 사법권, 군대 및 공공 부분을 포함한다. 주요 기능은 정책 수립, 법률 및 질서의 유지, 경계 내의 사회 정치적 안보 및 국민 복지의 제공이다. 시장의 주요 기능은 구성원과 보다 광범위한 사회에 물질적 안정 및 번영을 제공하는 것이다.

---

[16] Stackhouse, 『지구화, 시민 사회, 기독교윤리』, 35.

학계는 대학과 고등 교육 기관, 연구센터 및 학교를 포함하며 구성원과 다른 사람을 위한 연구, 출판 교육을 제공한다. 종교는 주로 제도화된 종교 및 종교적 체제로 한정되지만 다양한 형태의 개인 영성을 가진 다수의 사람도 포함한다.[17]

김창환이 트레이시나 스택하우스와는 다르게 언급했던 부분이 바로 '미디어'와 '시민 사회'이다. 새로운 시대적 상황에서 시민 사회와 미디어 영역은 담론이 형성되고 전파되는 주요한 장이기 때문이다. 국가 및 시장 경제와 함께 미디어는 민주주의 사회에서 주요 기관으로 방송 매체, 출판 인터넷 및 문화를 중재하는 다양한 매체를 포함한다.

미디어는 공공권의 개인 및 법인의 활동을 보도하고 평가하고 정보와 오락의 교환을 향상하는 기능을 제공한다. 시민 사회 영역은 모든 NGO, 지역 공동체, 다양한 이익 단체 및 특정한 이슈를 위한 지지 운동과 캠페인을 포함한다. 시민 사회의 주요 기능은 공공권에서 단체의 공헌을 향상시키고 또한 정부와 시민들의 사이에서 공공의 문제를 해결하기 위한 중재자로서 활동한다.[18] 시민 사회는 가정을 지지하고, 결혼 생활을 유지하며, 친구와 이웃을 만나고 하나님을 경배하는 곳이다.

로버트 우스나우는 시민 사회의 재건을 위한 자원으로 종교의 소그룹을 주목한다. 많은 교회에서 성도들은 자신들의 영성을 기를 수 있는 장소를 원하기에 설문에 응답한 10중 4명은 정기적으로 만나고 구성원들에게 돌봄과 후원을 제공하는 소그룹에 속해 있다고 말한다. 응답자의 4분의 1은 그 모임이 성경 공부나 기도 모임이고 또 다른 4분의 1은 알코올 중독자 가정의 성인 자녀들 모임이나 가족 지원 모임이라고 답했다. 응답자의 상당수가 소그룹이 자신의 신앙과 영성 생활에 도움이 된다고 답했고, 56%는 소그룹에 참여한 결과 평화와 사회 정의에 더 많은 관심을 갖게 됐다고 고백한다.[19]

---

[17] Sebastian Kim, *Theology in the Public Sphere* (London: SCM Press, 20110), 12-13.
[18] 김창환, "교회의 공적 중요성과 공공 신학의 제기", 77-78.
[19] Robert Wuthnow, *Sharing the Journey: Support Groups and America's New Quest for*

종교의 소그룹이 단순히 개인의 영성과 종교성을 위한 장이 아니라 시민 사회의 건강한 참여와 더 높은 차원의 가치를 지향하게 하는 장이다. 교회의 소그룹 모임은 개개인의 삶의 태도와 가치관 형성에 상당한 기여할 뿐 아니라 지역 사회를 훨씬 더 역동적으로 이끌어가는 주요한 기관이자 원동력이다.

종교의 참여나 역할에 관한 추상적인 논의에서 머물지 말고 지역 사회 안에서 지역교회의 실천적 차원에서 접근하면서 지역 문화와 공공선 증진에 관심을 두어야 한다. 마을기업, 주민 인문학 모임, 지역발전을 위한 공론장 형성, 도서관 등을 후원하고 이를 통해 일상의 삶을 윤리적 방식으로 재구성해야 한다. 하버마스가 후기 세속 사회에서 종교가 윤리나 도덕적 가치의 재형성에 주목했던 것처럼 공공 신학은 사회적 정서와 문화적 변혁의 기능을 감당해야 할 것이다.[20]

기독교가 공적 영역과 소통하는 여러 가지 방식이 있겠지만, 미디어만큼 강력하면서도 효과적인 도구는 없을 것이다. 미디어 역시 공공 신학의 중요한 영역이다. 하버마스는 공론장의 성격을 자유롭게 민주적인 방식을 통해 공공 담론을 형성해 내는 주체들과 자리임을 말할 때, 미디어 세계 역시 담론 형성의 장으로 현대인의 삶에 밀접하게 관여하고 있기에 현대 사회의 주요한 공론장임이 분명하다.

디지털 시대에서 각 개인은 하나의 조직과 공동체에 속하기보다 다양한 네트워크를 통해 다양한 정보, 의미, 가치를 습득하기에 그 정체성을 모호하거나 왜곡되게 할 가능성이 높다. 실제로 인격적 관계나 친밀한 현실적 교제가 없는 삶은 타자를 향한 사랑과 사회적 책임에 있어서 무감각해질 수 있으며, 자신에 대한 객관적인 판단조차 어렵게 만들 수 있다.

Community (New York: Free Press, 1994), 김창환, "교회의 공적 중요성과 공공 신학의 제기", 69-72에서 재인용.

[20] 성석환, "지역 공동체의 문화복지를 위한 공공 신학의 실천적 연구", 261.

오늘날 디지털 미디어 환경에서 교회들이 잘 대응하고 있는 것처럼 보이는데, 교회마다 홈페이지를 단장하고 홍보하며, 페이스북과 트윗 등으로 기독교 관련 메시지를 홍보한다. 래이첼 바그너(Rachel Wagner)는 이런 형식을 '종교 온라인'(Religion Online)으로 설명했고 그 반대 형식을 '온라인 종교'(Online Religion)라고 말한다.

'종교 온라인'은 한쪽으로 정보를 흘려보내지만 '온라인 종교'는 양방향의 의사소통 구조를 취한다. 한 방향으로 정보를 흘려보내는 체제에서는 적극적인 참여가 발생할 수 없다. 디지털 미디어의 소통 구조가 참여적이고 수평적인 것을 생각할 때, '온라인 종교'는 다양한 교회 공동체나 목회자들 그리고 일반인들을 연결시켜 단단하거나 느슨한 유대감을 갖게 한다. 이를 통해 교회의 소속감에 변화가 생기며 공동체라는 경계는 모호해지고, 가상적인 신앙 공동체 활동이 활발해지며 현실적인 교회 공동체의 소속감은 약화할 수 있다.

온라인 성도들이 신앙인이라고 인식하는 이유는 교회는 가지 않지만, 가상의 공간 속에서 서로 소통하고 참여하기에 그것을 신앙 활동을 생각하기 때문이다. 최근에 코로나19 바이러스로 인해 온라인으로 예배를 드리면서 교회들은 온라인을 기반으로 한 새로운 예배와 교회 형태를 고민 중에 있다.

피셔 닐센(Fischer-Nielsen)과 스테판 겔프그렌(Stefan Gelfgren)은 웹 2.0 환경이 소통의 다양성과 존재의 관계성을 증진시키기보다 이미 스스로 체계화된 신념을 보충해 주거나 강화시키는 방식으로 작용한다고 지적한다. 가치와 신앙은 자동적으로 형성되거나 발전하는 것이 아니라 공통의 신념 체계를 공유하는 공동체를 통하기에 소속감을 잃어버린 믿음과 신념은 자기 논리를 반복하며 생명력을 잃고 만다.

디지털 미디어 시대에 다양하게 노출된 정보의 홍수 속에서 각자가 믿고 따르는 신념과 의미의 내용을 고민해야 하지만 동시에 어디에 속한 존재인지도 함께 고민해야 한다. 디지털 공동체의 참여적, 소통적 장점과 함께 그들의 현실적인 한계를 자각하고 인간의 소속에 대한 요구를 지역 교회 공동체 안에서 찾을 수 있도록 도울 필요가 있다.[21]

글로벌 미디어 환경은 보다 큰 영역과 플랫폼에 기독교가 참여할 기회를 제공한다. '미디어 도시'(media polis)에서 개인들은 사적인 존재로 활동하고 관계를 맺는 것이 아니라 공적 이슈에 대해 종교적, 사회적, 정치적으로 영향력을 행사한다.

미디어란 중재의 공간 안에서 인간의 상호적 행위는 어떠한 도덕적 가치와 기준 없이 서로에 대한 비판과 자극적인 영상과 이미지에 쉽게 영향을 받을 수 있기에, 이 영역 안에서 신학의 역할이 더욱 요청된다. 종교의 미디어화는 교회 성장의 수단이 아니라 기독교의 선한 가치와 이해를 전할 통로로서 선용되어야 할 것이다.[22]

미디어 영역에서 공과 사의 영역이 명확하게 구분되지 않지만, 공적 이슈를 다루는 데 있어서 미디어의 영향력이 강력하기에 공공선의 증진을 위한 방향으로 여론을 형성하고 전달하는 미디어의 역할을 강조해야 한다.[23]

살펴본 것처럼 학자마다 공적 영역과 신학의 역할을 다양하게 구분한다. 따라서 공공 신학은 포괄적인 공공 영역을 세워야 할 필요가 있다. 하버마스가 의사소통 행위 이론을 제시하면서 공공 영역을 시민 사회의 사회적인 공간에 위치시켰지만, 스톨라는 마리온 영을 인용하면서 공적 영역의 다원성을 확보하여 공론장의 틀을 두텁게 하는 데 관심을 둔다.

예를 들어 남아프리카공화국의 인종 차별 정책(Apartheid)에서 공공 신학자들은 주류 사회에서 배제된 다양한 침묵과 목소리들을 경청했고, 감추어져 있던 공적 분노를 정부와 국회에 전달했다. 차별에 관한 공론장을 비

---

[21] Esther McIntosh, "Bookreview: Belonging without Believing", *International Journal of Public Theology* 9 (2015)
[22] Jenny Anne Wright, "With Whose Voice and What Language?", 169-170.
[23] Graham, "Showing and Telling: the Practice of Public Theology Today", *Practical Theology*, Vol 9, June 2016, 148-149.

주류, 피억압자의 다양한 목소리를 포함하는 포괄적인 공론장을 구축하면서 주류의 소통 방식과 힘의 논리를 따르지 않고 다원화된 입장과 다양한 표출을 시도한 것이다. 교회와 신학이 힘의 중심에서 밀려났지만 다양한 미디어 매체와 시민 사회 영역과 연대하여 폭넓은 영역을 확보한 것이다.

스톨라는 공공 신학의 우선적 과제가 공공 영역을 확대하는 것이며 각각의 상황에서 여전히 배제되는 새로운 희생자들, 즉 의사소통의 방식과 기기에 원천적으로 접근하지 못하는 이들을 살펴야 한다고 주장한다.[24]

새로운 공공 영역은 계속해서 등장할 것이다. 중요한 것은 그러한 공론장이 한쪽으로 기울지 않도록 하는 것이고, 참여의 과정에서 다양성을 지속적으로 확보하는 것이 필요하다. 공공 신학은 대화와 타협을 위한 장을 확대시키고 공동체들의 공동체로서 소통의 중개자와 대변자로서 스스로를 인식해야 할 것이다.

---

[24] Storrar, "The Naming of Parts: Doing Public Theology in a Global Era", *International Journal of Public Theology* 5 (2011),

제8장

공동체성을 향한 요구

공적 영역에서 공론장의 대화가 아닌 기독교의 독특성과 차별성을 강조하는 입장은 무엇일까?

사회 정의를 외치고 평화를 향해 행진하며 정치의 한복판에서 복음의 가치를 세우는 것이 중요하지만, 그것을 가능하게 하는 신학의 방향성과 신앙의 참된 의미를 교회 공동체 안에서 성찰하려면 어떻게 해야 할까?

신학과 신앙의 자리가 처한 상황에 따라 다른 의미를 지니겠지만, 우리는 본회퍼의 예에서 한 가지 흥미로운 사실을 발견할 수 있다. 1935년 본회퍼는 신학생들을 훈련시키고자 핑켄발데(Finkenwalde)에 작은 신학교를 마련한다.

당시가 히틀러의 통치가 시작된 시점을 감안할 때, 사회 참여라는 적극적인 행동을 취하는 대신 수도원과 같은 공간에서 무엇을 했던 것일까?

본회퍼는 그곳에서 독서와 찬양, 기도, 노동을 통해 제국주의적인 현실을 이겨 낼 수 있는 목회자들을 양성했다. 본회퍼의 친구이자 전문가인 에버하르트 베트게는 이것이 교회의 정치적 현실에서 도망치는 것이 아니라 오히려 그 현실을 마주하기 위해 준비하는 것이라 말한다.[1] 즉, 교회 밖을 향하기 위해서 교회 안으로 더 깊숙이 들어가는 것이다. 외부로 목소리를

---

[1] Ronald F. Thiemann, *Constructing a Public Theology: The Church in a Pluralistic Culture*, 113.

발하기 전에 내부의 정체성을 확인하고 더 단단하게 다지는 것이다. 세속의 영역에 반대하기 위해서 공적 사회 참여를 적극적으로 펼칠 수도 있으나, 정반대의 방식을 취할 수 있을 것이다. 반대의 진영을 거부가 아닌 포용으로 감싸면서도 자신만의 독특한 해석으로 부족한 부분들을 보완하고 채워주는 방식 말이다.

나중에 본회퍼가 라디오를 통해 히틀러 정권을 과감하게 비판하고 히틀러 암살 모의하면서 유대인의 탈출을 적극적으로 도왔던 것을 생각할 때, 그의 초창기 행보는 영성과 사회 참여가 밀접한 관계가 있음을 알 수 있다. 다시 말해 한걸음 전진하기 앞서서 수많은 기도와 묵상, 공동체의 성찰이 요구된다는 것이다.

후기 세속 사회에서 교회의 공적 참여는 공공 영역에서 공론장을 통한 대화와 토론의 방법이 유일한 것은 아니다. 공공 신학과는 조금 다른 관점에서 행위(doing)의 강조가 아닌 존재(being)의 관점에서 시도하는 입장도 있다. 더 나은 사회를 향한 종교의 다양한 공중들과의 관계 맺음은 기독교의 전통과 공동체의 가치를 선명하게 드러내는 존재론적 차원으로도 가능하다.

공공 신학은 합리적 이성을 전제로 대화와 토론의 방법론으로 취한다면 자신의 존재됨을 선명히 하면서 존재 그 자체로 영향을 미치는 방식이 있다.

바로 공동체성을 강화하는 것이다. 교회가 교회 됨으로, 그리스도인이 그리스도인 됨으로, 정체성을 분명히 하는 전략을 취하는 것이다. 세상 앞에 나서기 전에 자신을 둘러보며 정체성과 공동체성을 분명히 하는 것이다.

이런 입장에 가장 앞서 있는 이는 하우어워스이다. 『교회됨』(*A Community of Character*)과 『하나님의 나그네 된 백성』(*Resident Aliens: Life in the Christian Colony*)에서 하우어워스는 현대인들이 자신의 뿌리와 정체성을 잃어버리고 파편화된 개인으로 현대를 살아가는 것을 비판한다. 동시에 제도권의 기독교가 초대교회의 순수한 복음을 잃어버리고 권력과 결탁한 크리스텐덤(Christendom)의 길로 걸어 왔던 지난날을 비판한다. 그의 메시지는 분명하다. 복음의 공동체, 예수의 내러티브를 담지하는 교회 됨을 회복하는 것으로 세속 문화와 변질한 교회 모두를 세울 수 있다고 선포한다.

하우어워스처럼 공동체성을 강조하지만, 조금 다르게 세속화와 세속주의를 극복하고자 기독교 전통을 주목하는 이들이 있는데 바로 급진 정통주의(Radical Orthodoxy)이다. 급진 정통주의는 20세기 말 등장한 새로운 신학(New Theology)으로, 세속주의에 경종을 울리고 포스트모던의 허무주의와 해체주의를 극복하고자 고전적인 정통주의 신학, 즉 어거스틴과 아퀴나스의 신학 전통을 오늘날 복음적인 정통 신학으로 재정립하려는 운동이다.[2]

급진 정통주의는 기독교의 전통과 실천을 통해 근대 세속주의를 극복하려는 후기 세속(post-secular)의 한 운동으로 90년대 말 밀뱅크, 그레이엄 워드(Graham word), 캐서린 픽스톡(Catherine Pickstock)에 의해 케임브리지대학에서 시작됐고 이를 케임브리지 운동이라 명명하기도 한다.

세속주의의 극복을 위해 밀뱅크는 인간 중심의 윤리와 합리적 이성의 사고를 넘어서는 '신적 윤리'(theo-ethics)를 제안한다. 특히, 은혜, 사랑, 희망과 같은 비물질적 가치와 실천을 지닌 종교의 필요성을 주장하는데, 근대가 상실해 버린 타자성, 인격성, 상호 관계성을 종교가 제공할 수 있다고 보았다.[3] 근대 신학(Modern Theology)은 진보적이고, 새로움을 향해 나아가며, 존재와 부재의 변증법적 대화를 시도하지만, 미래의 전망은 그리 낙관적이지 않으며, 과거와 전통을 희생시킬 우려가 다분하다.

급진 정통주의는 기독교 존재론에서 출발하여 전통이 간직해 온 실천과 교리를 통과하여 근대가 놓치고 있었던, 아니 폐기하려 했던 토대들을 신학

---

[2] 김성원, 『급진적 정통주의 신학방법론』 (서울: 한들출판사, 2008), 18.
[3] Paul Cloke, "Emerging Postsecular Rapprochement in the Contemporary City", *Postsecular Cities*, 242.

적으로 회복하려 한다.[4] 후기 세속 사회에서 종교를 향한 요청이 공공선의 회복과 같은 사회 참여적이고 변혁적인 입장을 지지하는 듯 보이나, 급진 정통주의는 공동체성과 전통, 내러티브, 초월성의 회복을 통해 그동안 놓치고 있었던 인간 존재의 근원적인 물음에 적절한 응답을 내놓으려 한다.

1. 급진 정통주의의 태동과 특징

기독교 정통주의 신학은 모더니즘과 포스트모더니즘이란 거대한 도전을 맞이하고 있다. 모더니즘은 이성적 합리주의, 논리적 형식주의, 인간 중심주의, 이원론으로 무장하여 기독교가 본연의 종교성을 추구하는 것 대신, 객관적이고 합리적인 진리를 추구하도록 기독교를 이성 중심적 태도, 소위 자유주의 신학의 세속화의 길로 안내했다.

그리고 모더니즘의 뒤를 잇는 '포스트모더니즘'(postmodernism)은 '이성 중심주의'(logocentrism)와 '인간학적 환원주의'(anthropological reductionism)의 관점에서 해체주의와 다원주의로 발전하여 기독교의 해주의 신학과 무/신학적 신학(A/theology)을 등장시켰다.[5] 세속의 동화로 신학은 본래의 정신을 잃어 갔으며, 사회 참여를 시도하면서 현실과 타협한 괴물이 되어 버렸다.

급진 정통주의 신학이 급진적인(radical) 것은 '뿌리'(roots)를 재고하기 때문이다. 신학과 사회과학 사이를 기독교 전통을 중심으로 다시 연결시키면서 근대의 정치, 철학, 문화, 예술, 과학 등의 질문에 응답하기 때문이다.[6] 모더니즘과 포스트모더니즘을 극복하기 위해 근대성이 출현하기 이

---

[4] D. Stephen Long, "Radical Orthodoxy", Kevin J. Vanhoozer eds., *Postmodern Theology* (Cambridge: Cambridge University Press, 2003), 126.
[5] 김성원, 『급진적 정통주의 신학방법론』, 5.
[6] Long, "Radical Orthodoxy", 131.

전의 신학적 전통으로 회귀하여 이성과 합리성, 이원론과 인식을 극복하려는 것이다.

이 흐름은 로마 가톨릭의 신신학(nouvelle théology)이라 불리우는 흐름과 이브 콩카(Yves Congar), 앙리 드 뤼박(Henri de Lubac)과도 함께하고 있으며, 초대교부들까지 거슬러 올라가 교회 공동체의 본래적 비전을 새롭게 해석한다.[7] 급진 정통주의는 영국에서 발흥하여 북미 신학에 상당한 영향을 미치고 있으며, 하우어워스, 윌리엄 캐버너, 스미스 등과 연결되어 기독교의 독특성 내지는 절대성을 강조하는 차원으로 나아가고 있다.

급진 정통주의가 '정통'(orthodoxy)이란 용어로 인해 20세기 후반에 등장한 바르트의 신정통주의(Neo-orthodoxy)와 유사하지 않은지 의구심이 들수 있다. 바르트는 신학의 긍정적인 자율성을 인정하면서 이성과 계시를 이원론적으로 그리지만, 급진 정통주의는 그렇지 않다.

신정통주의가 자유주의 신학의 반작용으로 등장한 것이라면, 급진 정통주의는 근대화, 세속화에 대한 반작용으로 등장한 것이다. 모더니즘과 포스트모더니즘의 도전에 대안을 겸하면서 고전적인 신학을 포스트모던 맥락에서 재해석하는 것이라 볼 수 있다. 이원론적인 접근 대신 비신학적인 것도 통섭의 차원에서 신학 안으로 통합될 가능성을 열어둔다. 이것을 급진적이라 부르는 것은 모든 지식을 신적 조명(divine illumination)으로 이해하는 어거스틴의 신학적인 내용을 중심으로 교부 시대와 중세 시대의 신학적 뿌리로 돌아간다는 차원에서 '급진적' 또는 '근원적'이다.[8]

'정통'이 무엇일까?

정통은 사도 바울과 어거스틴, 아퀴나스 그리고 루터와 칼빈의 신학이 갖는 공통분모이며 그 흐름을 잇고 있는 개혁교회의 신학을 정통주의적이라 부른다. 일차적으로 성경은 하나님의 말씀이며, 하나님의 계시로서 정경

---

7   Steven Shakespeare, *Radical Orthodoxy: A Critical Introduction* (London: SPCK, 2007) 33.
8   John Milbank, *Radical Orthodoxy: A New Theology*, 2.

임을 고백하는 것이며, 또한 인간의 구원은 하나님의 은총 역사 안에 있고, 예수 그리스도의 보혈을 통해 죄 사함을 받아 구원에 이른다는 절대적 진리를 고수한다. 정통주의 신학의 핵심은 '오직 성경'(sola scriptura), '오직 믿음'(sola fide), '오직 은총'(sola gratia)이라는 종교개혁의 슬로건을 따른다.[9]

밀뱅크는 급진 정통주의 신학이 다시금 공적 영역으로 신학을 끌어내어 인간 사고와 행위 전반에 관해 다루는 것이라 주장한다. 이런 신학은 자유주의나 신정통주의로 규정될 수 없고 오히려 발타자르(Balthasar)가 표현한 대로 은총이 흡수한 신앙과 자연적 이해 사이의 판단 유보된 중간 지대의 영역에 위치하려 한다.[10] 기독교 전통의 깊은 신학 자료들을 흡수하고 특히 교부와 중세기의 근대 이전의 자료들을 복구하여 포스트모더니즘을 향해 말을 건다. 이들은 자유주의 신학의 특징인 근대적 오만도 현대 신학의 포스트모던적 오만도 모두 거부한다.

자유주의와 보수주의 신학 모두 실패한 원인은 그들이 부분적으로든 전적으로든 사회과학의 세속 이성을 전제로 자신들의 논리를 전개하기 때문이다. 스티븐 셰익스피어(Steven Shakspeare)는 근대 신학 이후에 전개되어 온 해방 신학, 여성 신학, 생태 신학이 각자의 상황에서 적절한 비판과 교회의 응답을 시도하고 있지만, 마르크스의 사회과학 방법론을 취하거나 기독교의 가치와 개념을 추상화시키면서 본래의 목적을 쇠퇴시킨다고 비판한다.[11] 그는 급진 정통주의가 씨름하는 것들을 크게 네 가지로 설명했다.

---

[9] 이런 입장이 복음주의와 유사하게 보이지만 복음주의는 첫째, 성경을 하나님의 무오한 말씀으로 믿는 것과 둘째, 그리스도의 신성을 인정하고, 셋째 그리스도의 삶과 죽음 그리고 육체적 부활이 인간의 영혼구원에 실재적인 효력을 가진다고 보는 입장이다. 물론 급진 정통주의와 차이점이 극명하게 드러나는 것은 아니지만, 급진 정통주의와 다른 것은 고전적인 기독교 전통의 신학을 취하고, 급진적으로 해석하는 부분일 것이다. 김성원, 『급진적 정통주의 신학방법론』, 25.

[10] Milbank, "서문", James K.A. Smith, *Introducting Radical Orthodoxy*, 한상화 역 『급진 정통주의 신학』(서울: CLC, 2011), 13.

[11] Steven Shakespeare, *Radical Orthodoxy: A Critical Introduction* (London: SPCK, 2007), 14-19.

첫째, '이원론'(dualism)**이다.**
교회와 세상, 진리에 접근하는 기독교 신학과 다른 모든 학문 사이를 구분하는 것을 거부한다.

둘째, '제국주의'(imperialism)**이다.**
크리스텐덤(christendom)적인 기독교 왕국, 기독교의 승리주의적인 모습을 죄로 규정하면서 그것을 거부하고 특정한 정치적 행위를 반대한다.

셋째, '뿌리 없음'(rootlessness)**에 거부한다.**
급진 정통주의는 진정한 공동체의 책무와 소속감을 강조한다.

넷째, '일원론'(monism)**이다.**
하나님은 타자성을 무시하고 세계의 통전성을 위협하는 방식을 거절한다고 주장한다.[12]

급진 정통주의는 초대교회에 주어진 성령의 통찰들이 현대교회와 세계에 대해 말할 것들을 많이 가지고 있다고 확신하는 상당히 최신의 것인 동시에 전통에 깊이 헌신되어 있는 운동이다. 세상의 흐름과 변화에 관심을 두기에 세상을 탐구하는 학문과 교류하지만, 복음과 문화적 가치 사이의 연관성을 증명하고자 하는 것이 아니라 복음이 이런 가치들에 도전하게 하는 방식으로 이 세상을 탐구해 나간다. 즉 단순히 하나의 신학이 아니라 세계의 모든 측면에 관한 광범위한 기독교적 담론으로서 사회적 관계, 경제 조직, 정치적인 형성, 미학적 표현 등에 대한 적절하고도 철저한 기독교적 담론을 생산한다.[13]

그렇다고 급진 정통주의가 단순히 과거를 그리워하면서 과거로 돌아가는 방식으로 접근하는 것은 아니며, 전통을 신학적 성찰의 조건으로 다시 생각하고자 하는 것이다. 그것은 이미 전제된 것들에 대해 재고해 보도록

---

[12] Shakespeare, *Radical Orthodoxy*, 150.
[13] Smith, 『급진 정통주의 신학』(서울: CLC, 2011), 92-93.

촉구하기에 하나의 체계, 방법론 또는 공식이 아니라 하나의 '해석학적 성향'이자 '형이상학적 비전'이라고 할 수 있다. 워드는 급진 정통주의가 하나의 프로그램을 가지고 있지 않으며 어떠한 본부가 있는 것이 아니며, 예일 학파처럼 어떠한 결정성을 가지고 있지 않다고 말한다.[14]

스티븐 셰익스피어도 그것이 근대 이전을 변호하거나 신앙을 과거로 돌리려 하는 것이 아니라 오히려 모던과 포스트모던 철학에서 영향을 더 많이 받아왔으며 신앙과 이성 사이의 적절한 긴장과 연합을 시도하는 것이라 주장한다.[15] 워드, 밀뱅크, 픽스톡은 모두 급진 정통주의를 어떠한 기관적인 의미에서 하나의 학파 또는 운동으로 말하기를 경계하면서 어떠한 방향성과 프로그램으로 정립하지 않았다.

2. 네 가지 신학적 방법론

급진 정통주의는 고전 철학부터 출발하여 중세 신학과 현대의 사상적 흐름을 고려하면서 신학의 정통성을 급진적인 현실주의로 재해석하는 작업이다. 고전 철학은 플라톤의 우주 존재론과 신플라톤주의 철학을 언급하고 있으며, 중세 신학은 어거스틴, 스코투스, 아퀴나스 등을 다루며, 현대 가톨릭 사상에서는 뤼박과 한스 폰 발타자르(Hans Urs von Balthasar)의 신학 사상을 주목한다. 또한, 바르트, 비트겐슈타인, 들뢰즈, 데리다, 리요타르, 푸코 등의 사상과 아이디어를 검토하고 긍정적인 면은 활용하는 신학 방법론을 전개한다.

---

[14] Ward, "In the Economy of the Divine: A Response to James K. A. Smith", *Journal of the Society for Pentecostal Studies* 25 (2003), 117, Smith, 『급진 정통주의 신학』, 88-89에서 재인용.

[15] Shakespeare, *Radical Orthodoxy*, 149.

그렇다고 성경적 현실주의처럼 문자주의를 추구하는 것을 의미하는 것이 아니라 성경을 통해 세상을 바르게 보려고 시도한다.[16] 근대의 이분법적 사고를 폐기하고 통전적으로 인식하려는 노력은 초대교회와 교부 전통에서 흘러내려 온 '위대한 전통'(The Great Tradition)이며, 한스 부르스마(Hans Boersma)는 이런 방법론을 '플라톤적 기독교 종합'(Platonist Christian synthesis)이라 명명하면서 자연과 초자연, 내재와 초월, 형식과 내용을 하나로 하는 것이라 했다.[17]

그는 근대 이전 기독교의 특징을 플라톤주의에서 찾았고 그것이 붕괴된 시점을 11-12세기 기독교가 성과 속을 구분하면서 자신을 거룩한 질서와 전통으로 규정할 때, 반대로 세상을 속된 것으로 인식하기 시작하면서 이원론으로 빠져들어 갔다고 주장한다.[18]

이런 이원론적 사고를 극복하려는 급진 정통주의 신학 방법론을 몇 가지로 구분할 수 있는데, 신플라톤적 방법, 일원론적 방법, 절대적 메타내러티브 방법이다. 사실 급진 정통주의가 기반으로 하는 신학의 폭과 너비가 상당하기에 한눈에 맥을 잡기가 쉽지는 않다. 그러나 그들이 어떤 주제를 놓고 씨름하는지를 들여다보면 그들의 추구와 방향성을 금방 눈치챌 수 있을 것이다.

---

16 김성원, 『급진적 정통주의 신학 방법론』, 21-22. 밀뱅크는 뤼박을 바르트보다 더 위한 신학적 혁명가로 뽀고 있는데 바르트와 달리 뤼박은 모든 현대 신학이 공통적으로 전제하고 있는 배경을 뛰어 넘기 때문이다. 뤼박은 포스트모던 신학자로서 초기 교부들과 교부 신학으로 돌아가고자 했으며, 스콜라적 토마스주의로부터 출현한 자연과 은총에 대한 이원론적 이해를 해체하고자 했고, 자연은 항상 은총안에 머물러 있다고 주장한다. Milbank, "The Programme of Radical Orthodoxy", *Radical Orthodoxy*, 35. Smith, 『급진 정통주의 신학』, 61에서 재인용.

17 Hans Boersma, *Heavenly Participation: the weaving of a sacramental tapestry* (Grand Rapids: William B. Eerdmans Publishing, 2011), 6-7.

18 Boersma, *Heavenly Participation*, 53-55.

1) 신플라톤적 방법

근대가 존재의 일의성을 서술하는 존재론을 채택하면서 허무주의(nihilism)를 낳았다면 급진 정통주의는 대안으로 피조된 존재의 의존성을 인정하는 '참여적인 존재론'을 제안한다. 다시 말해 허무주의의 대안으로 초월성으로 무장된 내재성을 가진 존재론의 발견이 필요하고 이를 위해 플라톤이 다시 조명되는 것이다.[19]

급진 정통주의의 일차적인 신학의 틀은 신플라톤 철학에 입각한 참여의 존재론이다.[20] 신적 현존에 참여하는 것은 하나님과 연합하는 것이며, 더 나아가 하나님의 형상을 따라 존재하는 모든 존재와 연결되는 '확장적 존재론'이다. 플라톤의 존재론이 성경과 연합하여 초기 기독교에서 신학으로 발전되었기에 급진 정통주의는 근대 이전의 신학에 의한 기독교를 '플라톤적 기독교'(Platonic Christianity)라 명명한다.

플라톤적 존재론은 세상을 이데아의 반영에 의해 존재하는 것으로 이해하며 이것은 신플라톤 철학으로 연결되어 초월적인 것이 내재의 실재로 구현되는 이론으로 발전했다. 물질 세계를 가장 낮은 단계의 현실로부터 가장 높은 절대자(supreme One) 또는 선함(Good)까지 나누면서 누스(Nous)의 현실, 영의 현실로 서술한다. 오직 육체(eros)만이 영의 분할로 분출되며 절대적인 것(the One)을 향한 열망을 지니게 된다. 이런 플라톤의 사상은 철학과 신학에 영향을 미쳐 왔는데, 그가 이성과 형이상학을 강조한 것이 아니라 이성과 제의적인 실천 모두 마지막 존재와 관련되어 있음을 강조한 것이라 볼 수 있다.[21]

---

[19] Smith, 『급진 정통주의 신학』, 139.
[20] Milbank, *Radical Orthodoxy: A New Theology*, 3.
[21] Catherine Pickstock, "Justice and Prudence: Principles of Order in the Platonic City", *HeyJ* XLII (2001), 269-270.

플라톤적 기독교는 세상에 존재하는 모든 것은 신에 의해 존재하는 것이고 신의 역사 안에 있다고 파악한다. 세상에 어느 영역도 신의 영역과 그리스도의 활동 안에 속하지 않는 것이 없다. 급진 정통주의는 세상의 모든 것이 신이 부여한 영역이기에 모든 인간이 궁극적으로 종교적 존재이고, 세상의 문화, 정치, 언어, 경제, 예술 등 모든 것이 신앙 고백적 차원에서 해석되고 이해되어야 한다고 생각한다.[22]

급진 정통주의는 포스트모던 허무주의와 평면적 물질주의의 도전을 넘어서기 위해서 신플라톤주의적 세계관을 제시한다. 신플라톤적 세계관의 배경을 가지고 있는 하나님의 창조 질서의 세계는 조화로운 선의 창조 질서이며 세상은 창조의 세계 안에서만 존재의 의미를 지닌다. 근대 철학의 출발점이라 할 수 있는 칸트는 형이상학에 대해 불가지론적 입장을 취했고, 니체와 하이데거 그리고 데리다는 형이상학의 종말을 선언하지만, 반대로 급진 정통주의는 형이상학의 타당성을 언급한다.[23]

신플라톤적 존재론은 신적 생명(divine life)이 창조된 피조 세계 안에 공유되고 있음을 전제한다. 밀뱅크는 신적인 빛의 조명 안에서 유비적 세계관(analogical worldview)을 붙들면서, 하나님은 모든 선함의 근원이자 자비로운 선물을 넘치도록 부어 주시는 분으로 피조 세계 안에 조화롭게 참여한다고 설명한다.[24] 어거스틴은 플라톤적 배경을 통해 진실된 존재와 실재의 상호적인 특징을 깊이 성찰했으며 하나님만이 진실된 본질(true essentia)이며 그의 존재가 피조물에 공유됨으로 존재의 질서가 규정됨을 간파한다. 피조물들은 신의 선함, 진리, 아름다움에 참여하면서 보다 높은 존재의 영역 안에 함께 공존하게 된다.[25] 이런 신적 현존에 참여하는 가장 확

---

22 Smith, James H. Olthuis, *Radical Orthodoxy and the Reformed Tradition*, 18. 『급진적 정통주의 신학 방법론』, 29에서 재인용.
23 김성원, 『급진 정통주의 신학 방법론』, 30-31.
24 Hans Boersma, "On the Rejection of Boundaries: Radical Orthodoxy's Appropriation of St. Augustine", 418-421.
25 oersma, "On the Rejection of Boundaries", 424.

실한 방법은 성례(sacrament)이며, 이는 오감과 영감을 통해 비유와 상징, 내러티브와 신비를 거쳐 구체화 된다.

급진 정통주의가 거부하는 존재론은 세상과 초월적 세계의 관계성을 부정하는 세계관이며, 입체적인 우주론을 평면적으로 만든 세속적인 물질 중심적 세계관이다. 세상은 창조자나 초월적인 존재와 관계없이 철저하게 닫혀 있고, 세상은 우연히 존재하며 일시적으로 있다가 사라지는 것으로 보는 세속적 모더니티의 허무주의적 성향에 대해 반기를 든다. 모더니티는 닫힌 상태의 자율적 시스템으로서 형이상학적 존재론을 신학에서 분리하여 독립적인 것으로 만들었다. 소위 신을 떠난 자율적 존재론으로 발전시킨 것이 문제이다.[26]

급진 정통주의가 주장하는 물질의 의존성은 이상적이고 초월적인 것에 대한 물질의 의존성으로 물질이 무(無)로 해체되는 것을 방지하는 동시에 참 물질이 되는 것을 제안한다. 픽스톡에 의하면 플라톤의 육체성을 성례전적인 것으로 평가될 수 있는데, 그것은 비환원적인 물질주의를 따르는 존재론에 근거하고, 육화된 실존을 재평가하는 하나의 사회정치적인 삶에 대한 기술을 가능케 하는 것이다.[27] 급진 정통주의자들이 가장 강조하는 '성만찬'은 존재적, 관계적, 언어적, 문화적 차원에서 초월과 내재가 마주하는 장이자 현실로서 근대가 삭제해 버린 종교적, 영적 초월성을 다시 회복하는 가장 확실한 방식이다.

---

[26] 김성원, 『급진 정통주의 신학 방법론』, 31-32.
[27] Catherine Pickstock, *After Writing: On the Liturgical Consummation of Philosophy* (Oxford: Wiley Blackwell, 1998), 19. Smith, 『급진 정통주의 신학』, 143에서 재인용.

2) 일원론적 방법

급진 정통주의는 분명하게 신앙과 이성을 아주 친밀한 두 형제처럼, 서로 얽혀있는 관계로 이해한다. 이원론으로 분리하지 않으면서 각각, 신앙과 이성의 토대 위에서 서로를 이해하고 수용하는 방식이다. 밀뱅크는 이런 사상의 대표 주자로서 어거스틴과 신플라톤주의를 꼽았고 진리와 지식의 두 방향에서 하나님에게 도달하려는 방식을 취한다고 말한다.[28]

급진 정통주의는 이성과 계시 사이, 신앙과 자연을 구분 짓는 이원론에 질문을 가한다. 그것은 신학을 이성과 철학에서 분리하여 특권을 주는 방식으로 끌어 올리지 않으며, 근대성을 극복하고자 근대를 부정하는 방식으로도 논리를 전개하지 않는다. 대신 근대가 신앙과 이성, 신학과 철학 사이에 연결점을 부정했던 방식에서 돌아서려 한다. 밀뱅크는 이런 접근 방식을 크게 다섯 가지로 구분해서 서술했다.

> 첫째, '이성의 언어성'(Linguisticality of reason)
> 둘째, '존재론적 차이'(ontological difference)
> 셋째, '본질을 넘어서는 존재의 우선성'(priority of existence over essence)
> 넷째, '대화의 우선성'(priority of dialogue)
> 다섯째, '모든 인간 사고의 관능성'(sensuality of all human thought)[29]

모더니티 이원론의 문제는 진리를 신화 위(truth over myth)에 두었으며, 내러티브 위에 역사(history over narrative)를 두었고, 특수성 위에 보편성(universal over particular)을, 독자 위에 텍스트(text over reader)를, 신학 위에 철

---

[28] Simon Oliver, "Introducing Radical Orthodoxy: from participation to late modernity", John Milbank, Simon Oliver eds., *The Radical Orthodoxy Reader* (New York: Routledge, 2009), 65-66.
[29] Milbank eds., *Radical Orthodoxy*, 6-22.

학(theology over philosophy)을 두었다는 점이다.**30**

그러나 이런 분리주의를 극복하고 주체와 객체의 일원론을 주장하는 것이 급진 정통주의의 방식이다. 일단 급진 정통주의는 모더니즘의 인식 주체와 인식의 대상으로서 객체를 구분하는 것을 거부하는 포스트모던의 입장에 동의한다. 또한, 주체와 객체의 이원론을 거부하고 내러티브적 관계성(narrative relations)을 따른다. 내러티브적 관계성이란 인격적 변화를 관장하는 것이며 인식의 주체와 객체의 관계라기보다는 내러티브와 인간과의 관계에서 하나님의 영원한 역사적 진행 과정의 한 부분으로 존재를 이해하는 것이다.**31**

일원론적인 방법론으로 설명할 수 있는 가장 대표적인 주제는 바로 존재론이다. 존재의 일의성(univocity)을 가장 먼저 언급한 둔스 스코투스(John Duns Scotus)는 존재를 하나님과 피조물이 같은 방식을 공유하는 제3의 형태로 이해했다. 피조 세계 그 자체 안에 하나님이 참여하는 것이 아니라 하나님의 무한함과 피조 세계의 유한함에도 불구하고 공통의 존재(common being)를 공유하고 있음을 의미하는 것이다.**32**

하지만 둔스 스코투스는 존재를 하나님보다 높은 곳에 위치시키고 존재가 하나님과 피조 세계 모두에게 무엇인가를 분배하는 모양을 취하면서 오해의 소지를 낳기도 했다. 스미스는 오히려 이런 입장이 초월자를 인정하지 않는 세속적, 비유신론적 형이상학으로 발전되어 근대성이 지배하는 내재적인 세속 철학들을 생성하게 됐다고 주장한다.**33**

교회는 특정한 경계와 울타리를 통해 자신의 영역을 구축하는 것이 아니라 보편성(universality)을 지향하며 창조주와 피조물, 내재와 초월을 구분

---

30 Gavin Hyman, *The Predicament of Postmodern Theology: Radical Orthodoxy or Nihilist Textualism?* (Westminster John Knox Press, 2001), 71. 김성원, 『급진적 정통주의 신학방법론』, 33에서 재인용.
31 김성원, 『급진적 정통주의 신학 방법론』, 32.
32 Oliver, "Introducing Radical Orthodoxy: from participation to late modernity", 66-67.
33 Smith, 『급진 정통주의 신학』, 135.

하는 폭력성을 거부하고 성육신과 같은 신적인 참여와 모든 인간의 지체들을 하나의 몸, 그리스도의 공동체적 몸(ecclesial body)으로 연결시키는 확장된 신적인 가족을 제안한다.[34]

이런 참여의 방식은 급진 정통주의의 핵심으로서 유한한 피조 세계를 무한의 경지로 끌어올리는 동시에, 신성한 것의 회복과 허무로부터의 탈피를 가져오는 신적인 은총이자 선물로 이해될 수 있다. 가장 대표적인 모델이 성육신의 참여 방식일 것이다. 그러나 여기에서 경계해야 할 것은 참여적인 방법론이 자연 신학이나 범신론으로 흘러가는 지점이다.

물질성의 긍정과 신적 참여의 논리는 자칫 피조물을 신성화하는 오해를 낳을 수 있다. 급진 정통주의의 일원론적 방법론이 주체와 객체의 엄격한 이분법의 극복을 위한 것이지, 둘 사이의 구분을 제거하여 하나의 존재로 만드는 것은 절대로 아니다. 이것은 필립 블롱드가 언급한 '의존적 물질성'으로서 피조 세계가 창조주 안에서, 창조주를 향해, 창조주와 함께할 때 자신의 존재 의의와 방식을 찾게 된다는 것이다.

3) 대안적 메타내러티브 방법

밀뱅크는 후기 자유주의 신학자인 조지 린드벡(George Lindbeck)의 토대주의(foundationalism)의 형식에 관한 두 가지 비판이 옳다고 동의하는데, 첫째는 우리의 이성적 사유로 대상에 대해 접근이 가능하다는 명제에 대한 거부이며, 둘째는 기독교의 신념이 일반적인 경험에서 나오는 표현들과 동등하다는 생각을 거절하는 것이다.[35]

기독교의 신념과 전통, 내러티브는 근본적으로 인간의 경험과 이성과 공유되는 보편적인 특징을 지니기보다 초월적이고, 특수하며 하나님과의

---

[34] Hans Boersma, "On the Rejection of Boundaries", 422-423.
[35] Milbank, *Theology and Social Theory*, 382.

관계 안에서 이루어진 예전과 전통 속에서 형성된 기독교의 독특성에 강조점을 둔다. 특별히 예수 그리스도의 성육신과 생애가 갖는 독특한 내러티브는 언어, 문화, 전통, 역사 등에서 땅의 그것에 대항적인 차원을 갖는다.

내러티브 패러다임(narrative-paradigm)은 단지 예수의 이야기만이 아니라 예수의 방식을 따라가는 교회의 계속되는 이야기로서 세상과는 차이를, 그리스도와는 조화를 이루며 출발한다. 밀뱅크는 이런 내러티브가 교회의 출발이라고 보았고 다른 내러티브와는 구별되는 복잡성을 띠는 메타내러티브(meta-narrative)라 명명한다.[36]

밀뱅크는 메타내러티브를 가지고 다른 이원론적인 것을 모두 끌어안으면서 일원론적인 해석을 전개한다. 신학적 메타내러티브와 다른 내러티브는 결국 하나이며, 신학적 내러티브는 다른 내러티브를 부정하거나 종속시키면서 평화와 폭력, 성과 속, 허무주의와 기독교의 이원론을 신학적 내러티브로 묶는 접근을 시도한다.[37]

스미스는 이런 밀뱅크의 입장이 주관과 객관이 하나가 됐다는 것이 아니라 상호 보완과 관장의 차원에서 하나이며, 궁극적으로는 신학적 메타내러티브로 정리되는 것이라 주장한다. 즉 서로 조화를 이루어 모든 것이 포함되어 하나로 통합되는 것이다.[38] 메타내러티브는 인식론이 아닌 존재론적 접근을 시도하는 것이며, 단지 좋은 이야기를 들려주는 것이 아니라 세계 내 존재(being-in-the-world)로서 인간을 재구성하는 토대를 새롭게 하는 것이다.[39] 내러티브 안에서 인간은 정체성을 형성할 뿐 아니라, 내러티브가 담고 있는 선과 악, 좋음과 나쁨 등의 덕목들을 발견하게 되고 등장

---

[36] Milbank, *Theology and Social Theory*, 387.
[37] Gavin Hyman, *The Predicament of Postmodern Theology: Radical Orthodoxy or Nihilist Textualism?* (Westminster John Knox Press, 2001), 71. 김성원, 『급진적 정통주의 신학 방법론』, 33에서 재인용.
[38] 김성원, 『급진적 정통주의 신학 방법론』, 33.
[39] Smith, *Imagining the Kingdom*, 169.

인물들의 갈등과 협력을 통해 내러티브가 밝히고자 하는 참된 존재의 원형을 깨닫게 된다.

리요타르가 언급한 것처럼 내러티브는 어떤 논쟁이나 증명하는 과정 없이 그 자체로 타당성을 제공하기에 밀뱅크의 메타내러티브 방법은 자체적 의미의 타당성을 가질 뿐 아니라 근대의 내러티브를 제거하기 위한 신학적 논쟁을 추구하지 않는다. 리요타르가 서술한 메타내러티브, 거대 담론은 근대가 지향하는 하나의 절대적 세계관과 합리성으로 무장한 이데올로기로 이해될 수 있으나, 밀뱅크가 언급한 메타내러티브는 신앙에 의해서, 또는 신앙 안에서 이해되고 수용되는 차원을 이야기하는 것이다. 급진 정통주의는 객관적 해석의 원리와 언어적 가능성을 진지하게 다루면서 일반 이성을 넘어설 뿐 아니라 기독교의 독특한 차이를 강조하는 신학으로서 모든 학문에서 절대적 우위성을 지니게 된다.[40]

기독교는 세속 사회에 더 나은 내러티브를 제공해야 한다. 합리적 논거와 설득력 있는 주장을 통해서가 아니라, 이야기 즉, 서사적인 설득을 통해 하나의 새로운 변증을 시도한다고 볼 수 있다. 이런 서사적 설득은 경쟁하는 다른 존재론들과 그들의 거짓된 신화적인 서사들을 지적하면서 기독교의 대안적인 서사를 제공한다.[41]

급진 정통주의가 이야기할 것을 가지고 있다는 말은 한편으로는 방법론적인 문제일 수 있다. 이런 작업은 필연적으로 내러티브의 방식을 취하는 것이며, 동시에 역사적인 특징을 지니기도 한다. 급진 정통주의 프로그램과 정체성은 근본적으로 대립 이야기이며 역사의 연속성과 진보의 입장이 아닌 단절과 불연속성의 메타 내러티브이기 때문이다.[42]

---

[40] Milbank, "Postmodern Critical Augustinianism", 231. 김성원, 『급진적 정통주의 신학 방법론』, 35에서 재인용.
[41] Robert Webber, *The Youngfer Evangelicals* (Grand Rapids: Baker, 2002), 6장. James K.A. Smith, 『급진 정통주의 신학』, 244에서 재인용.
[42] Webber, *The Youngfer Evangelicals*, 119-122.

근대를 경험하면서 기독교는 근대의 세속성, 법의 형식화, 합리적 도구화, 주권적 통치, 경제적 계약론과 같은 특성들을 수용한다. 그것은 교회의 체제를 공고히 했고 복음으로 둔갑하였으며 평신도들에게 확대되어 세속 권력이 채울 수 없는 도덕적 진공 상태를 매워 왔다.[43] 세속 또는 중립적 과학 그리고 합리성에 대한 급진 정통주의 신학의 비판은 두 개의 날을 가진 칼과 같다. 세속 이론의 기만들을 드러내면서 20세기 신학과 기독교 활동들의 시도들, 특별히 튀빙겐으로부터 유래한 상관주의적 형태들을 철저히 무력화시키고자 했다.[44]

밀뱅크는 기독교 신학과 실천이 이론적 사고, 특별히 철학적 사고의 자율성을 수용하면서 현대 신학 전체는 철학으로부터 합법성을 인정 받고 신앙과 분리된 그 자체의 자율성을 수용했다고 비판한다.[45] 상관주의 신학은 이성과 계시의 이원론을 유지하며, 이성은 과학의 한 영역으로 계시에 의해 보충되거나 압도되는 자율적인 영역으로 간주해 왔다. 바르트가 비록 자유주의 신학을 거부하면서 이성의 절대적인 신뢰를 거부했을지라도 이원론적인 주제 그 자체, 즉 이성과 계시 사이의 이원론적인 벽을 유지하면서 자유주의적 상관주의 패러다임을 그대로 유지해 왔음을 기억할 필요가 있다.

스미스는 상관관계에 있는 현대 신학을 크게 세 가지로 제시하는데, 해방 신학, 신신학, 신정통주의이다. 해방 신학은 정치라는 자연적 영역에 대한 전문가로서 마르크스 사회과학을 수용했으며, 신신학의 장 뤽 마리온은 비록 계시의 특권을 강조했지만, 현대 철학과의 방대한 상관성을 보여 주면서 현상학적인 상관성의 양태를 지지했고,[46] 신정통주의는 자유주

---

[43] Milbank, *Theology and social Theory*, 16-17.
[44] Smith, 『급진 정통주의 신학』, 199.
[45] Milbank, *Radical Orthodoxy*, 21.
[46] Milbank, *The Word Made Strange: Theology, Language, Culture* (Oxford: Blackwell, 1997), 49.

의를 거절하면서 그 지식을 그리스도 안에서 계시 신학으로 설명하려 했으나 철학 자체가 하나님에 대한 참조 없이 존재할 수 없다는 전제를 설정하지 않으면서 어느 정도 이성의 잔재를 남겨두었다고 말한다.[47]

하지만 밀뱅크는 신앙과 이성을 분리하고 서로의 차이점을 강조하고 중첩되는 지점을 거부하는 비상관적인 관계에 반대한다. 그는 야코비와 하만이 이성/계시의 이원론에서 벗어나 어떠한 유한자도 무한자와의 관계성이 없이는 전혀 알려질 수 없다는 입장에 동의한다. 이성은 자연의 타락, 즉 세속을 발견하는 긍정적인 역할을 하지만, 그것도 성육신의 원리와 같이 신적 조명을 통할 때 인식이 가능한 것이다.[48] 다시 말해 그리스도를 통한 신적 참여를 통해 이성의 한계를 극복하고 이성의 본래적 목적, 무한으로 유한을 파악하는 것에 집중해야 한다.

---

[47] Milbank, *Radical Orthodoxy*, 21.
[48] Milbank, *Radical Orthodoxy*, 24.

제9장

급진 정통주의의 신학적 토대

근대의 세속성을 극복하기 위해 근대 이전의 기독교 전통에 대한 급진 정통주의의 탐구는 자연스럽게 기독교의 뿌리에 관심을 둔다. 어제의 신학을 통해 오늘을 해석하고 다시 미래를 향하는 특징을 갖기에 과거의 전통에 대한 세밀한 관찰을 요구한다. 그렇다고 급진 정통주의가 과거 회귀를 주장하거나 중세 기독교의 부활을 꿈꾸는 것은 아니다. 후기 세속 사회의 공적 참여를 무엇을 행할 것인가의 문제가 아니라 어떤 존재로 변화될 것인가, 즉 정체성과 공동체성의 회복에 무게중심을 두려고 하기 때문이다. 급진 정통주의 신학의 토대를 크게 네 가지로 접근하려 한다.

첫째, 어거스틴이다.
모든 신학의 출발점이라 할 수 있는 어거스틴에게서 우리는 존재론의 기초인 사랑에 관한 논의를 탐구할 것이며, 그것이 인간론과 종교의 본질에 있어서 어떤 논의를 가져오는지 살펴보게 될 것이다.

둘째, 아퀴나스다.
아퀴나스는 하나님 안에 참여하는 피조 세계의 본래성을 발견하고 근대가 시도했던 이원론적인 기계주의를 거부하는 온전한 이해를 제안한다.

셋째, 개혁 신학과 급진 정통주의다.
개혁 신학과 급진 정통주의는 다른 출발선상에 놓여 있는 듯 보이지만 창조의 선함과 종말론적 완성에 대해 같은 입장을 지니기에 어느 정도 교차점을 발견할 수 있을 것이다.

넷째, 포스트모던 신학이다.

포스트모던 신학은 모던의 이성적 관점을 비판하고 다양한 관점과 해석의 가능성을 도입할 수 있는 토대를 제공한다. 그렇다면 하나씩 살펴보도록 하자.

1. 어거스틴의 재해석

급진 정통주의가 추구하는 것은 대안적 존재론이다. 이것은 플라톤까지 거슬러 올라가지만 어거스틴의 필터를 통과한다. 밀뱅크는 이런 시도를 '포스트모던 비판적 어거스틴주의'라고 기술했는데 급진 정통주의와 어거스틴적 기독교 유산에 공동 분모가 있다는 해석이다. 포스트모던 사상가들도 어거스틴을 통해 모더니즘의 극복을 위한 하나의 모델로 제안한다. 대표적으로 데리다와 카푸토로 이어지는 '데리다적 어거스주의'는 지식에 앞선 신앙의 구조적 우선성과 종교를 주장하며 특히 사랑의 중심성을 고찰한다.[1]

카푸토는 어거스틴의 종교에 관한 고민이 사랑에 관한 문제라고 보면서 우리가 힘을 다해 하나님을 사랑할 때, 사랑이 하나님의 한 예시인지 혹은 하나님이 사랑의 한 예시인지 잘 모른다고 대답한다. 하나님과 사랑을 동일시하거나 치환하는 방식으로 '종교 없는 종교'(religion without religion) 혹은 '계시 없는 종교'(religion without revelation)를 주장하기도 한다.[2] 카푸토에게 진정한 종교는 우리의 종교와 너희의 종교 사이의 대결을 추구하지 않고 진정으로 그리고 진실되게 종교적이면서도 신을 사랑하는 것이어야 한다.[3]

스미스는 데리다의 어거스틴은 실제의 어거스틴이 아니라고 주장하면서, 어거스틴과 데리다의 차이가 그들의 믿음, 소망 그리고 사랑이 머물렀던 인

---

[1] Smith, 『급진 정통주의 신학』, 150.
[2] Smith, 151-153.
[3] John D. Caputo, 『종교에 대하여』(*On Religion*), 최생열 역 (서울: 동문선, 2003), 137.

물들의 상대적 결정성에 놓여 있음을 깨달아야 한다고 주장한다. 급진 정통주의의 어거스틴 이해는 하나님과의 언약과 관계성에서부터 출발하며, 더 나아가 계시를 통해 세계가 창조된 것, 주어진 것으로 여기면서 성육신과 하나님의 형상과 같은 기독교적인 관념들이 중요하다.[4] 다시 말해 데리다의 어거스틴이 종교적이라면 급진 정통주의의 어거스틴은 신학적이며 전례적인 언어들로 가득 찬 신학적 고백에 의해 구체화한다고 볼 수 있다.

어거스틴은 인간이 하나님과 실재적으로 유사한지, 하나님에 대한 자아인식의 방법이 부족한지에 관심을 두지 않고, 어떻게 하나님의 영광스러운 그리스도를 통하고 그분의 중재로 인해 피조 세계 안에서 진실한 본성을 완성해 가는지에 관심을 두었다.[5] 어거스틴은 인간의 욕망이 복잡하고 다양한 관계망 안에서 형성되기에 개개인의 단일한 자아 안에서 파악하는 것이 불가능하며 인간을 둘러싼 다양한 환경을 고려해야 한다고 보았다.

어거스틴은 '나의 갈망은 당신을 향합니다'(My desire is for you)라는 고백록의 문구처럼 진정한 욕망과 방향은 자아가 아닌 하나님을 향하는 것임을 언급했다.[6] 어거스틴의 사랑 이해는 인간 존재론과 종교의 본질을 탐구할 수 있는 핵심이다. 인간은 무엇인가를 계속해서 사랑하는 존재이며, 그 사랑의 대상과 방향이 어떻게 되느냐에 따라서 자아와 종교가 완전히 달라질 수 있다.

윌리엄 캐버너는 어거스틴이 욕망을 사회적 생산을 가능케 하는 원동력으로 파악했으며, 소비 문화 안에서 조작되고 왜곡된 욕망은 하나님을 향한 진정한 욕망으로 바뀌어야 하며, 하나님을 향하는 선한 욕망의 존재는 그 목적(telos)과 그것을 이루는 과정을 분리하지 않은 채 선하신 하나님 안에 참여해야 한다고 주장한다.[7]

---

[4] Smith, 『급진 정통주의 신학』, 158-159.
[5] Michael Hanby, "Desire: Augustine beyond Western subjectivity", *Radical Orthodoxy*, 111.
[6] William T. Cavanaugh, *Being Consumed* (Grand Rapids: Wm. B. Eerdmans, 2008), 10.
[7] Cavanaugh, *Being Consumed*, 14.

어거스틴이 결론을 맺듯이 하나님과 얼굴을 마주 대하고 살아가는 신자들은 종말론적인 현실 안에서 신의 도성 시민으로서 사는 것이며 이 땅을 나그네와 순례자로서 살아가게 된다. 인간이 삼위일체 하나님의 경륜 안에 참여할 때 모든 시간과 공간의 영원성을 경험하게 되고, 그분의 현존 안에서 연결된 채로 존재하게 된다.[8] 어거스틴에게 인간은 몸을 입은 욕망의 혹은 사랑의 주체이다. 이런 어거스틴적 인간관은 인간 정체성의 핵심을 머리와 관련된 지성의 영역에서 우리 몸의 중심부, 특히 카르디아(kardia), 마음으로 이동시킴으로써 세속화된 근대 합리주의의 인간관에 저항한다.

2. 아퀴나스: 자연과 은혜

'은혜는 자연을 파괴하지 않고 완성한다'는 아퀴나스의 전제는 인간 이성에 의한 모든 지식이 인간에게 공통된 자연의 근거하여 작동하며 그 자연에 대한 인식은 창조주이신 하나님을 통할 때 온전해질 수 있음을 의미한다. 은혜에 의한 자연의 완성은 반대로 하나님 이해에 있어서도 인간 이성의 접근 가능성을 염두하기에 자연 신학과 초월적 하나님의 계시 신학이 대립적인 관계가 아니라 서로 안에 엮여 있음을 인정하는 것이다.

이런 아퀴나스의 전통적인 이해는 계시와 이성 사이의 상관성을 주장하는 튀빙겐의 유산까지 이어진다. 스미스는 급진 정통주의가 아퀴나스를 이용할 때, 신신학의 여과지를 걸러낸 어거스틴적 아퀴나스를 추구한다고 주장한다.[9] 인간의 이성으로 접근할 수 있는 하나님, 즉 자연 계시와 일반 은총의 영역에서 파악되는 하나님의 모습을 인정하면서도 동시에 인간의

---

[8] Hans Boersma, *Heavenly Participation* (Grand Rapids: Wm. B. Eerdmans, 2011), 6.
[9] Smith, 『급진 정통주의 신학』, 210.

이성으로 분별할 수 없는 신앙의 영역, 즉 특별 계시와 특별 은총으로 신앙의 하나님을 인정한다.

이중적인 이성의 접근에서 밀뱅크와 픽스톡이 염려하는 것은 자연을 자율적인 것으로 이해하여 세속적인 영역으로 환원시킬까 하는 부분이다. 아퀴나스는 자연에 대해 언급할 때 은혜가 결여된 세계를 말하지 않는다. 오히려 피조계의 모든 존재하는 것들은 '신적 선물(주어짐)'에 의해 존재하기에 우리가 피조물에 대해 말할 때는 본래 신적 은혜를 입은 것을 염두에 둘 것이다. 따라서 아퀴나스에게는 세속적인 형이상학이란 존재하지 않는다.

밀뱅크와 픽스톡이 자연을 본질적으로 은혜로운 것으로 기술할 때 그들은 자연이 내재적으로 결여되어 있고 항상 구속이 필요하다는 것을 의미하는 것이 아니다. 즉 은혜의 빛에 의한 피조계의 이해로 그 자체가 은혜에 의해 채워지고 보충되며, 하나님께 참여하는 한에 있어서만 존재하는 자연은 신적인 것, 곧 은혜로 충만하게 된다.[10]

아퀴나스는 본질적으로 타락한 세계의 개념이나 자율적인 자연에 대해 거부하고 이미 은혜로 충만한 우주를 전제한다. 자연이 자신의 창조주 안에서 신의 정신에 내재하는 지식에 따라 존재할 때 비로소 그 자신의 목적을 완수하게 되며 하나님과의 관계성 속에서만 진리가 이해되고 파악될 수 있음을 인정한다.[11]

급진 정통주의는 아퀴나스를 인식론이 아닌 존재론적 차원에서 접근하면서 진리의 문제가 인식론의 문제가 아닌 존재론의 문제라고 여겼다. 진리는 허공을 맴도는 무엇이 아니라 구체적인 피조계 속에 내재한다. 진리는 사물들의 속성으로 하나의 사물이 그것의 특성과 목적을 유지한 채 그자신을 실현할 때 참이 될 수 있다.

---

10 Smith, 『급진 정통주의 신학』 164.
11 Milbank, Catherine Pickstock, *Truth in Aquinas* (London: Routledge, 2001), 12.

여기에서 사물의 진리는 심층적으로 목적론이며 사물의 목적은 창조자에 의해 결정된다. 그렇기에 하나의 사물은 그것이 자신의 방식대로 창조자를 복사하고 신의 정신에 내재하는 지식에 따라 존재할 때에 비로소 자신의 목적을 완수하게 된다.[12] 물질에 대한 진리의 소유 가능성과 물질의 선함을 인정할 때, 가톨릭적인 특징과 화체설과 같은 육체성의 강조들로 이어질 수 있지만, 급진 정통주의가 말하고자 하는 것은 물질의 신성화가 아니라 신적 섭리와 은총 안에서 신과의 관계적 연결 끈을 지속적으로 붙잡고 있을 때 존재의 본래 됨을 회복하는 것이기에 물질 자체를 우상화하거나 진리 자체가 된다고 선언하지 않는다.

이런 관점에서 아퀴나스의 중요성은 더해진다. 전통적인 아퀴나스주의가 자연과 은혜의 구조를 제안하면서 스코투스는 창조자에게서 피조물을 분리한 것이 아퀴나스에게서 나타난다고 주장한다. 아퀴나스가 급진 정통주의의 새로운 대안으로 제시되려면 그에 대한 다른 이해가 전제되어야 한다.[13] 한스 부르스마는 플라톤주의 기독교의 종합(Platonist-Christian synthesis)이 토마스 아퀴나스에게서 가장 잘 드러난다고 보았다. 아퀴나스는 자연과 초자연의 자율적 현실을 구분했던 사상을 거부하고 전체 우주 안에서 조화로운 통일성, 미적 아름다움, 존재와 우주의 계층적 연합을 강조하면서 신이 인간이 되고 인간이 신적 형상으로 나아갈 수 있다는 존재론적 참여의 변화 가능성을 수용한다.[14]

이처럼 급진 정통주의가 사물 자체의 목적과 존재를 창조자와의 관계 안에서 파악하면서 전통적인 토마스주의의 신앙과 이성의 구분을 비판한다. 자연은 그 자체로 자율적이어서 하나님과의 관계가 후에 첨가되는 것이 아니라 오히려 창조자에게 참여하는 의미에서 이미 항상 은혜를 입고 있는 영역이라고 할 수 있으며 자연과 은혜의 관계는 곧 이성과 신앙의 관계로 받

---

[12] Milbank, Pickstock, *Truth in Aquinas*, 5-9.
[13] Smith, 『급진 정통주의 신학』, 163.
[14] Hans Boersma, *Heavenly Participation* (Grand Rapids: Wm. B. Eerdmans, 2011), 36.

아들여질 수 있다. 아퀴나스를 통해 우리는 이원론적인 피조 세계에 대한 이해를 거부하고 신적 본성에 참여하는 모든 존재의 가능성을 확인하는 동시에 존재의 선함과 본래성을 회복할 수 있는 토대를 얻게 된다.

3. 개혁주의 전통 : 창조의 선함과 성육신 사상

급진 전통주의가 개혁주의 신학과 만나는 지점에 대해 이견이 있을 수 있다. 피조 세계의 전적인 타락을 강조하는 개혁 신학과 피조 세계의 신적 본성의 잔존과 참여의 가능성을 언급하는 급진 정통주의는 분명 다른 방향을 향해 있다. 죄로부터의 해방을 위한 구속을 주장하는 전자와 존재적 신성과 초월의 가능성을 지지하는 후자는 강조점이 다를 뿐 아니라 접근 방식에서도 온도 차를 보인다.

하지만 스미스는 먼저 개혁주의 전통을 관대하게 이해할 필요가 있음을 전제한다. 창조, 타락, 구속으로 이어지는 개혁주의 신학을 다중적인 의미로 접근해야 한다면서 화란의 개혁주의 또는 신칼빈주의와 스코틀랜드와 미국의 칼빈주의 흐름에 면면히 흐르고 있는 창조의 선함에 대해 강조하고 더 나아가 문화의 모든 영역을 계시와 구속으로 평가하길 원한다.[15]

그는 창조의 선함에 대해 어거스틴적인 측면과 존 칼빈의 사상을 이어 받은 아브라함 카이퍼(Abraham Kuyper)를 중심으로 하는 신칼빈주의 전통을 비교한다. 카이퍼가 피조물의 선함을 회복하고 피조물로서의 세계를 긍정하면서 기독교의 전통적인 이원론과는 대조를 이룬다고 보았다. 카이퍼는 전적 타락의 교리가 선함의 경험에 의해 달라질 수 있음에 주목하면서 일반 은총의 영역을 파고든다.[16] 급진 정통주의의 참여적인 존재론은

---

15 Smith, 『급진 정통주의 신학』, 109-110.
16 Smith, 『해석의 타락』(*The Fall of Interpretation*), 임형권 역 (대전: 대장간, 2015), 195.

개혁주의 전통의 창조 선함과 유사점이 있으며 근본주의의 이원론을 지속적으로 비판하는 입장을 취한다.

개혁주의 입장에서는 성육신 사상과 플라톤주의의 참여적인 존재론이 상반된 것처럼 보일 수 있다. 스미스 역시 이 부분을 지적하면서 플라톤주의에 대한 개혁주의의 부정적 의견을 언급한다. 그는 자연과 은총이 동일화될 수 있는 오류에 빠질 수 있음을 경고하면서 자연 신학과 계시 신학의 차이를 구분하면서 이성의 자율성은 언제나 은혜 안에서 허용된 부분임을 강조한다.[17]

복음주의 전통의 넓은 영역에서 취하는 이원론은 근본주의와 같은 일종의 초월주의 형태인데, 물질적인 것, 즉 몸, 냄새, 본능, 욕망 등을 부정적인 것으로 바라보는 특징이 있다. 육체를 부정적으로 바라보는 기독교의 전통 인간의 죄성으로 인해 육체 역시 죄로 물든 인간의 욕망으로 오염되어 있는 것이다.

하지만 어거스틴은 피조물들이 선한 이유가 풍성한 선하심으로부터 존재를 부여받았기에 모든 것이 선한 것이라 주장하면서, 타락됨의 원인이 물질 그 자체에 있는 것이 아니라 또한 육화된 인격 때문이 아니라 끊이지 않는 '지향적인 죄'로 인한 것이라 보았다. 신체들은 물질로서 그들의 존재론적인 이유로 인해 죄가 있는 것이 아니라 그 신체가 사용되기보다는 향유되기 때문에 죄가 있다고 보았다.[18]

물질의 선함에 대한 급진 정통주의의 강조는 부활한 종말론적 실존에 대한 소망으로 이어져 영과 육의 이원론을 극복하는 중요한 자원이 된다. 창조의 선함에 대한 기독교적 긍정은 인간 존재의 육체성을 원초적이고 본질적이고 피조적인 측면에서 선함으로 이해하는 것이며 종말론적 실존

---

[17] Nicholas Lash, "Where Does Holy Teaching Leave Philosophy? Questions on Milbank's Aquinas", *Modern Theology 15* (1999), 439-440. Smith, 『급진 정통주의 신학』, 218-220에서 재인용.

[18] Smith, 『해석의 타락』, 210-211.

역시 물질적이고 육체화된 실존에 대한 소망을 포함하는 것이다.[19] 스미스가 제안하는 폭넓은 개혁주의 전통에서는 물질의 선함에 대한 긍정적인 입장을 취하기에 이런 이원론적인 입장은 극복해야 할 과제가 된다.[20]

이원론에 반대하여 개혁주의 전통은 항상 삶이 종교임을 강조했고 그것은 예배와 송영의 영역을 종교로 국한한 것이 아니라 모든 영역으로 확장한 것이다. 다시 말해 피조 세계의 죄성을 강조하지만, 종말론적인 관점에서는 은혜의 구속을 통한 온전한 회복의 입장을 띄기에 피조물의 신적 본성의 회복이란 같은 결론에 도달할 수 있는 가능성이 열려 있는 것이다.

개혁주의 전통에서 창조 신학과 성육신의 교리는 급진 정통주의의 존재론과 만나는 지점이 분명히 있다. 앞서 지적한 것처럼 육체와 물질에 대한 지나친 긍정과 신성화시키는 것을 경계하면서도 근대의 이원론적인 사고를 극복할 수 있다면 피조물들의 존재 목적과 의미들을 파악할 수 있을 뿐 아니라 신적인 현존 안에서 서로 연합하는 새로운 관계를 설정할 수 있을 것이다.

4. 포스트모던 신학

밴후저는 포스트모던이 중립적인 개념을 가지는 동시에 전체주의적인 토대를 거부하는 특징을 지니기에 근대의 흐름을 전복하는 하나의 새로운 패러다임을 제안한다고 주장한다. 포스트모던의 전환(postmodern turn)이 크게 세 가지 차원에서 진행된다.

---

19 Smith, 『해석의 타락』, 269-272.
20 Smith, 『해석의 타락』, 265-266.

첫째, 예술과 인문학적 전환(arts and humanities turn)
둘째, 문화와 사회의 전환(culture and society turn)
셋째, 철학적이고 이론적인 전환(philosophical and theoretical turn)[21]

리요타르가 『포스트모던 상황』(*The Postmodern Condition*)에서 기술하듯이 근대는 모던적 지식, 메타내러티브(meta-narrative)에 기대어 있다. 하지만 포스트모던에서는 미시적인 지식과 지역적 내러티브로 관심을 옮기기에, 보다 복잡하고(complexity) 파편화된(fragmentation) 그리고 다원적(plurality)이고 차별화된(difference) 진리와 지식을 추구한다. 워드는 포스트모던의 등장이 후기 세속적 사상(post-secular thinking)의 토대를 제공한다고 보았다. 특히 포스트모던의 조건들은 그동안 간과해 왔던 종교에 대한 두 가지 발견을 가능하게 하는데, 바로 예언자적인 차원과 신비적인 차원이다.[22]

모더니스트들은 모든 것을 시계처럼 작동시키는 수학적 정밀성과 중앙 집권화된 힘의 관점에서 세상을 이해한다. 반대로 포스트모더니스트들은 중심 없는 느슨한 네트워크와 '비결정성'(undecidability)을 주장한다. 모더니스트들이 세계를 하나의 질서(cosmos)로 여긴다면, 포스트모더니스트들은 혼돈 속의 질서와 같다고 여긴다. 간단히 말해 오늘날 우리는 불규칙성, 차이, 다원성 속에 살고 있으며, 이런 포스트모더니즘은 후기 세속이라는 경향을 보이며 '신의 죽음 이후'를 지나고 있다고 평가한다.[23]

단 R. 스티버(Dan R. Stiver)는 근대성이 '객관주의'(objectivism)라는 토대 위에서 있으면서 합리성과 이성으로 진리와 실재, 선과 옳음을 정의하려 한다고 비판하면서 객관주의의 허상을 넘어서는 방식에서 포스트모던의

---

21 Kevin J. Vanhoozer, "Theology and the condition of postmodernity", Kevin J. Venhoozer eds., *Postmodern Theology* (Cambridge University Press, 2003), 3-5.
22 Vanhoozer, "Theology and the condition of postmodernity", 17.
23 Caputo, *Philosophy and Theology*, 김완종, 박규철 역, 『포스트모던 시대의 철학과 신학』 (서울: CLC, 2016), 14-16.

해석학적 특징이 필요하다고 서술한다. 그는 예일 학파와 시카고 학파의 두 전통을 비교하는데, 한스 프라이와 린드벡으로 이어지는 후기자유주의 (postliberal) 신학은 공동체의 특수한 상황과 전통을 강조하면서 클리포드 기어츠의 사회학이나 후기 비트겐슈타인의 철학에 기대어 있다고 보았다.

반대로 한스 가다머와 폴 리쾨르의 해석학적 방법론을 수용한 시카고 학파는 근대사상이 가지고 있던 선입견과 전제들을 무너뜨리면서 서로의 이해가 충돌하여 수용되고 확장되는 지평 융합과 해석학적 순환과정에서 해석학적 인간 자아(hermeneutical human self)가 텍스트와 타자와의 만남을 통해 상호 작용의 끊임없는 반복이 일어난다고 언급한다.[24]

급진 정통주의는 모던과 포스트모던 사이의 깊은 연속성을 발견하며, 포스트모더니즘이라는 기치하에 실재하는 것은 실제로 하이퍼 모더니즘 으로 이해한다. 밀뱅크, 픽스톡, 한비 그리고 코너 커닝햄은 모두 데리다, 들뢰즈 그리고 푸코와 같이 포스트모던 사상가로 상정되는 사상가들이 근 대성의 존재론을 받아들이고 재현하고 있음을 강조한다.

오히려 급진 정통주의는 중세 후기에 결정적인 단절을 놓음으로써 중세와 근대 사이에 연속성에 반대한다. 둔스 스코투스가 존재론에 있어서 패러다임의 전환을 표시했고 그것은 우리가 근대라고 부르는 것과 허무주의라고 부르는 것을 낳았다고 보았다. 스코투스의 전환은 내재를 초월에 의존시키고 물질을 물질 이상에게 의존시켰던 그 연결선들을 끊은 것이다.[25]

포스트모던은 모던과의 단절이 아니라 인간론과 존재론에 있어서는 연속성을 유지하고 있다. 합리적 이성을 기반으로 하는 주체적인 사유의 존재론은 세속의 관점을 그대로 유지하고 있으며, 탈신화화된 자율적 존재의 무한한 가능성을 긍정한다.

---

[24] Dan R. Stiver, "Theological method", *Postmodern Theology*, 170-185.
[25] Smith, 『급진 정통주의 신학』, 124-125.

급진 정통주의 사상가들은 포스트모던의 관점을 지지한다. 근대의 문제점을 지지하고 나름의 방식으로 극복하려 했던 여러 가지 시도들에 공감하기에 어느 정도의 동질성을 가진다고도 볼 수 있을 것이다. 이런 동질성은 포스트모던과 급진 정통주의가 하나라는 뜻이 아니라 현대 상황에 의해 제공되는 기회에 대한 공통의 관점을 의미하며, 근대성의 대안이 되기 위한 나름의 시도라는 공통된 목표를 지닌다고도 볼 수 있다.[26]

급진 정통주의는 어느 정도 포스트모던의 해체주의적(deconstructionism) 관점을 수용한다. 밀뱅크는 하이데거, 들뢰즈, 리요타르, 푸코와 데리다가 동의하듯이 근대가 추구했던 이성의 형이상학적인 초월주의의 허구성을 폭로하고 그것이 결국은 허무주의(nihilism)에 이를 수밖에 없음에 공감하면서 그것은 존재론적인 폭력(ontological violence)이라는 점에 동의한다.[27] 존재론적인 폭력은 형이상학적인 근대의 입장으로 육체와 이성을 분리시킨 극단적 환원주의의 결과물인데 이를 극복하기 위한 신학적 접근은 영혼을 입은 육체성에 대한 긍정으로 나아가야 한다.

스탠리 그랜츠는 포스트모더니즘을 긍정적으로 수용하는 관점에서 복음과의 만남을 네 가지로 설명한다.

> **첫째**, 포스트모던 사회에서 복음은 탈개인주의적, 탈이성주의적, 탈이원론적, 탈지성중심의 복음이다. 모던시대의 복음이 개인주의적인 세계관의 영향으로 자아의 성찰과 구원을 강조했지만, 포스트모던에서는 공동체 안에서 개인의 중요성을 강조한다. 개인은 그가 참여하는 공동체의 중재 안에서 인식의 구조와 생활 방식을 습득하기에 공동체가 지니는 구성적인 내러티브, 전통, 덕목, 공공선이 의미가 있다는 것이다.

---

[26] Smith, 『급진 정통주의 신학』, 190.
[27] Milbank, *Theology and Social Theory* (Oxford: Blackwell, 1990), 279.

둘째, 계몽주의의 영향으로 논리적 논증과 과학적 방법론을 강조하던 것에서 벗어나 이성의 확실성을 거부하고 말할 수 없는 신비와 초월의 영역에 대한 재인식이 요청된다.
셋째, 근대는 정신과 사물, 육체와 영혼의 강한 이분법적 사고를 지니기에 복음의 통전적 이해가 부족하며,
넷째, 지적 만족을 유희하는 복음이 아닌 삶으로 실천되는 전인적인 복음의 이해가 요청된다.[28]

급진 정통주의가 포스트모던 사상가들의 관점을 수용하고, 그들의 방법론에 따라 근대를 비판하지만, 그 대안 제시에 있어서는 기독교의 전통으로 회귀하여 개인에서 공동체로, 유한에서 무한으로, 이성에서 신앙으로 관심을 옮기면서 기독교의 입장 역시 포스트모던 사상의 한 유형으로 제안할 수 있음을 제안한다.

지금까지 후기 세속 사회에서 기독교의 공적 참여의 한 모습으로서 급진 정통주의의 이론적 토대들을 살펴보았다. 공공 신학과는 확연히 구별되는 이 독특한 흐름은 존재론으로부터 출발하여 공동체의 독특한 해석과 실천이 포스트모던 상황의 강조점들을 수용하면서도 또 다른 대안을 제시할 수 있음을 깨닫게 한다.

필립 블롱드(Philip Blond)는 20세기 중반 영국 공공 신학의 복지에 대한 관심으로 사회적 약자들에 대한 관심과 여러 정책이 노동자들을 더욱 의존적인 존재로 만들었고 사회적 동기와 비전, 신분 상승 그리고 공동체성을 추구하려는 움직임을 약화시켜 경제적 이익과 물질 문명 숭배하는 문화로 몰아갔다고 비판한다. 그는 근대 자유주의의 핵심인 개인주의 강조가 결국 공동체와 지역 사회의 상실을 가져왔다고 주장하면서 지역의 공

---

[28] Stanley J. Grenz, 『포스트모더니즘의 이해』(*A primer on postmodern*), 김운용 역 (서울: WPA, 2010), 298-308.

동체성, 초월적 의미, 가치의 형성으로서 종교의 역할을 주문한다.[29]

하지만 급진 정통주의를 향한 비판도 만만치가 않다. 가빈 드 코스타(Gavin D'Costa)는 급진 정통주의는 "어떤 진정한 교회에 대한 책무를 가지지 않는 교회 신학"[30]이라 비판했다. 교회에 대한 급진적인 이상향과 역사의 현실적 교회들과의 불확실한 관계들이 하나님의 초월적인 부분과 땅의 현실적인 부분 사이에 적절한 다리 잇기를 하지 못했다는 입장이다.

참여의 교리에 있어서는 개혁교회 신학자들의 비판이 가능하다. 그들은 하나님과 창조물의 관계를 언약(covenant)적 관계로 보기에 참여에 대한 강조가 하나님과 인간 사이의 차이를 무시하면서 하나님의 거룩성과 타자성을 침해할 수 있다. 다른 비판은 급진 정통주의자들 안에서도 일어나는데 워드는 기독교가 가진 스토리가 유일하다면 그것이 어떻게 제국주의적 기독교로 발전해야 했을까를 질문한다.[31]

그뿐만 아니라 급진 정통주의가 모더니티의 이원론을 경계하면서 근대 이전의 일원론적 사고로 돌아가지만, 세속성과 종교성을 다시 극렬하게 구분하는 더 심한 이원론에 빠져있다. 제프리 스타우트(Jeffey Stout)의 말처럼 모던, 세속, 민주 사회들에 대한 세심한 구분 없이 과도한 일반화를 시도하면서 우리와 그들(us-them), 좋은 것과 나쁜 것(good-bad)으로 그 경계선을 긋고 있다.

이런 거짓된 이원론은 중세 시대의 기독교 왕국(christendom)을 다시 재건하려는 시도이며, 유럽의 계몽주의에 대한 광범위한 공격으로 세속화에 대한 긍정적인 기여까지도 일시에 무너뜨리려 한다.[32] 또한, 근대 시기를 블랙홀처럼 인식하여 다시 전근대와 후기 근대를 연결하면서 중세의 기독

---

29 Graham, *Between a Rock and a hard Place*, 121.
30 Gavin D'Costa, "Seeking after Theological Vision", Reviews in Religion and Theology 6.4, 1999, 358. Steven Shakespeare, *Radical Orthodoxy*, 167에서 재인용.
31 Shakespeare, *Radical Orthodoxy*, 170.
32 Jeffrey Stout, *Democracy and Tradition*, 100-107. John F. Hoffmeyer, "Charitable Interpretation", 12-13에서 재인용.

교 우월적 시기에 대한 짙은 향수가 남아 있음을 보여 준다.

존 F. 호프마이어(John F. Homeyer)는 기독교의 내러티브가 독특한 정체성을 구성하고 있지만, 어떠한 내러티브이든 독립적으로 존재할 수 없으며, 다른 집단과 사회와의 만남을 통해 서로 영향을 주고받으며, 서로를 거절하거나 수용하기에 순수한 내러티브는 존재할 수 없다고 지적한다. 이것은 내러티브의 본질에 대한 몰이해로부터 기인한 것이라 비판한다.[33]

급진 정통주의와 공공 신학의 논의에 가장 적절한 주된 논쟁의 영역들은 크게 세 가지이다.

> **첫째**, 하나님에 대한 지식을 조금이라도 생산하는 것으로서 비신학적 자원들을 고려하는 것이 불가능할 정도로 초월적인 것의 소멸로 나타나기에 세속에 대해 극렬한 거부함을 표현한다는 것이다.
>
> **둘째**, 급진 정통주의는 포스트모던 이론의 사용과 함께 거기로부터 급진 정통주의의 회복을 기획하려는 기독교 전통에 의문을 제기하면서 다시 기독교의 명예를 회복하려 한다.
>
> **셋째**, 역사적 그리고 사회의 상황적으로 위치된 교회론보다 교회의 본질적인 권위를 다시 회복하면서 신학적 진리의 근원과 중재자로서 교회의 정확한 위치를 세우고, 신적 언어로부터 정치적 그리고 공적 관여를 하려는 시도를 전개한다.[34]

후기 세속 사회에서 종교의 공적 역할을 요청받고 있는데, 공공 신학은 적극적인 대화와 참여를 통해 세속 사회로 진입하려 하고 반대로 급진 정통주의는 어느 정도 대화는 가능하지만, 그 모든 결론을 교회의 전통과 실천으로 가져가려 한다. 그리고 이런 공적 참여가 중세 시대처럼 교회가 모

---

[33] Stout, *Democracy and Tradition*, 16.
[34] Graham, *Between a Rock and a hard Place*, 119-120.

든 것을 주관하고 영향력을 행사하려는 듯한 오해를 불러일으킬 수 있다.

호프마이어는 다원화 사회에서 필요한 관대한 해석(charitable interpretation)의 특징을 언급한다. 해석자의 질문 가능성(questionability), 상대방에 대한 경청(listening)의 자세, 얼굴을 마주하는 겸손한 태도(humility) 그리고 자신의 한계를 인식하고 상대를 향한 존중(respect)이다. 그는 급진 정통주의 밀뱅크의 해석 문제점을 지적하면서 특정한 관점에서의 이해는 존중되어야 하지만 대화에 있어서 서로의 공통점(commonality)을 인정하지 않으려는 태도는 적절하지 않다고 말한다.[35]

하지만 급진 정통주의가 가지는 장점이 분명히 존재한다. 가령 자본주의 문제를 다루는 데 있어서 벨은 인간의 이기적인 욕망과 자본주의 자체의 한계를 지적하면서 '신적 선물로서의 경제'(divine gift economy)를 제안한다. 이것은 큰 틀에서 공공선(common good)을 지향하는 것이다. 공공선은 우리의 창조된 목적으로서 신적인 삶 안에서 공유하는 것으로 보았다.

공공선은 인간의 노동과 소비를 형성하며 하나님께서 주신 것들을 어떻게 사용할지를 안내한다.[36] 또한, 세속 영역이 제거해 버린 영성과 초월성의 회복과 그 담지자로서 교회 공동체성을 주장하는 것은 파편화된 개인들의 일상에 신적 본성과 에클레시아적 실천 모두를 잡으려는 긍정적인 시도라 볼 수 있다. 급진 정통주의는 세속 사회의 문제를 영적이고 초월적인 관점에서 바라보면서 교회만의 차별화된 대안을 제시하면서 공적 역할을 감당하려 하기에 그들의 목소리를 들어볼 필요가 분명히 있다.

---

[35] John F. Hoffmeyer, "Charitable Interpretation", Rosemary R. Ruether, Marion Grau eds., *Interpreting the Postmodern: Responses to Radical Orthodoxy* (New York: t&t clark, 2006), 8.
[36] Bell Jr, *The Economy of Desire*, 165.

제10장

급진 정통주의 관심

급진 정통주의 신학은 '후기 세속'(post-secular)의 토대 위에 서 있다. 세속화 이후로 현대인의 일상에서 영성과 초월성이 부정되고, 공공 영역에서 탈주술화, 탈종교화가 진행되어 사회가 이성 중심으로 재편되는 것처럼 보이지만 후기 세속 사회에서는 다른 반전이 나타난다.

합리적이고 예측 가능한 것에서 벗어나 신비적이고 우연적인 그러면서 창조적인 해석과 실천들이 등장하고 있다. 세상의 우연성을 창조의 필요성으로, 일시성은 영원의 한 부분에서의 일시성으로, 상대성은 창조주의 주권 안에서 통합성으로, 자율성은 은총에 참여하는 자율성으로 대체하여 해석한다.[1]

급진 정통주의는 이성의 문제를 집요하게 파고들어 왜곡된 한계를 폭로하고 이성의 보완으로서 초월성과 영성을 기독교 전통에서 찾아낸다. 공적 이성의 한계를 극복하기 위해 참된 진리에 기반하는 종교성과 공동체성은 근대 인식의 영역을 새롭게 바라보게 할 것이다. 초월성을 경험하게 하는 구체적인 장은 예전과 전통이다. 신과 인간의 만남, 물질과 초월성의 만남이 이루어지는 성육신의 전통은 예전을 풍성하게 이해하게 하며, 인간의 존재론을 신적 참여가 가능한 존재로 이해시킬 것이다.

---

1   김성원, 『급진적 정통주의 신학 방법론』, 26.

급진 정통주의는 기독교의 다양한 전통과 흐름 안에서 세속의 영역들을 재해석하고 영성인 동시에 공동체적, 관계적이면서 초월적인 차원을 강조한다.

1. 근대성과 자유주의 비판: 이성과 합리성을 넘어서

밀뱅크는 근대성은 그 뿌리에서부터 잘못되고 파괴적인 기획이었다고 강력하게 비판한다. 근대성이 신적인 것과 초월적인 것을 극단적으로 제외하는 이원론적 구조를 취했지만, 포스트모던을 지나면서 근대의 기획이 철저히 무너지고 있으며, 보편적 이성을 추구하는 단일한 진리체계는 종말을 고하고 있다고 선언한다.[2]

근대 이성은 모든 것을 이해하고 설명할 수 있다는 대전제 아래 진리에 도달하려고 노력했으나 이성이 설명할 수 없는 것을 제거하는 방식으로 진리에 이르려 했다. 다시 말해 반쪽짜리 진리 체제를 구축한 것이다. 근대적 '이성의 시대'에 칸트는 『순수 이성 비판』(*Kritik der reinen Vernunft*)에서 이성을 신의 자리와 대치시키면서 영원하고 필연적이며 무조건적인 이성이 쌓아 올린 원리들과 규범들에 하나님을 끼워 맞추려 했다.

종교는 이성은 한계 안에 머물러 있으며, 반대로 이성은 자신의 한계를 넘어서 종교화되어 갔다. 윤리적 주제로 환원된 하나님은 계몽주의의 자연적이고 도덕적인 질서와 직관으로 환원되어 버렸다. 인간은 이성 안에서 자신의 삶을 살아가는 최종적이고 합리적인 존재로서 신의 자리를 대체했고 인간이 알 수 있는 것, 마땅히 행하는 것 그리고 인간이 판단하고

---

[2] Milbank, "Postmodern Critical Augustinianism: A Short Summa in Forty-two Response to Unasked Questions", Graham Ward eds., *The Postmodern God: A Theological Reader* (Oxford: Blackwell, 1997), 265. Smith, 『급진 정통주의 신학』, 96에서 재인용.

평가할 수 있는 영역 모두를 인간의 이성 안에 종속시켰다.[3]

급진 정통주의가 근대의 전제들을 비판하지만, 그렇다고 반근대적인 것은 아니다. 오히려 그것은 근대의 성취를 진지하게 여기고 그것들을 비판적으로 정밀하게 검토한다. 워드가 언급한 것처럼 이런 입장이 세속주의와 자유주의에 대한 철저한 정죄로 이해되어서는 안 된다. 반대로 어떤 나라에서는 국가적으로 우상화된 종교의 폭정을 깨기 위해 상당한 세속주의가 필요하기도 했다.

세속적 근대성은 그 깊이에 있어서 종교적이고 근본적으로 신학적인데, 과학의 사회이론들이 그 자체로 변장한 신학이라는 사실을 알아야 한다.[4] 종교의 탈을 쓴 이성은 종교의 자리를 대체했고 스스로를 종교화하여 시민들의 의식과 삶에 파고들었으며 이것을 깨닫지 못한 현대인들은 합리성에 속아 왜곡된 시선으로 자신과 세상을 바라보게 됐다. 종교라는 신화를 넘어서서 이성이라는 신화의 틀에 다시 갇힌 것이다.

밀뱅크는 현대적이며 세속적이라고 가정된 개인들의 자유와 존엄성을 존중하는 상호주체성에 대한 설명들이 세속이란 특정한 신앙의 관점 위에 근거하고 있으며, 이것들은 단순히 기독교 정통주의에 대한 수정이나 거부에 불과한 것이라 지적한다.[5]

근대성은 궁극적으로 또 다른 종교적인 전제들에 의해 지배를 받으며, 세속의 사회이론이라는 비정통적 신학에 의해 지탱되기에 그것은 새로운 이방 사상 또는 다른 신화, 다른 신앙고백이라 볼 수 있다.[6] 근대와 세속의 출현은 새로운 존재론과 인간 본성에 대한 재정의를 시도했고, 그 또한 이성이라는 종교와 신학의 결정으로 자신의 정당성을 구축하고 있다. 이

---

3   Caputo, 『포스트모던 시대의 철학과 신학』(Philosophy and Theology), 김완종, 박규철 역 (서울: CLC, 2016), 66-77.
4   Smith, 『급진 정통주의 신학』, 170-172.
5   Milbank, "Programme of Radical Orthodoxy", 45.
6   Smith, 『급진 정통주의 신학』, 172.

새로운 이방 사상은 과학적 중립성이란 가치 아래 정통 기독교의 주제들에 새로운 이방주의적인 요소들을 혼합시켜 이단화되어 갔다.[7]

이런 이교적 사상은 이성과 합리성을 강조하였던 계몽주의의 기획에서 가장 잘 드러난다. 그리고 유럽의 제국주의와 인종주의로 결합하여 수많은 학살을 자행했던 결과를 낳기도 했다. 나치의 이교주의와 스탈린의 학문적 사회주의는 모든 가치와 진리를 근대의 힘의 논리에 맡긴 전형적인 예이며 그 결과 인간의 존엄성과 생명을 무시하고 합리적 기계주의와 자본주의의 논리에 빠지게 됐다.

밀뱅크는 칸트식의 자유적 인간주의 논리와 나치의 논리 사이에 유사성이 있다고 지적하면서, 나치주의는 하나님 자리에 인간을 올려놓은 시도로서 인간의 자유의 힘을 완전하게 실현하려고 했던 기획이라 평가했고 홀로코스트가 바로 그 세속성의 완성이라 말한다.[8] 인간을 해방시키려 했던 근대성은 결국 인간을 폐기하는 이데올로기로 작동했으며, 인간이 인간을 부정하는 과오를 낳고 말았다.

픽스톡은 언어 이해에 있어서 근대성의 내재주의에 대해 비판했는데, 그것은 초월성에 드러내는 언어를 철저히 배제하여 언어의 제의적이고 송영적인 근거를 없애버렸다. 인간의 한계 안에 갇힌 언어는 인간 이성의 도구가 되어 인간의 이성을 다시 가두는 장치가 된다. 라무스, 스코투스 그리고 데카르트의 시도들은 근대성이 현재를 영원화하고 내재성을 신성화하여 시공간에 대한 이해 역시 근대적 게임의 규칙 안에 매몰시킨다. 하지만 더 이상 공간, 시간, 언어의 영역에서 근대주의를 따라갈 이유가 없으며 그것을 창조의 공간에서 제의적이고 성례전적으로 초월자를 향해 있는 것으로 이해해야 한다.[9]

---

7   Milbank, *Theology and social theory*, 10장.
8   Milbank, *Being Reconciled: Ontology and Pardon* (London: Routledge, 2003), 179-180.
9   Milbank, *Being Reconciled*, 98.

근대성의 결국은 허무주의이다. 피조물 그 자체가 하나님과의 의존성을 단절한 채 자율적 존재가 되면서 자신으로서는 아무것도 아닌 것이 되고 말았다. 존재에 의미를 부여하는 초월자와의 분리는 결국 허무주의의 논리로 이어져 포스트모더니즘의 해체주의로 발전하게 된다.[10] 즉, 근대성의 최종적인 종착점은 허무주의(nihilism)이다.

니체가 언급한 것처럼 근대가 선포한 '하나님의 죽음'은 모든 창조된 것과 하나님과의 존재론적 질적 단절을 가져왔다. 오캄과 데카르트는 인간의 살아 있음이 신의 전능함으로부터 독립하여 창조물로서의 자기 인식을 부정하고 동시에 하나님을 인간과 동떨어진 존재로 받아들이게 했다고 말한다. 결국, 허무주의로 귀결되는 근대성에 질문을 던지면서 존재를 하나님의 창조물로서 파악할 때, 다시 말해 하나님의 본질로부터 이해될 때 자기 토대를 상실한 불안으로부터 극복될 수 있을 것이다.[11]

모든 존재는 존재 그 자체로 온전해질 수 없으며 존재를 가능케 하는 존재의 근원과 다른 존재들과의 관계 안에서만 존재할 수 있음을 기억해야 한다. 이성의 역할은 인간의 본성을 파악하고 사회의 선함을 증진시키는 것이며, 더 나은 사회를 향한 공동의 비전을 실현하는 것이다. 그것은 인간의 영역으로만은 불가능하며 이성을 가능하게 하는 공동체와 그 공동체의 탈이성적인 가치와 비전들에서 정당성을 확보할 수 있어야 한다.

---

10 Smith, *Radical Orthodoxy: New Theology*, 26. Smith, 『급진 정통주의 신학』, 137에서 재인용.
11 Laurence Paul Hemming, "Nihilism: Heidegger and the grounds of redemption", *Radical Orthodoxy*, 93-94.

2. 탈 세속 : 초월성과 신적인 것의 귀환

밀뱅크는 기독교의 역사 안에 흘러왔던 크리스텐덤(Christendom)의 이중적인 특성, 즉 하나님의 통치(sacerdotium)와 세속의 통치(regnum)가 공존해 있음을 언급한다. 하나님의 통치는 타락 이후 종말에 이르는 시간까지 모든 영역에 걸친 하나님의 주권적인 시공간의 지배를 포괄한다. 반면, 세속의 통치 영역은 정치, 경제, 사회에서 인간의 활동에 자유를 부여하며 세상의 법과 제도를 인정한다. 세속 통치의 인정은 모든 영역에서 탈신성화(desacralization)를 가져왔으며 자율적인 인간성을 긍정하는 방향으로 나아갔다.[12]

오늘날 세속의 영역은 그 힘과 권위가 종교에서 독립하여 초월적인 신성함과 영적인 것에서 멀어져 갔다. 종교의 영역은 점점 위축되어 개인적이고 사적인 영역에 자리하게 됐다. 세속의 정치는 중세 후기부터 등장하는 국가와 정치 영역으로 확대되어 인간이 스스로 자신을 보존하려는 주체들의 연합체를 구상하면서 계약에 근거한 신화화된 이성의 법칙들(natural laws)에 의존하게 된다.

근대화는 이전의 신성적이고 참여적인 존재론을 거부하고 세속이란 별종의 고안물을 만들어 냈다. 근대의 존재론은 존재의 유비를 부정하는 '일의성'(univocity)에 근거하면서 신과 접촉하지 않은 새로운 공간을 창조하여 종교 밖의 자율적인 실재를 추구했다. 근대의 존재론은 형이상학적인 순수성을 지향한다. 설명할 수 있는 이성의 범위 안에서 존재를 파악하려 했던 근대는 존재를 세속의 중립적이며, 객관적이라고 상정되는 자율적인 이성 안에 가두었다.[13]

---

[12] Milbank, *Theology and Social Theory*, 9.
[13] Smith, 『급진 정통주의 신학』, 121. 존재의 일의성을 서술하는 존재론이 무엇이 잘못되었을까? 이것은 존재의 유비를 인정하는 아퀴나스의 참여적 형이상학과 대조하여 이해해야 한다. 아퀴나스는 하나님께서 존재하신다고 말하는 것은 하나의 피조물이 존재하

급진 정통주의는 이런 근대성의 이론에 대한 의문을 제기함으로써 세속 이성 개념 자체를 해체시킨다. 신앙과 이성 사이의 구분과 대립에 문제를 제기하면서 순수한 이성을 추구하는 것과 순수한 신앙을 추구하는 것 모두 양쪽의 극단적인 듯하지만, 실상은 근대적인 것의 추구라는 공통점을 갖는다.

밀뱅크는 중립적인 공론장이 근대성의 지배를 받으면서, 종교의 목소리가 보편적인 합리성으로 무장한 이데올로기들에 의해 소외됐다고 주장한다. 세속의 공론장에서는 기독교와 비기독교 사이의 상호 관계성을 수립하기 위한 어떠한 변증들도 용납될 수 없으며, 모든 신학과 사회과학은 자신의 언어와 원칙, 내러티브의 방식으로 전개되어야 했다.[14] 하지만 세속은 하나의 신화이자 자신들의 세계 안에서 절대 신앙화된 것이기에, 세속의 종말은 하나님에 대한 자유주의의 끔찍한 결과들을 다시 원래의 모습으로 되돌리는 것을 의미하고, 신앙의 신화를 파괴했던 독재자들의 손으로부터 그것을 다시 찾는 것이다.[15]

과거에는 성과 속의 구분이 없었기에 '세속'이란 용어 자체가 존재하지 않았다. 모든 것이 신에게 참여하는 것으로 이해됐고 실재와 인간 삶의 모든 영역은 초월자에게 달려있다고 여겨졌다. 기독교 신앙고백에 의하면

는 것과 유비적인 의미에서만 이해될 수 있다고 보았다. 즉 창조자의 존재 양식은 중요한 의미에서 피조자의 존재양식과 다르지만 피조자는 창조자의 존재에 참여하는 정도에 있어서 존재한다는 입장과 대비된다. 그리하여 '오직 신학만이 형이상학을 넘어선다'라고 밀뱅크는 주장하면서 아퀴나스의 신학적 형이상학을 스코투스의 자율적 형이상학하고 대조시킨다.

14 Graham, *Apologetics without Apology: Speaking of God in a World Troubled by Religion* (Eugene: Wipf and Stock Publishers, 2017), 117.

15 Pillip Blond, "Introduction: Theology before Philosophy", Phillip Blondin eds., *Post-Secular Philosophy: Between Philosophy and Theology* (New York: Routledge, 1998), 54. 밀뱅크도 세속은 하나의 상상 속에서 존재해 온 허구였으며, 탈신성화되는 개념으로서 부정적으로 종교를 다루어 온 것으로 이해했다. 유대 기독교의 영향력이 감소되면서 인문주의 개념을 수용한 서구의 문화를 과도하게 긍정한 것이라 평가했다. John Milbank, "Political theology and the new science of politics", *The Radical Orthodoxy Reader*, 178.

보다 구체적으로 피조 세계는 창조자에게 참여하고 있고 의존하고 있기에 창조자를 통해서만 존재 의미와 역할이 파악될 수 있음을 전제했다.

피조 세계의 어떤 영역이나 피조물의 어떠한 창작 행위도 종교적이거나 신학적인 영역밖에 존재하지 않기에 초월자와의 관계로부터 동떨어진 피조 세계의 어떠한 예외적인 영역은 인정되지 않았다.[16] 객관적이고 자율적이고 중립적인 이성도 없고 어떠한 국가나 공적 또는 사적인 영역이나 공간도 신을 향한 찬미로 지향되는 전례적이며 송영적인 것으로 연결됐다.

급진 정통주의는 아카데미의 정통주의, 즉 세속성이나 혹은 신앙적 시각에 의해 오염되지 않은 인간 삶에 대한 객관적인 설명을 시도하는 모든 신념에 도전한다. 현대 이원론과 세속의 신화를 거부하면서 주류 학계에서 신학적 사고를 과감하게 수용할 필요가 있다. 제반 분과 학문에 걸친 기독교적인 모든 연구를 신학적으로 접근하는 것을 허용하는 것이다.[17]

공공 신학이 학계(Academy)를 신학이 참여해야 하는 공적 영역으로 규정한 것처럼 급진 정통주의도 모든 학문의 영역에서 신성하고 초월적인 것을 복귀시키려고 시도한다. 그러나 그 방식에 있어서는 전혀 다른 차원을 갖는다. 세속에 대한 직접적 비판은 공론장이 보편적이고 자율적인 이성의 개념에서 서술되기에 그것이 합리성의 옷을 입고 있더라도 사실은 이성적이라는 하나의 신학에 의해서 지배를 받는 것으로 생각했다. 다시 말해 세속 이성의 기획은 그 자체를 신념으로 하는 하나의 신학적인 특징을 갖는 것이다. 하지만 이것의 허구성을 드러내며, 참된 것을 향한 신념을 바탕으로 하는 온전한 이성인 신학의 참여를 제안하는 것이다.

---

16 Milbank eds., *Radical Orthodoxy: New Theology*, 3-4.
17 Smith, 『급진 정통주의 신학』, 100.

3. 참여와 물질성 강조: 일의적 존재론의 거부

참여(participation)는 급진 정통주의 신학의 핵심적인 실천이다. 세상은 오직 하나님의 존재 안에 참여할 때에만 존재할 수 있다. 스티븐 셰익스피어는 참여에 있어서 주의해야 할 것을 두 가지로 설명한다.

> **첫째**, 참여는 정체성에 관한 것이 아니다. 세상의 존재는 하나님의 존재와 동일시될 수 없다. 이것은 세상의 우상화를 방지할 뿐 아니라 그들을 예배의 대상으로 보지 않도록 하기 위함이다.
> **둘째**, 참여는 본질적으로 관계에 관한 것이다. 우리는 세상을 오직 하나님과의 관계성 안에서만 파악할 수 있다. 하나님의 창조적 행위가 세상에 대한 존재론적 의미를 부여하고 우리를 하나님과 같은 존재가 될 수 있도록 인도한다. 이런 참여를 통해 무한이 유한 안에 계시되며 물질 세계와 시간의 영역 안에서 신적인 현존이 가능한 것이다.[18]

하이데거는 존재를 형이상학의 영역 안에서 파악하려 했다. '존재로서 하나님'(God as being)은 '전체로서의 존재'(beings as a whole) 그리고 '최고의 존재'(highest being)로서 존재를 주는 존재이다. 하지만 그의 하나님은 신앙의 하나님이 아닌 형이상학적인 차원의 하나님이다.

장 뤽 마리옹은 하이데거의 하나님은 우상(idol)이라고 비난하기도 했으며 세속화된 신의 개념이라고 이해했다. 이성을 통한 신의 접근은 인간을 하나님의 존재에서 멀어지도록 했다. 그러나 신앙(believing)은 존재의 차원으로 계시된 하나님에게 향하도록 우리를 안내하며, 하나님의 계시를 경험하게 한다.[19]

---

[18] Shakespeare, *Radical Orthodoxy*, 22-23.
[19] Laurence Paul Hemming, "Nihilism: Heidegger and the grounds of redemption", *Radical Orthodoxy*, 96-97.

급진 정통주의의 '참여'에 대한 강조는 기독교 신학 그 자체를 목표로 하는 것이 아니라 포스트모더니즘의의 흐름과 같이 신학의 다양한 해석과 실천을 가능하게 하려는 것이다. 포스트모더니즘의 다양한 흐름이 있지만, 급진 정통주의가 비판하는 것처럼 종국에는 해체주의와 허무주의로 이끌다가 무로 끝나버리는 내재성의 극단적 강조로 이어진다. 결국, 자신을 파괴하는 결과를 초래한다.

그러한 허무주의적 물질주의와는 대조적으로 급진 정통주의는 참여적인 존재론, 즉 초월적이고 비물질적인 것에 의존하는 존재론을 통해 이 세계에 의미를 부여하려고 한다.[20] 모더니티의 평면적 허무주의에 대한 급진 정통주의의 신학적 대안으로 '참여의 신학적 관점'(theological perspective of participation)을 제안한다. 창조주의 역사 안에 참여하기에 개체들의 독립성과 세속의 자율성을 인정하지 않고, 아울러 물질주의의 중립성에 대해서도 비판하는 입장을 취한다. 중립적인 것은 무의미한 것이고 허무적인 결론에 도달하기에 포스트모던의 흐름을 따르면서도 전근대의 정통주의 신학의 관점에서 차이와 파편화를 인정하는 포스트모던적인 신학으로 재해석하려 하는 것이다.[21]

근대가 존재의 일의성을 강조하는 존재론을 채택하여 허무주의를 낳았다면 급진 정통주의는 그것의 대안으로 피조된 존재의 의존성을 인정한다. 이것은 참여의 형이상학이며 물질적인 초월성으로 재무장된 존재론이다.[22] 토대를 상실한 허무주의의 세상에서 신앙은 참된 존재가 되어 가는 (becoming) 과정이며, 포스트모던의 사회적 파편들 속에서 신앙의 존재들은 참된 의미와 연결되어 방향을 잃지 않고 신적 공동체로 존재하게 한다.

이런 참여의 신학적 근거는 무엇일까?

---

20 Smith, 『급진 정통주의 신학』, 101.
21 김성원, 『급진적 정통주의 신학 방법론』, 23.
22 김성원, 『급진적 정통주의 신학 방법론』, 139.

근대의 이원론과 파편화된 개인들의 사회적 삶 그리고 세상에 존재하는 피조물이 창조주의 역사 안에 참여할 때 그 의미의 존재성이 회복될 수 있다는 주장들은 무엇을 토대로 할까?

여기에는 삼위일체 하나님의 존재 방식과 성육신의 교리가 깊이 작동한다.

현대인의 삶은 사회로부터의 이탈(disengagement)된 분리적 삶이며 또한 타자를 대상화(objectification)하는 삶이다. 모더니즘의 영향으로 세상을 통제하는 지적인 능력의 획득은 인간 중심적, 이성 중심적 세계관을 제공했고 욕망과 성공을 향한 목적의 정당화로 자신뿐 아니라 모든 타자를 비존재로 대상화했다.

더 나아가 이상과 현실 사이의 단절, 몸과 정신 사이의 단절로 탈육신적(excarnation) 삶을 부추긴다. 마이클 프로스트(Michael Frost)는 성육신적(incarnation) 모델을 설명하면서 몸에 대한 이해를 새롭게 할 것을 촉구하는데, 영적인 몸(spirited bodies)이 영혼을 의미하는 것이 아니라 구원받은 이들의 통전적 몸(wholistic body)으로서 그리스도의 삶을 따르는 제자도의 삶을 가능하게 한다고 보았다.[23]

이런 모델을 예수 그리스도를 통해 발견할 수 있는데, 로고스(λογοσ)의 우시아(ουσια), 즉 말씀의 육체화이다. 우시아는 두 가지 의미를 가지는데, '현존이 되어 감'과 '존재의 현존'이다. 로고스는 창조의 본질로부터 창조된 모든 존재의 원인이다.[24] 이런 로고스의 육체화는 개인적이고 내면적인 초월의 신앙이 아닌 존재로서 보편적인 세계의 근원과 연결되어, 다른 존재들과 존재의 근원에서 만나는 공동체적이고 신앙적인 연합을 가능케 한다.

성육신의 신학적 시각은 물질주의와 정신주의의 거짓됨을 고발하고, 초월적 관점에서 시간과 육체성을 회복하려 하는 것이다. 이것은 기독교가

---

[23] Micheal Frost, 『성육신적 교회』(*Incarnate: The Body of Christ in an Age of Disengagement*), 최형근 역 (서울: 새물결플러스, 2016), 16.
[24] Hemming, "Nihilism: Heidegger and the grounds of redemption", *Radical Orthodoxy*, 101.

'성육신적 존재론'이라고 기술하는 것과 맥을 같이하며 물체성과 육체성을 재평가하고 더 넓은 목표를 제시한다.[25] 성육신적 참여의 존재론은 곧바로 구속과 연결된다. 모든 피조물은 본래의 창조적 선함과 목적의 회복과 완성을 위해 그리스도를 통해 삼위일체와 연결되며 세속적 존재들의 죽음과 갈등을 넘어선 신성에 참예하는 존재의 우선성을 추구한다.

이런 참여적인 존재론은 철저히 신학적이며 비환원적이고 성육신적이다. 그것은 피조된 물질 그 자체를 능가하고 오직 초월적 창조자에 참여하거나 의존하면서 세속의 물질주의를 넘어선다. 이런 참여의 방식은 창조의 선함에 근거를 둔다. 물질과 몸은 초월과 정신에 관계되지 않을 때는 의미를 지니지 못한다. 워드는 "자연은 모든 면에서 영적인 정보 없이는 자연적일 수 없다"[26]라고 하면서 초월과 관념에 물질을 의존시키는 것만이 물질을 무로부터 보호할 수 있는 허무의 대체라 주장한다. 왜냐하면, 모든 피조물은 하나님의 본성을 공유하며 인간 존재 역시 의식적인 방식 안에서 이를 위해서 부름을 받았기 때문이다.

피조계의 모든 영역은 창조자의 원초적인 선물에 참여하고 있다. 인류는 창조자와 피조계 모두와 교제하기 위해 창조됐다는 신념으로부터 시작하여 참여적인 세계관을 통해 존재들 간의 대립이 아닌 조화와 일치를 추구하는 평화의 존재론을 생성한다.[27]

물론 레비나스와 데리다, 들뢰즈와 푸코에 이르기까지 포스트모던 사고가 표방하는 차이에 대한 긍정이 대립적인 관계에서 서로를 이해하게 하는 관점의 전환을 가져오지만, 이 역시 이원론적 근대의 패러다임에서 자양분을 공급받기에 서로 경쟁하는 폭력적 대립의 방식을 취하는 것이다.

하지만 밀뱅크는 이런 차이의 존재론은 또 하나의 신화일 뿐이며, 그것에 대항하기 위해서는 하나의 대안적 신화, 즉 동일하게 증명될 수는 없으

---

[25] Smith, 『급진 정통주의 신학』, 102-103.
[26] Ward, *Cities of God*, 88.
[27] Milbank, *Theology and Social Theology*, 279.

나 그런데도 평화의 존재론을 구현하는 신화가 필요하다고 말한다.[28] 차이를 품고 차이를 긍정하는 행위는 유비적 관계에서의 일치성을 가능하게 하고 이는 삼위일체의 관계적 교리처럼 다양성 안의 통일성, 개체성 안의 주체성을 만들어 내는 인간론까지 이어진다고 볼 수 있다.

4. 성례전, 전례 그리고 미학

급진 정통주의 참여적 존재론은 예전적 성례와 미학에 대한 긍정으로 이어진다. 물질성의 영역들을 재고하면서 특히 성만찬을 중심으로 모든 세계가 하나의 성례로 이해할 수 있고, 그런 의미에서 급진 정통주의는 문화의 모든 영역에서 송영적이고 전례적인 면의 우선성을 강조한다.[29] 초월적 계시의 성육신적 서술과 그와 함께하는 참여적 존재론은 모든 피조물이 전례적이며 송영적인 특성을 갖고 있음을 긍정하고 특히 인간을 신적인 것의 매개로서 전례의 역할을 새롭게 인식하는 것이다.

계시의 물질적 또는 감각적 양식으로서 무용, 시각 예술, 몸짓, 향기 등은 중요한 성상적인(iconic) 표식들이다. 기독교의 건축과 예배 안에서 이런 구체화한 양식들은 신적인 것을 반영하는 중요한 수단으로서 가치를 지닌다. 이런 전례의 신비는 일상의 언어와 경험보다 더욱 본질적인 언어이고 경험이다.[30] 예술에 대한 급진 정통주의의 설명은 크게 세 가지의 교의적 주제와 연결된다.

---

[28] Milbank, *Theology and Social Theology*, 279.
[29] Catherine Pickstock, *After Writing*, 45-48. Smith, 『급진 정통주의 신학』, 300에서 재인용.
[30] Milbank, "Programme of Radical Otrhodoxy", 43, Smith, 『급진 정통주의 신학』, 106에서 재인용.

첫째, 창조의 선함이다.
둘째, 성육신(십자가에서 돌아가신) 안에서 육체를 입은 하나님이다.
셋째, 부활의 교리 속에서 구현된 것에 대한 영원한 긍정이다.

예술에 대한 이런 긍정은 존재론과 그와 관련된 독특한 인간론에 의해 다시금 동의 된다.[31] 기독교 인식론은 지성에 특권을 부여하기보다는 감각들과 상상력들을 높이면서 미학이 감성적 지각에 대한 기독교적 설명으로 진리를 이해시키는 가장 중요하고도 효과적인 수단임을 제안한다. 워드는 '이것은 나의 몸이니'라는 성찬의 말씀에 담겨 있는 존재론적 물의(scandal)가 급진적으로 세계에 대한 신의 참여를 보여 주는 것이며, 성찬 예식의 선언이 물질에 대한 새로운 이해, 근대성의 이원론을 넘어서며 새로운 존재론으로 나아가는 통로라 여겼다.

한스 부르스마는 근대가 피조 세계의 성례전적인 특징을 제거하면서 신의 일부 또는 신성에 참여하는 존재론을 제거했음에 한탄했다. 그는 뤼박과 이브 콩가의 가톨릭 신신학의 논의를 이어받아 개신교 전통에서 창조 세계의 성례전적인 존재론의 위치를 강조하면서 그것이 참된 존재로서 하나님의 신비에 참여하는 것이라 주장한다.[32]

스미스는 인간을 '종교적 동물'(homo religious)이 아닌 '예전적 동물'(home liturgicus)로 규정한다. 그는 '예전'(liturgy)과 '의례'(ritual)를 구분하면서, '예전'은 인간에게 정체성을 형성시키고 좋은 삶에 대한 신학의 특정한 전망을 열어 주며, 어떤 면에서는 다른 의례적인 형성들보다 우선하는 의례라고 주장한다.

인간의 욕망을 새롭게 빚어 감으로써 인간의 정체성을 형성하는 것을 목표로 삼는 특정한 의례적 실천이라는 점에서 예전은 중요한 기능을 감

---

[31] Smith, 『급진 정통주의 신학』, 301.
[32] Hans Boersma, *Heavenly Participation* (Grand Rapids: Wm. B. Eerdmans, 2011), 16-22.

당한다.³³ 세속주의로 인해 왜곡된 인간의 욕망과 정체성의 회복을 위해서 예전은 가장 필수적인 요소이며 올바른 것을 사랑하고 닮아 가도록 안내한다. 지적이고 인지적인 인간관이 아닌 궁극적인 것을 사랑하고 예배하는 존재로서의 성향과 습관, 덕목 등을 재형성하는 차원에서 예전은 중요한 역할을 감당한다. 인간은 성례전적 존재가 되기로 규정되어 있으며, 감사와 찬양을 드리면서 창조의 경험을 표현하는 것은 처음부터 인간에게 주어진 것이었다.

인간은 다른 피조물들처럼 단순히 세계 안에 머물지 않으며 세계를 지배하거나 소유하는 것이 아니라 세계를 의식적으로 하나님의 창조 세계로 인식하고, 창조 세계를 숨어 있는 하나님의 현재적 성례전으로 이해하며 하나님과 사귐을 추구한다. 그러므로 인간은 언제나 감사함으로 창조주를 의식적으로 수용하고 하나님을 찬양하면서 영광을 다시 하나님께 돌려야 한다.³⁴

장 뤽 마리옹은 예전의 가시적인 광경을 증명하는 것을 제안하는데 그것은 비전을 실현 가능하도록 할 뿐 아니라 듣고, 냄새 맡고, 만지고 심지어는 맛보는 감각들까지 동원시킨다. 예전은 전적으로 가능한 미학을 성취하고 아마도 오페라보다 더 완전한 광경, 영광스러운 본래의 것을 모방 또는 재현하여 그것으로부터 야기된 풍경을 펼쳐 보인다.³⁵

예배는 기독교 역사를 통해 볼 때 가장 중요한 가르침의 수단이었다. 말씀, 예배 의식, 예전적 행위 그리고 가시적 이미지들은 기독교회의 살아 있는 신앙을 만들어 냈다. 오늘날에도 예배는 기독교의 실천과 신념을 세우기 위한 가장 우선되는 소통행위이자 신성적인 것을 경험할 수 있는 장이자 매개이다.³⁶

---

33 Smith, 『하나님 나라를 욕망하라』(*Desiring the Kingdom*), 박세혁 역 (서울: IVP, 2016) 127.
34 Jürgen Moltmann, 『창조안에 계신 하나님』, 112.
35 Jean-Luc Marion, *The Crossing of the Visible*, trans. James K.A. Smith (Stanford University Press, 2004), 64-65. Smith, 『급진 정통주의 신학』, 106에서 재인용.
36 Ronald Thiemann, *Constructing a Public Theology*, 121.

어거스틴은 '천상의 도시'(heavenly city)를 모티브로 '땅의 도시'(earthly city)의 세속적 욕망과 타락을 극복하려 했다. 급진 정통주의는 모던과 포스트모던의 다양성 안에서 세속주의를 대신하기 위한 하나의 포괄적인 기독교적 관점을 제시하면서 기독교 전통 안에 내재되어 있는 삼위일체, 메타내러티브, 교회와 성찬을 포함한 정통의 신학적 틀 안에서 새로운 존재와 실천으로 근대성을 극복하려 한다.[37]

폴 레만(Paul Lehmann)도 예배는 언젠가 이 땅에 하나님의 정의를 성취하는 것을 목표로 하기에 바른 신앙은 언젠가 공적 현실 안에서 변혁적인 정의의 결과를 만들어 낸다고 말한다. 그렇기에 기독교 예배는 본질적으로 정치적이며 교회의 레이투르기아는 자연스럽게 정치적 행위를 수반한다.[38]

예전과 공적 응답 사이에는 깊은 관계가 있으며 특히 예배를 뜻하는 헬라어 '레이루트기아'(leitourgia)가 폴리스 안에서 공적 업무에 참여하는 것, 즉 국가와 공동체를 위한 섬김과 봉사의 의미하는 것이었음을 주목해야 한다. 초기 기독교 공동체는 그 자체로 예배의 삶이었고 그것은 분명히 공적이며 정치적인 의미와 행위를 나타내는 것이었다.

5. 세속 문화의 종말론적 비판

급진 정통주의의 중요한 공헌은 창조자와 피조물 사이의 관계에 대한 참여적 설명으로 세계 내 하나님 계시의 성육신을 설명하고, 물질 세계에 대한 하나님의 계시와 세계의 구속에 대한 하나님의 관심, 모두를 강조하는 것이다. 성육신과 성만찬의 존재론적인 접근은 물질적인 것을 재평가

---

[37] Graham, *Between a Rock and a hard Place*, 117.
[38] Paul Lehmann, "Praying and Doing Justly", Reformed Liturgy and Music ⅩⅤⅩ:2 (1985), 79. Constructing a Public Theology, 114에서 재인용.

하면서 성스러운 예술을 긍정할 뿐 아니라 문화 전 영역에 대한 긍정을 가능하게 한다.[39]

이런 참여는 인간의 문화와 삶의 전 영역으로 들어가면서 언어, 역사, 문화 등 창작의 전 영역으로 확장될 수 있다. 모든 것에 앞서 존재하시며 이해하시는 하나님을 향한 참여는 인간의 창작적 행위 역시 하나님에게 참여하는 것으로 이해하기에 인간의 문화를 무한한 시적(poetic) 표현으로 해석하면서 그것을 하나님의 구속 과정에 올려놓게 했다.[40]

문화 변혁은 문화적인 어떤 조건과 역사적인 특별한 실천을 강조하는 것이 아니다. 문화 이면에 있는 더 깊은 근거를 발견하는 것이며, 그것은 존재와 존재들 사이에 자리한 관계적 특성인 '신념'(belief)을 탐구하는 것이다. 신념은 그것을 공유하는 이들의 관계 안에서 공적으로 표출되어 사회적인 특징을 지니기에, 특정한 신념이 형성한 문화의 변혁을 위해서 문화 이면의 신념에 관심을 두어야 한다.[41]

찰스 테일러가 주장하듯이 공적 의견들이 모이는 공론장은 합리적인 이성들이 집약된 듯 보이지만 그곳은 신뢰할 수 있는 신념을 중심으로 새로운 사회를 향한 상상력들이 발현되는 관계적 장소이다. 공동체와 사회를 향한 집단적 상상력이 논의되고 실천되는 장이다. 그렇다면 이런 관계적 상상들이 어떻게 사회적 행위와 문화의 변혁으로 이어질 수 있을지를 관찰해야 한다. 폴 리쾨르(Paul Ricoeur)의 메타포(metapor)의 생산 이론을 보면 상징은 상상력과 연결되는 은유를 통해 특정한 의미를 형성하고 그 의미를 부여하면서, 세상을 바라보는 방식을 새롭게 해석하게 한다.

상상력은 문화 변혁과 비판적 참여로 연결되면서 특정한 행위에 역동성을 더하게 한다. 상상력은 인간의 욕망으로부터 출발하며 인간의 동기

---

[39] Milbank eds., *Radical Orthodoxy: a New Theology*, 220-241.
[40] Smith, 『급진 정통주의 신학』, 107-108.
[41] Ward, *Cultural Transformation and Religious Practice* (Cambridge: Cambridge University Press, 2005), 120-121.

를 자극하면서 언어의 시적 표현을 통해 공동체와 공유된다. 그러나 워드는 그러한 상상력도 한 존재가 속한 사회 집단과 문화적 현상에 깊이 영향받음을 지적하면서 특정한 관계의 교제(koinonia)가 상상력의 존재를 형성하며 변혁적인 사회적 실천과 열망을 인도한다고 보았다. 다시 말해 기독교 공동체가 상상하는 종말론적인 이상과 현실은 상상의 공동체를 형성하고 그들의 삶을 안내한다고 볼 수 있다.[42] 상상력이 사회의 변혁을 이끌 수 있는 것은 부르디외가 언급한 바 있는 상징 자본과 그것을 만들어 내는 상징 구조가 지속적으로 급진적인 상상 안으로 공동체를 참여시키기 때문이다.

기독교 공동체가 가지는 상상은 윤리적이면서도 종말론적인 비전이다. 하나님의 진(정의), 선, 미는 성육신하신 그리스도 안에서 잘 드러난다. 왜곡된 사회 구조와 관계들을 하나님 진, 선, 미의 윤리적 비전으로 바라볼 때 그리스도 안에서 새로운 창조와 구속의 완성이 하나님의 사랑 안에서 성취됨을 인식하게 한다. 이런 윤리적 비전들은 종말론적으로 희망을 향하는 구속적 수행과 진리의 비판적 태도를 취하게 한다. 희망은 미래를 향하게 하는 인간의 욕망에서 분리될 수 없으며 희망의 변혁적 실천은 그리스도 안에서 완성된다.[43]

종말론적 희망의 비전을 선취하는 교회의 사명 중의 하나는 '시대의 징후'(sing of times)를 읽어내는 것이며 이것은 종말론적 분별과 희망의 변화 모두를 요구한다. 교회는 많은 문화적 자본들, 즉 몸, 성, 관계, 욕구, 그림, 음악, 도시, 자연, 정치 등을 바라보면서 그것들을 다양한 신조들 속에서 집약될 수 있는 문법인 기독교 신앙의 문법 관점을 제공한다. 이런 방식으로 급진 정통주의는 그 자신의 임무를 신학하는 것에 둘뿐 아니라 피조 세계를 구속에 참여시킴으로써 신학적으로 존재하게 한다.[44]

---

[42] Ward, *Cultural Transformation and Religious Practice*, 134-140.
[43] Ward, *Cultural Transformation and Religious Practice*, 168-170.
[44] Ward, "Radical Orthodoxy and/as Cultural Politics", 103.

교회가 특정한 관점으로 문화를 비판하는 것이 아니라 교회 그 자체가 하나의 문화 비판이다. 교회론 그 자체가 하나의 정치학으로 급진적 제안을 시도하며, 독특하게 기독교적인 정치학을 전제하는 방식으로 세속주의를 극복한다.[45]

리처드 보캄은 요한계시록의 독자들은 세상에 관한 로마의 전망을 담고 있는 강력한 이미지에 항상 노출되어 있었다고 보았다. 공민적이고 종교적인 건축물, 성상, 의례와 축제, 심지어 교묘히 조작된 신전의 기적이라는 시각적 경이까지 모든 것이 로마 제국의 힘과 이교의 화려함이라는 강력한 시각적 인상을 눌려있었다.

이런 맥락에서 요한계시록은 독자들에게 세상에 대한 다른 전망을 심어 주는 기독교의 예언자적 대항 이미지이다. 요한계시록의 시각적 힘은 기독교적 상상력을 정화하고 세상이 어떠하며 또한 어떠할 것인가에 관한 대안적 전망을 통해 이를 갱신하는 효과를 낳는다.[46] 세속 문화의 변혁으로서 예전과 종말론적 상상력은 시대를 저항하게 할 뿐 아니라 대항 문화의 새로운 창조로 이어져 세속 안에서도 다른 문화를 향유할 수 있도록 안내할 것이다.

---

[45] Smith, 『급진 정통주의 신학』, 109.
[46] Richard Bauckham, *The Theology of the Book of Revelation* (Cambridge: Cambridge University Press, 1993), 17.

제11장

교회의 패러디로서 국가와 욕망의 성화

급진 정통주의는 세속화 이후로 굳어진 이데올로기들의 전제를 다시 성찰하는 하나의 해석학적 성향이자 형이상학적인 비전으로 신학과 사회의 모든 영역을 재정립한다.[1] 워드가 미셸 드 세르토(Michel de Certeau)의 공간 이론과 걷기에 대한 성찰을 인용하거나 벨이 푸코의 권력에 대한 성찰을 차용하고, 밀뱅크가 질 들뢰즈, 슬라예보 지젝을 통해 존재론에 대한 통찰을 인용하면서 기독교 전통의 깊은 신학적 유산들을 회복하려 한다.

이런 입장에서 급진 정통주의가 다루는 주제는 다양하다. 인간 존재론, 국가와 정치 문제, 소비 문화 등을 살피면서 세속 사회가 잃어버린 초월적이고 관계적인 영역들을 다시 회복시키는 동시에, 신적인 참여와 현존을 통해 신실한 해석을 발견할 수 있도록 이번 장에서는 급진 정통주의의 관심을 살펴보면서 신학의 새로운 상상력을 펼쳐 보이도록 하겠다.

1. 참여적 존재론과 언어적 전환

밀뱅크는 신정통주의와 신신학(nouvelle théologie)의 전통에 있는 프랑스의 신학자이자 철학자인 장 뤽 마리옹(Jean-Luc Marion)을 20세기 신학의

---

[1] Smith, 『급진 정통주의 신학』, 91.

최종적 운동을 시도한 대표적인 신학자라고 평가했다. 하나님을 하나님 그 자체로 인식하기 위해 철학과 형이상학의 영역에 예외적인 것을 선언한다. 밀뱅크는 존재에 관한 인식을 근대의 합리적 이성과 인지적 성찰이 아닌 '은총'(grace)과 '선물'(gift)로 접근하고자 뤼박과 이브 콩가(Yve Congar)를 탐구한다.

이들은 '원천으로 돌아가자'는 입장을 취하면서 새로움을 추구하기보다 과거 기독교 전통의 신학적 풍요로움을 추구하려 했다. 신토마스주의나 신스콜라주의가 순수한 이성의 가능성을 인정하면서 초자연적인 것을 배제했지만 뤼박은 인간은 하나님을 향하도록 창조된 하나님의 형상이며, 하나님의 영을 통해 신적 본성에 참여할 수 있는 가능한 존재임을 선언한다.

그리스도는 신비주의나 추상적인 무엇이 아니라 우리의 역사와 삶에 실천적인 진리로 계시된 분이다. 하나님은 초월적인 조건 안에서 '주어짐'(donation)으로 알 수 있으며, 순수한 현상으로 파악된다. 마리옹의 주장은 존재에 관한 철학과 신학이 상호 응답하는 것을 거부하며 '주어짐'(donation)과 '선물'(gift)에 의해서만 인식 가능함을 전제한다.[2]

새로운 존재론은 인간 본성에 대한 역설적인 정의를 지니는데, 인간은 신성의 초자연적인 특성을 지니는 동시에 창조된 피조물로서 유한성을 지닌다. 초자연적인 본성은 하나님의 은혜에 의해서 주어졌기에 파괴되지 않은 채 남아 있으며, 이것은 끊임없이 하나님을 향한 열망으로 작동한다.

아퀴나스의 '은혜가 자연을 완성한다'는 명제처럼 은혜와 자연을 분리하거나 은혜를 자연의 상위에 두는 개념으로 이해하지 않고, 은혜 안에 자연이 포함되는 개념으로 인식하면서 본성과 이성의 한계성에도 불구하고 은혜의 선물로 인간의 의지, 지성, 감정이 신성 안에서 은혜로 참여할 수 있다고 보았다.[3]

---

2 Milbank, *The Word Made Strange: Theology, Language, Culture* (Oxford: Brackwell Publishers Ltd, 1997), 36-37.

3 Milbank, *The Suspended Middle: Henri de Lubac and the Renewed Split in Modern Catholic*

소위 자유주의 신학(Liberal Theology)의 실패는 칼 라너(Karl Rahner)가 제2차 바티칸 공의회에서 주장하듯 세속의 세상 안에서 하나님의 존재를 개방시켜버린 것이다. 순수한 자연 그 자체로 존재하는 것이 아니라 모든 인간은 신적 은혜에 영향을 받고 있고, 하나님과 동떨어진 세상의 일부로서 존재할 수 없으며 은혜 아래서 존재하는 것이다.[4]

마리옹은 하이데거가 주장한 '현존재'(dasein) 역시 데카르트 코기토(cogito)의 존재론을 완전히 극복하지 못했으며 '현존재'의 존재 안에는 분명히 성찰과 인식으로서 자아에 대한 관점들이 내재되어 있다고 비판한다. 마리옹은 '존재'(Being)와 '존재들'(beings)을 구분하면서 존재들(beings)이 스스로 존재하는 것이 아니라 근원적 '존재'(Being) 안에서 존재할 수 있다고 보았다. 물론 존재에 대해 레비나스가 '타자'(other)를 자신의 투영(projection)으로서 주체적인 호출인(caller)이라 주장했으나, 그 자신이 다시 주도적일 수 있다는 점에서 앞서 언급한 것처럼 자아와 타자의 특수성을 인식하는 토대로 복귀하게 된다.

더 나아가 마리옹은 호출인의 부름을 통한 정체성은 종교적 신앙에 가까운 것이며 그것은 자신의 자유와 의지를 잘못 인도할 수 있는 타자에 대해서도 자유로울 뿐 아니라 자아와 타자로 구분하는 이원론적인 일의성(univocity)에 대항할 수 있는 궁극적인 부름이라 주장한다. 초월적인 존재는 보편적인 '수여자'(giver)로서 존재 이전의 본성과 윤리를 지니면서 인간 존재들을 응시하고 있는 것이다.[5]

창조주는 본질에 있어서 피조물들과 존재론적 차이를 지니지만 창조자에 의해 만들어진 존재들(beings) 안에는 존재(being) 그 자체의 특성이 파괴

    Theology (Grand Rapids: Wm. B. Eerdmans Publishing, 2014), 16-33.
4 Shakespeare, *Radical Orthodoxy*, 14. 순수한 자연이 없는 것은 자연은 항상 인간들에 의해서 해석되고 형성되기 때문이여, 인간의 문화, 상징, 언어들 안에 갇혀 있기에 결국 자연은 인간 공동체 안에서만 인지된다. 20.
5 Milbank, *The Word Made Strange*, 39.

되지 않은 채 '주어짐'을 통해 잔존하고 있다. 피조된 존재들은 신적 주어짐의 존재적 특성을 보유하면서도 유한한 존재들의 일시적인 특징도 지닌다. 마리옹의 이런 입장들은 하이데거가 주장한 존재와 근본적으로 다른 '존재론적 차이'(ontological difference)를 드러내며, 신플라톤적 입장을 기독교가 흡수하면서 잘 알려지지 않은 존재의 원천으로서 신비를 강조하는 듯한 인상을 준다.[6]

밀뱅크는 이런 흐름이 보에티우스(Boethius), 아퀴나스(Aquinas) 그리고 에크하르트(Eckhart)에게로 이어진다고 말한다. 특히 에크하르트는 하나님을 대상 혹은 지적으로 간주하는 일의적(univocal) 존재로 보지 않고 모든 것과 연합되는 연합으로 존재의 초월적 차원을 부각시켰다. 마리옹은 형이상학과 신학의 역사 안에 '존재'와 '선물'의 이중적 적용을 비판하면서 하이데거의 존재를 넘어서는 '선물'에 대한 특권을 인정했던 근대 이전의 신학적 특성들을 수용할 필요가 있으며 '존재'를 하나님의 본질(essence)을 위한 최고의 이름이라 언급했다.[7]

밀뱅크는 오직 신학만이 이런 형이상학을 넘어설 수 있다고 강하게 피력한다. 그는 아퀴나스를 따라 계시를 떠나는 형이상학은 없다고 보았다. 이것은 자율적이고 비계시적인 스코투스의 형이상학과 대조되는데, 스코투스는 존재를 하나님 위로 올려놓으면서 존재 신학을 하나의 우상화로 만들어버렸다고 비판한다.[8]

형이상학적인 이원론의 존재론은 기독교 안에서 통전적인 차원으로 발전하는데 존재와 사고를 하나로 보았던 중세 철학을 거쳐서 해석학으로 나아간다. 창조 안에 계시는 하나님은 자신 안에서 그의 말씀(Logos)과 말씀 안에서, 말씀으로부터 함께하신다. 삼위 하나님의 '존재'(Being)와 '연합'(Unity), '말씀'(Verbum)은 구분되나 분리되지 않고, 그 사이의 간

---

6 Milbank, *The Word Made Strange*, 42.
7 Milbank, *The Word Made Strange*, 45-46.
8 Smith, 『급진 정통주의 신학』, 132.

격은 존재하지 않으며, 존재론적 전체성이 아니라 '연합하여 함께하는 전체성'(Henological totality)으로 계신다.[9] 따라서 그리스도인과 비그리스도인 모두는 하나님 형상으로서의 모습을 공유하고 신성에 참여할 수 있는 은총을 받았으며 이를 통해 모든 존재가 서로 안에, 하나님 안에 참여하게 된다.

밀뱅크는 창조, 삼위일체, 성육신, 기독론, 성례 등이 서구의 언어에 대한 성찰들에 빚을 지고 있으며 신학은 '단어'(word)와 '기호'(sign)의 개념 그리고 기호와 실재의 관계에서 상당한 영향을 받았다고 지적한다. 18세기 서구의 기독교 신학은 언어를 신적인 것보다는 인간의 것으로 인식했고 중세의 신학적 교리와 해석방법론에 부분적인 영향을 받은 '언어적 도구주의'(linguistic instrumentalism)를 따랐다.[10] 하나님과 피조 세계와 연합되어 있던 단어와 개념들이 하나둘씩 분리되면서 본질적인 관계의 현실을 상실한 채로 통용되면서 반합리적 또는 비합리적인 것을 합리적인 것으로 받아들이는 오류를 범해 왔다.[11]

어떤 언어를 사용하는가의 문제는 그 언어가 담지하고 있는 문화적, 역사적, 사상적 배경들을 의식적 혹은 무의식적으로 수용하는 것이며, 공동체와 사회 안에서 오랫동안 생명력을 이어 왔던 언어는 사람들의 관계를 규정하고 정신 세계에 영향을 미치며 끊임없이 확대, 재생산되기에 세속화된 언어의 한계를 인식하고 '존재론적 언어', '참여적 언어', '성례전적 언어'로 전환하려는 급진 정통주의의 시도는 새로운 통찰을 제공할 것이다.

언어는 기표와 기의의 관계가 고정된 것이 아니라 화자들의 문화적 배경과 쓰임에 따라 생성과 소멸을 반복해 왔다. 어거스틴은 '언어의 표현'(verbal expression)과 '의미 내용'(meaning-content) 사이의 자연스러운 연결을 시도한다. 단어와 기호는 의미가 발생하는 존재로부터 분리되지 않으

---

9 Milbank, *The Word Made Strange*, 80.
10 Milbank, *The Word Made Strange*, 84.
11 Jone Montag SJ, "Revelation: The false legacy of Suarez",, *Radical Orthodoxy*, 51.

며, 단어들의 조합과 연결은 정태적인 차원의 시스템적인 연결이 아니라 동태적인 특성을 지닌다.

밀뱅크는 이런 방식이 기독교의 전통에서도 잘 나타난다고 여겼다. 성경과 여러 사도의 편지들은 단순한 글이 아니라 역사적, 문화적 배경과 기독교 전통의 영적인 차원들과 결합하여 성경을 읽고 해석하는 구성원들의 존재와 행위까지도 영향을 미쳤다. 따라서 '언어적 합리주의'(Linguistic rationalism)는 형이상학과 의미들 사이의 구분을 넘어서야 하고 성경적이면서 공동체적인 전통들의 신학을 통해 합리성의 한계는 충분히 극복될 수 있다.[12]

기독교는 본래 언어를 통해 형성되어 왔다. 하나님께서 말씀으로 세상을 창조하셨고, 말씀이신 성자가 인간의 몸을 입고 이 땅에 오셨다. 언어의 합리성이 근대와 후기 근대 철학의 전유물로 보이지만 밀뱅크는 그리스도의 성육신 사건처럼 언어가 육체와 온전히 결합할 수 있음을 주장한다. 즉 몸이 없는 이성이 아니라, 반대로 영혼 없는 몸이 아니라 언어의 육체성(corporeality)이라는 급진적 언어성을 제안하면서 '이성의 언어성'(Linguisticality of reason)을 넘어서려 한다.

2. 교회의 패러디로서 국가

근대 국가의 기원에 관한 고전적인 논의는 국가의 본성에서부터 출발한다. 국가는 '자연적으로 형성된 것이 아니라 인위적인'(not natural but artificial)이며, 르네상스와 종교개혁이 진행되는 시기 추상적인 정부의 개념들이 형성되기 시작했던 것이 인종, 언어, 역사 등의 요소들과 결합하여 국가를 형성하게 된다.[13]

---

[12] Milbank, *The Word Made Strange*, 90-91.
[13] Cavanaugh, *Migrations of The Holy* (Grand Rapids: Wm. B. Eerdmans, 2011), 9-11.

국가는 루소의 주장처럼 사회적 원자들의 계약적 합의체로서 하나님에 의해 통치의 영역으로 인정 받은(ordained) 제도이다. 자연 상태에서 각각은 경쟁하는 독립적 존재로 존재하는 듯 보이지만, 동시에 서로에게 얽혀 있는 생태계처럼 사회라는 거대한 틀을 형성한다. 경쟁하는 존재들 사이의 평화와 공존을 위한 장치, 즉 법과 윤리와 같은 연결망은 개인과 전체의 공존과 번영을 위해 필수적인 것으로 이해된다. 근대 이전까지 교회가 제공했던 다양한 기능과 사회적 에토스, 윤리적 역할 등이 근대 국가로 이전되면서 국가는 교회를 대체하게 된다.

국가가 독립적인 영역으로 스스로를 위치시키는 듯해도, 그 이면에는 신학적 원리가 감추어져 있다. 국가의 통치는 괴상한(grotesque) 종류의 사회체로서 인류의 하나 됨을 추구한다. 그들이 제시하는 자유와 평등은 인류의 공통성에 기반한 것이 아니라, 각각의 권리와 이익을 보장하는 차원에서 이루어진다. 이런 계약의 메커니즘은 기독교가 말하는 공동체로서의 몸, 새로운 피조물로서의 인격적 공동체가 아니다. 캐버너는 기독교의 성만찬에서 나타난 화해와 일치, 희생과 나눔으로서의 정치체(political body)를 제안하면서 이익 중심의 계약 공동체는 진정한 정치적 공동체가 될 수 없음을 비판한다.[14]

그리스도의 몸은 단일성으로 구성된 것이 아니며 다수가 각각 몸의 머리이신 그리스도 안에서 서로 참여하면서 일치를 추구한다. 다양한 개인들로 구성된 정치체는 각각의 목적을 자유롭게 선택할 수 있기에 수많은 대상을 경배하는 갈등과 충돌의 긴장감이 존재한다. 캐버너는 초월적인 목적이 없는 다수들의 일치와 연합은 위험에 빠질 수 있으며 국가가 그 스스로 초월성을 띠지 않을 때, 어려움에 빠질 수 있다고 경고한다.[15] 사실 국가는 종교적 의례와 상징을 차용하여 스스로의 목적과 정당성을 변

---

14 Cavanaugh, *Theopolitical Imagination* (London: Bloomsbury T & T Clark, 2002), 48-49.
15 Cavanaugh, *Migrations of The Holy*, 47.

호하고 애국심과 민족애와 같은 이상적인 정치적 단일체를 향한 구성원들의 관심과 애정으로 일치와 단합을 이끌어 왔다.

캐버너는 교회의 신성함처럼 국가도 하나의 신성한 영역으로 간주했고, 교회가 담당한 구원의 영역이 국가가 관장하는 개인의 번영과 사회적 안정, 평화로 대체되었음을 지적한다. 국가란 사회체(social body)의 제정으로 개개인 갈등의 폭력에서 해방된 구원은 홉스의 리바이어던처럼 보상과 체벌을 가하는 동시에, 영혼까지 통치하는 막강한 권력을 누리며 새로운 아담이 됐다.[16] 사회체의 메타포는 집합적인 도덕체로 이어져 사회 계약으로 나아갔고 새로운 아담의 의지, 힘의 통제를 통해 개인이 그의 일부분이 되는 결과를 낳았다.

교회의 일차적인 과제는 국가를 향한 잘못된 신화적 인식을 벗겨내는 것이다. 국가가 시민들에게 상품과 재화를 선한 의도로 제공해 줄 수 있지만, 그것은 한계가 있으며, 공공선의 담지자로서 활약하기에는 부족하다. 교회는 새로운 대안 사회를 상상하도록 안내해야 하며 더 나아가 교회는 정치체로서 에클레시아의 모델을 제안해야 한다. 에클레시아는 시민의 권리를 보장하는 하나의 공동체로서 완전히 공적이며 도시 전체의 관심 사항을 다루는 동시에 천상의 도시에 참여하는 통로가 된다.[17]

교회는 역사 안에서 하나의 개체로서 존재하기보다 초국가적인 구성체로서 국가의 한계를 넘어서서 하나의 보편 세계와 정신을 이끌어 왔다. 특히 근대 이전의 교회는 시민들의 세계관을 형성하고, 삶의 의미와 방향을 설명해 주는 유일한 제도이자 권위의 원천이었다. 그러나 근대성의 도래와 세속의 탄생으로 개인과 공동체는 자유롭게 초시간적인 목적을 추구할 수 있는 존재들로 성장했고, 신성한 공간으로부터 구별된 국가는 단순히 현세적인 것들을 관리하는 것이 아니라 오히려 국가가 그 자체로 구원론

---

[16] Cavanaugh, *Theopolitical Imagination*, 18-19.
[17] Cavanaugh, *Migrations of The Holy*, 42-43.

적인 제도를 완성함으로 교회 자체를 대체하게 됐다. 바로 이런 의미에서 국가가 교회의 패러디로서 그리스도의 몸을 대체한 것이 된다.[18]

정치체로서 교회가 제시하는 구원은 단순히 개인적인 차원이 아니며 새로운 하늘과 새로운 땅의 재형성이다. 국가에 대한 성경의 가르침을 보면, 애굽의 바로, 이스라엘의 왕들, 로마의 가이사와 같은 세속 통치자들과의 상호 작용에서 하나님의 나라는 드러나는 정치 현장임을 알 수 있다. 그리고 온전한 국가인 새로운 예루살렘과 하나님 나라를 이미지화했다.[19]

벨은 국가정치(statecraft)의 실패를 지적하면서 그 대안으로 기독교 공동체를 하나의 정치체로 제안한다. 기독교야말로 절대적으로 정치적이며, 진정한 정치이다. 어거스틴도 인정하였듯이 교회는 인간의 사회적, 정치적, 경제적 조직이며 특정한 예전과 예배의 질서를 중심으로 형성된 사회이다. 그렇다고 기독교 역사 안에서 기독교 정치의 실패인 콘스탄틴주의와 크리스텐덤을 언급하는 것은 아니다. 오히려 가난한 이들의 교회(Church of the poor), 평화 전통의 교회에서 그 답을 찾으려 한 것이다.[20]

교회는 모든 창조 세계를 구원하시려는 하나님의 계획을 종말론적으로 보여 주는 가시적인 정치체이며 사회 질서의 변혁을 위한 중심 센터로서 역사를 통해 하나님 정치의 신실함을 증거해 왔다. 교회의 역할은 단순히 정책을 제안하거나 참여하는 정도가 아니라 다른 종류의 정치를 구현하는 것이다. 그럴 때 비로소 세상은 진실된 정치를 깨닫게 되며 변혁될 수 있다.[21]

---

18 Smith, 『급진 정통주의 신학』, 179.
19 Cavanaugh, *Migrations of The Holy*, 124.
20 Daniel M. Bell Jr, *Liberation Theology After the End of History: The refusal to cease suffering* (London: Routledge, 2001), 2.
21 Cavanaugh, *Migrations of The Holy*, 137-138. 해방 신학도 좋은 소리를 하는 것처럼 보이지만 세속 사회학을 사용하면서 그 본래의 목적을 잃어버렸고, 그들의 해방 역시 세속적 의미 안에 머물러 있기에 이미 실패한 것이다.

3. 인위적인 정치 제도

급진 정통주의는 어거스틴의 『하나님의 도성』(*De civitate Dei*)을 재진술하면서 신의 도성만이 참된 예배를 발견할 수 있으며, 그곳에서만이 진정한 인간 공동체의 장을 찾을 수 있다는 데 동의한다. 벨은 근대 국가는 성자들의 교제인 참된 정치에 대한 세속적 패러디일 뿐이라는 어거스틴의 통찰에 동의했다.[22]

워드는 국가 정치가 철저히 신학적 인간론에 뿌리를 두고 있기에 하나님의 형상인 타자에 대한 진실된 참여를 인정하지 않는다고 말한다. 진실된 참여가 인권에 대한 참여로 대체되고 그 인권은 '나의 것'(mine)과 '너의 것'(thine)을 구분하여 공동체를 약화시켰다. 하나님과 타자의 참여는 계약적 메커니즘의 허구성을 폭로할 뿐 아니라 국가가 개인과 그룹들을 진실로 통합할 수 없음을 드러낸다. 왜냐하면, 국가에는 개인과 그룹들이 연결될 수 있는 초월적 차원이 부재하기 때문이다.[23]

국가가 유지하는 평화는 진정한 평화가 아니며 폭력을 수반하는 임시적, 한계적인 평화이다. 19세기와 20세기의 전쟁은 이런 평화의 몰락을 잘 보여 줄 뿐 아니라 자국의 이익을 위한 투쟁에 있어서 국가가 얼마나 반관계적이며, 반이성적인지를 보여 준다. 오히려 전쟁을 통해 국가의 구성원들이 일치하는 역설적인 상황을 볼 때, 결국 계약에 의한 법의 운영도 자본과 권력의 논리임을 알 수 있다.[24]

밀뱅크는 그로티우스(Grotius), 홉스(Hobbes), 스피노자(Spinoza) 등의 정치 이론들이 어떻게 신학에 기대어 세속의 영역에서 영향을 미치고 있는지를 기술한다. 지식은 그 스스로 단독적으로 자율성을 확보하지 못하며, 순수

---

[22] Bell Jr., *Liberation Theology after the End of History: The Refusal to Cease Suffering*, 72. Smith, 『급진 정통주의 신학』, 179에서 재인용.
[23] Ward, "The City", *Radical Orthodoxy*, 192-193.
[24] Ward, "The City", 194.

한 권력의 영역으로서 정의될 때에 가능하다고 주장한다. 세속의 학문은 권력으로 자신의 지식체계를 구축하였으며, 신이 없는 것처럼(*etsi Deus non daretur*) 주로 자연적인 법칙들을 통치 원리로 삼아 왔다.[25]

근대 국가와 정치는 하나의 인공적 인간(Artificial Man)을 가정하여 지배 제도를 구축했으며, 그 자신의 인위적인 정치체의 관리와 보전을 위한 제한 없는 권리를 보장받았다. 시민들은 사적인 자유와 소유권을 보장받는 수많은 다수로서 하나의 공적 인간들의 연합체로 국가에 참여한다.

그러나 밀뱅크는 국가의 통치와 자연적 법칙들 안에서 신학의 흔적, 즉 신성의 영역들을 포착하는데 먼저 개개인의 계약으로 이루어진 국가의 정치체가 갖는 권위와 신뢰는 하나님과 인간 사이에 맺어지는 계약적 연대(covenantal bond)의 모방이라고 주장한다. 또한, 하나님의 형상으로서 인간의 존엄성과 가치를 인정하는 것에서 개개인의 인권을 보장하는 것 역시 하나님의 창조와 구속의 영역에서 기원한다고 말한다.

베버가 언급한 근대와 합리화와 관료화는 중세의 질서와 권위의 체제를 잘 보여 주는 교황 제도(Papacy)를 수용하여 정치 체제 속에 반영한 것이고, 통치 이념을 종교적 문서를 모방한 헌법의 가치와 서술들로 바꾸어놓았다.[26]

밀뱅크는 기독교의 이중적인 특성인 하나님의 다스림(sacerdotium)과 인간의 지배(regnum)에서 전자가 후퇴함에 따라 중세의 교회가 교회 됨을 실패하면서 복음의 규율을 보존하지 못했고 도덕적으로 진공상태가 되고 말았다고 주장한다. 성경의 권위가 통치의 이념으로 인정 받지 못하면서 홉스의 『리바이어던』(*Leviathan*)과 스피노자의 『신학 정치론』(*Tractatus Theologico-Politicus*)에 나오는 것처럼 정치적 학문과 성경의 해석이 같이 혼재하는 형태로 발전하게 된다.

---

[25] Milbank, *Theology and Social Theory*, 10-11.
[26] Milbank, *Theology and Social Theory*, 14-15.

홉스와 스피노자의 해석학은 루터의 '오직 성경'(sola scriptura)에서 기원한 것인데, 성경이 하나의 정치적 해석물로 간주하면서 본연의 목적과 권위가 상실해 버렸다.[27] 이제 국가는 하나의 자율적인 정치체로 거듭나면서 종교를 자신들의 통치 목적에 이용하는 시민 종교의 형태로 간주했고, 시민들을 연합하고 정서적으로 윤리적으로 일치를 추구하는 기능적인 차원으로 남게 된다.

그리스도의 몸이 하나님 안에서 인류가 참여하고 인류 안에서 하나님의 상호 참여가 가능한 것처럼, 그리스도의 대체로서 국가는 상호 다른 기관들과 개인들의 합의와 협력을 통해 관계의 연합체로 구성된다. 그리스도 안에서 서로 화해하며 하나가 된 것처럼 이상적인 국가는 공동의 삶을 향한 같은 목적 안에서 나름의 공동체성과 동질성을 갖게 된다.

홉스, 로크, 루소는 모두 국가는 개인의 자유와 인권이 국가권력이나 종교, 타자로부터 존중되고 보호되어야 하기에 서로의 생명과 재산의 보호를 위해서 상호 간의 계약이 필수적이라 보았다.[28] 개인들의 갈등과 대립적 폭력 상황은 기독교에서 사회적 몸, 즉 그리스도 몸의 제정으로써 해결했고 이 몸의 은유를 홉스는 거대한 리바이어던, 인공적 사람, 국가의 공통체로 이해했다.

루소는 집단적 도덕체는 사회적 계약의 결과이며 이는 공통의 여론과 일반의지 안에 스며들어 있다고 보았다.[29] 자유는 전적으로 하나님의 은혜 안에서만 작동되는 기능인데, 국가가 보장하는 개인의 자유는 규제와 계약에 의한 자유로서 개개인의 책임과 상호 이해를 전제로 한다. 그러나 진정한 자유는 하나님의 의지에 둘러싸여 있으며 인간이 자율적으로 스스로 인식하고 행동할 수 없기에 하나님 안에서 서로 참여하면서 자유의 의미와 기능을 체득할 수 있을 것이다.[30]

---

27 Milbank, *Theology and Social Theory*, 17-19.
28 Shakespeare, *Radical Orthodoxy*, 184-186.
29 Shakespeare, *Radical Orthodoxy*, 188.
30 Cavanaugh, *Being Consumed: Economic and Christian Desire* (William B. Eerdmans Pub,

4. 소비 문화와 욕망의 경제

벨은 포스트모던 사상가들을 통해 욕망과 자본주의 사이의 관계를 분석한다. 그는 오늘날 자본주의를 욕망의 훈련으로 이해했다.[31] 그는 질 들뢰즈와 푸코를 통해 '욕망의 흐름들'(flows of desire)이 정치 체제에 따라서 어떻게 이동되는지를 살핀다.

들뢰즈는 욕망을 훈육하는 정치의 체제를 크게 세 가지로 구분했는데, 제국주의 국가 형태, 다원화된 체제 형태, 근대 국가 형태이다. 제국주의 체제에서 욕망은 왕과 권력자들의 통제하에 있었으며 다원화된 체제에서는 통치자가 아닌 귀족과 지주에게 있었고, 근대 국가에서는 개인들의 자유와 인권이 강화되면서 사적 이익 즉 자본으로 귀속됐다고 말한다.[32]

푸코는 욕망이 근대지배 체제에서 어떻게 훈육되는지 벤담의 파놉티콘 원리를 따라 설명했고, 그것은 감옥, 학교, 병원 심지어 교회에서도 동일하게 적용됐다. 욕망은 특히 자본주의에 의해서 훈육되며 시장을 위한 생산과 소비의 논리에 노예가 된다.[33] 물론 두 사상가 모두 욕망이 갖는 긍정적인 요소, 창의성과 생산성을 인정하고 있지만 동시에 욕망은 사회적 환경과 지배 체제에 순응한다는 점에 동의한다. 하지만 벨은 중세 수도원과 수도회의 예를 들면서 기독교 안에서 욕망이 절제되고 사회의 긍정적인 요소로 작동되는 예들을 언급하며 반박한다.

기독교는 욕망의 경제를 따라가는 것이 아니라 오히려 치유자로서 역할을 담당한다. 왜곡된 욕망은 죄악의 결과로서 특히 자본주의는 개인적이고 자유로운 선택을 존중하며 최대의 이익을 추구하며 경쟁심을 유발한다. 그러나 교회는 하나님을 향한 욕망으로 방향을 재설정하고, 재형성하

2008), 8.
31 Bell Jr, *Liberation Theology After the End of History*, 2.
32 Bell Jr, *The Economy of Desire* (Grand Rapids: Baker Academic, 2012), 60-63.
33 Bell Jr, *The Economy of Desire*, 78.

도록 안내한다. 교회는 욕망을 훈련하는 장소이자, 병원으로서 죄로 인해 왜곡된 욕망을 이웃 사랑과 섬김의 방향으로 이끈다. 욕망의 채워지지 않는 부족함으로 자본주의의 경쟁에서 패배하는 것이 아니라 하나님의 풍성함과 넘침으로 전환하여 욕망은 하나님의 현존과 사랑으로 가득 차게 된다.[34] 벨은 수도원이 자선의 훈련소로서 욕망이 구속되고 재설정되는 신성한 교육(divine pedegogy)의 장으로 이해했다. 특히 시토수도회와 끌레르보의 버나드를 언급하면서 욕망이 전환될 수 있음을 주장한다. 또한, 많은 교회에서 드려지는 예배를 통해 욕망이 성찰되고 신적 경제 안에서 구속된다고 주장한다.[35]

픽스톡도 현대 세속 사회는 결핍(lack)에 의해서 움직이며, 그 결핍이 자본주의 경제의 핵심으로 인간의 바람, 필요, 상품의 생산 등을 이끌어간다고 보았다. 끝없는 것을 추구하려는 인간의 왜곡된 욕망은 세속화된 것이고 스스로 만족하지 못할 것에 대한 두려움과 갈망을 형성시켰다.[36] 개인주의를 토대로 둔 근대의 자아는 합리적 사고를 통해 스스로 판단하고 결정하는 이성적 자아를 추구하지만, 결국은 타자로부터 스스로를 고립시키고 자신의 이기심과 탐욕의 만족을 추구하는 개인주의적 자본주의로 향하게 한다.

욕망은 감각과 생각에서 분리되지 않으며, 욕망은 그 둘을 실제화한다. 욕망은 인간의 생각과 행동의 근거로서 영혼의 사랑 방향성을 결정하며 존재를 변혁적으로 안내한다. 몸이 없이 욕망을 구체화할 수 없고, 영혼 없이 욕망을 지속할 수 없다. 욕망은 에로틱한 만족을 향하며 몸의 지식과 행위를 통해 하나의 정치적인 영향력을 갖기도 한다.[37]

그러나 하나님을 향한 영혼의 갈망(desire)은 그 영혼을 위한 하나님의 갈망에 의해 응답한다. 욕망은 인간 삶의 목적과 동기를 제공하며 삶을 역

---

[34] Bell Jr, *The Economy of Desire*, 129-131.
[35] Bell Jr, *The Economy of Desire*, 153.
[36] Pickstock, *Afrter Writing*, 97-98.
[37] Ward, *Christ and Culture* (Oxford: Blackwell Publishing, 2005), 96-99.

동적으로 이끄는 핵심이다. 근대의 세속적 욕망은 인간을 물질적인 것, 특히 쾌락을 추구하는 소비주의에 사로잡히게 했다. 그러한 욕망은 죄로 인해 왜곡되고 변질한 것이기에 올바른 방향으로 안내해야 할 필요가 있다.

인간의 욕망은 결핍과 부족을 통해 채워지는 것이 아니라 하나님의 선물로서 생명의 충만함이 차고 넘침으로 해결된다.[38] 인간은 호모 아도란스(homo adorans), 즉 예배하는 존재로서 우리의 필요를 채워주는 신적인 사랑 안에서 즐거워하며 그분을 예배할 때 만족할 수 있다. 욕망은 예배 안에서 진실되게 훈련되며 탐욕을 정화하여 창조주에 의해 생명과 존엄성을 선물로 받는다. 그리고 각자의 소명과 헌신을 인식하게 된다.[39]

급진 정통주의는 세속 문화를 통해 왜곡된 욕망을 하나님을 향한 욕망으로 전화시키는 하나의 방식으로 '성만찬'을 제안한다. 삼위일체 하나님의 생명을 공유하고 즐거워하는 하나님을 향한 욕망은 자신과 타자를 소유하고 소비하면서 존재하는 것이 아니라 타자의 이익을 증진하는 공적 선을 향하며, 교회라는 욕망의 공동체(erotic community) 안에서 진행되는 성만찬을 통해 하나의 목표와 공동체성을 형성하게 된다.

성만찬은 떡과 잔을 먹고 마시면서 시각과 미각, 즉 물질적인 인식을 신적 초월의 의미적 영역으로 되돌려 놓고, '이것이 내 몸이다'라는 예수의 말씀에서 떡과 잔의 물질적 차원을 은혜와 선물의 성스러운 차원으로 끌고 간다.[40] 성만찬은 세속적 감각과 쾌락에서 신적 감각과 쾌락으로 전환하면서 욕망에 대한 성화(deification)의 차원을 제안한다. 송영적이고 고백적인 이런 실천은 교회 공동체 안에서 대안적 욕망을 훈련시키며 개인적이고 사적인 존재를 공동체적이고 신적인 차원으로 안내한다.

---

[38] Shakespeare, *Radical Orthodoxy*, 120-121.
[39] Bell Jr, *The Economy of Desire*, 170.
[40] Shakespeare, *Radical Orthodoxy*, 126-129.

5. 욕망하는 존재, 인간

스미스는 『하나님 나라를 욕망하라』(Desiring the Kingdom)에서 인간을 근본적으로 욕망하는 피조물로서 '예전적 동물'(Liturgical Animal)로 규정한다. 합리적 인간, 도구적 인간, 경제적 인간도 아니며 종교적 인간도 아니다. 그는 근대 개신교가 지나치게 이성 중심적인 인간관을 기반으로 삼았고 그로 인해 주지적인 관점을 발전시켜 왔다고 비판한다.[41] 스미스는 인간의 무게 중심을 지성적인 것에서 비지성적인 것으로, 머리에서 가슴으로, 인지의 영역에서 몸과 연결된 정서의 영역으로 옮겼다.

인간은 궁극적으로 욕망하는 존재, 무엇인가를 끊임없이 지향하며 사랑하는 존재이다. 이런 욕망과 지향은 우리의 성향을 조직하는 요소이며 공동체주의 철학자들은 이를 습관(habit) 또는 덕(virtue)으로 서술했다.[42]

스미스는 『습관이 영성이다』(You are What you love)에서 인간의 존재론에 대한 깊은 성찰을 시도한다. 인간은 합리적 이성으로 사고하고 행동하는 존재가 아니라 바람(want)과 기대(longing) 그리고 욕구(desire)를 통해 정체성이 형성된 존재이다. 무엇을 아는 것과 무엇을 믿는 것보다 존재론적으로 우선시되는 것은 무엇을 갈망하는가이다.

근대성은 인간을 사고(thinking)하는 존재로 환원시켰지만, 이성으로 설명할 수 없는 더 근본적인 차원들을 간과했다. 스미스는 인간은 합리적인 생각보다 '습관'(habit)에 의해서 살아가며 그러한 습관은 궁극적인 목적을 향한 인간의 갈망으로부터 시작하기에 깊은 마음(kardia)에 관심을 두어야 한다고 말한다. 어거스틴을 따라서 인간을 목적론적인 존재, 갈망하는 존재로 보았고, 인간이 된다는 것은 무엇을 사랑하는 존재가 된다는 것(to be human is to be a lover)이라 인식했다.

---

[41] Smith, 『하나님 나라를 욕망하라』, 56-60.
[42] Smith, 『하나님 나라를 욕망하라』, 71-80.

목적을 향한 인간의 궁극적 사랑은 '내적인 성향'(internal disposition)을 따라 하나의 덕목(virtue)을 만들어 낸다. 인간은 본받음(imitation)과 훈련(practice)을 통해 이런 덕목들을 훈련하는데 가장 좋은 훈련이 바로 '예배'(worship)과 '예전'(liturgy)이다.[43] 인간은 형성(formation)되는 존재이다. 예배가 하나님을 향한 인간의 헌신됨의 표현이지만 그를 통해 인간이 갱생(rehabilitation)되는 통로가 된다. 인간은 예전적 동물이며(liturgical animal) 모든 전례는 특정한 목적을 가지고 인간을 성경의 내러티브 안으로 들어오게 한다. 예배의 목적은 인간 존재의 목적을 세우는 것이며 하나님의 형상으로서 인간의 창조 명령을 새롭게 하는 것이다.[44]

인간은 이성이 아닌 시적 존재(poetic existence)이며 특별한 활동과 앎의 방식 그리고 윤리적 행위를 포함한 통합적 활동과의 관계에서 시적 기능들을 지닌다. 아리스토텔레스가 니코마스 윤리학에서 기술한 포이에시스(poesis)와 프락시스(praxis)의 관계를 설명하면서 후자는 그 주체 안에서 활동하지만, 전자는 어떤 외적인 것 안으로 들어가 작동한다. 플라톤의 윤리적 행위의 시적 이해에서, 인간의 행위는 이상적인 모델과 일치하려는 특징을 지닌다. 그러한 '시적 닮음'(poetic mimesis)이 존재의 구성적 역할을 하게 된다고 서술한다.[45]

시적 존재는 근본적인 활동은 내재된 지식과 의미의 형식으로 서술될 수 있는데 어떻게 프락시스나 윤리적 행위가 그것과 연결되는지를 살펴야 한다. 가령 시적 존재들이 선함(The Good)을 그들 안에서 확인하면서 행위를 할 때, 포이에시스는 그것이 적절한지, 올바른지, 미적으로 아름다운지를 분별해 준다. 이런 '실천적 시적 운동'(practical-poetical movement)는 인간의 깊은 성찰적 행위의 가능성을 열어 놓으면서 선한 의도와 진리가 선한

---

[43] Smith, *You are What you love* (Brazos Press, 2016), 1-25.
[44] Smith, *You are What you love*, 80-88.
[45] Milbank, *The Word made Strange*, 123-124.

의식과 의지를 조절하면서 선한 행위로 산출되도록 안내한다.[46]

그렇다면 어떻게 선함을 향한 포이에시스가 형성될 수 있을까?

밀뱅크는 인간 스스로 합리적 사고를 통해서는 불가능하며 선한 이야기를 품고 있는 내러티브와 에토스적 공동체 안에서 그 가능성을 확인한다. 또한, 그 공동체가 가지고 있는 신화, 즉 신적, 인간적 계시와의 만남을 강조한다.

예전적 인간은 성육신의 중요성을 인지하며, 성만찬과 같은 몸의 메타포로 새로운 존재와 나라를 상상하고 구체화한다. 예전적 동물로서 인간은 상상하는 동물이며 그러한 상상은 이야기, 그림, 이미지 등을 구체화한 존재의 상징으로 받아들인다.[47]

스미스는 형성적(formative) 기독교 예배가 인간의 상상 안에서 그리스도의 미(beauty)를 위한 그림을 그려낸다고 말한다. 우리가 원하는 것을 위해 행동하고 우리의 상상한 그것을 붙잡기 원한다면 우리의 상상력은 우리를 이끌고 갈 뿐 아니라 재형성적 예배 안에서 구체적으로 그려내게 된다. 이런 의미에서 기독교 예배는 미적인 형식으로 우리와 만나게 되고 우리의 상상력은 미적인 내장(organ)이 된다.[48]

지금까지 성만찬을 중심으로 하는 급진 정통주의의 다양한 논의를 살펴보았다. 성만찬에 대한 다양한 해석이 가능하겠지만 급진 정통주의는 세속화된 욕망을 극복할 수 있는 초월성 경험의 장이자 세속 국가의 허구적 구원성을 폭로하고 진정한 공동체의 정치체를 구현하는 것으로 이해한다. 성만찬의 새로운 상상은 개신교의 부족한 이해를 보충하는 동시에 새로운 사회를 향한 대안 공동체의 가능성을 열어 두는 촉진제가 될 것이다.

---

[46] Milbank, *The Word made Strange*, 129.
[47] Smith, *Imagining the Kingdom* (Baker Publishing Group, 2013), 124-126.
[48] Smith, *You are What you love*, 91.

제12장

다시 공공성과 공동체성으로

2017년 한국행정연구원이 한국갤럽을 통해 조사한 '2017 사회통합실태조사'를 보면 종교 기관 신뢰도가 전년도보다 4%나 감소한 41%에 그친 것을 알 수 있다. 의료 기관 58%, 교육 기관 56%, 금융 기관 52%에 비해 상당히 낮은 수치이다. 특히 연령별 응답을 비교해 보면 연령이 낮을수록 종교 신뢰도가 급격히 떨어진 것을 알 수 있다.[1] 그중에서도 기독교의 신뢰도는 답보 혹은 퇴보 상태이다.

2008년부터 지난해까지 총 다섯 차례 한국교회 신뢰도를 조사한 기윤실의 발표에 따르면 기독교의 사회적 인식은 점점 나빠지고 있다. 기윤실의 '2017 한국교회 사회적 신뢰도' 설문조사 결과 '한국교회를 신뢰한다'고 응답한 비율이 응답자의 20.2%였지만 반대로 '신뢰하지 않는다'라는 응답이 51.2%로 과반수가 넘어섰다.

부정적인 응답 비율이 절반을 넘은 것은 지난 조사가 처음이다. 신뢰도 재고를 위해서 회복해야 할 점으로는 '목회자의 윤리와 도덕성'이 49.4%, 기독교인의 정직하지 못함이 28.3%로 조사됐고, 개선할 점으로는 불투명한 재정 사용이 26.1%로 가장 높은 비율을 보였다.[2]

---

[1] 박재찬, 장창일, 이현우, "종교 기관 신뢰도, 3년 연속 떨어져", 「국민일보」, 2018.4.4.
[2] 박재찬, "나눔 봉사 잘하는 기독교 신뢰도는 낙제점", 「국민일보」, 2017.3.6.

최근 코로나19 바이러스와 관련하여 각 종교에 대한 선호도 조사는 더욱 충격적이다. 지난 8월 목회데이터연구소에서 조사한 종교인들의 호감도 결과에 의하면 천주교인과 불교도는 비해 개신교인의 이미지가 다소 부정적인 것으로 나타났다. 천주교와 불교도는 '온화한'(각 34.1%, 40.9%), '따뜻한'(29.7%, 27.6%)으로 인식되는 반면 기독교는 '이중적인'(30.3%), '사기꾼 같은'(29.1%) 모습으로 그려졌다.

20세기 후반까지 한국교회는 한국 사회의 발전에 나름대로 긍정적 평가를 받을만한 점이 뚜렷했다. 물론 이념적, 역사적 관점에 따라 논란의 여지가 있지만, 근대화와 산업화 그리고 민주화를 비롯해서 환경과 인권, 통일 문제 등에서 사회 구성원들이 동의할 만큼 분명한 공헌들이 있었다. 한국교회가 보여 준 사회 참여 모습은 하나님 나라의 실현이라는 대명제 아래에서 이웃 사랑의 실천으로 이해될 수 있을 것이다.[3]

그러나 21세기 이후 다원화된 시민 사회에서 기독교는 사회 발전의 건강한 리더십을 제공하거나 시민들의 성숙을 위한 사회적 자본으로서 역할을 제대로 감당하지 못하는 실정이다. 위의 설문조사 결과에도 나타나지만 교회 세습, 재정 비리, 목회자의 성적 타락과 일부 극우 개신교인의 반사회적인 투쟁 등은 사회로부터 비판의 대상이 되고 있다. 교회 그 자체의 세력 확장에 관심을 두면서 사회에 무감각한 태도를 보이고, 개인의 물질적인 축복과 영혼 구원에 집중하면서 삶의 현장에서 믿음이 배제된 삶을 살아가고, 교회의 폐쇄적인 계급 구조와 일부 목회자의 비윤리적 행위들

---

[3] 임성빈, "기독교가 한국의 사회발전에 미친 영향에 대한 소고: 현대화 과정을 중심으로", 『장신논단』 23 (2005), 223-265. 임성빈, 『21세기 한국사회와 공공 신학』 (서울: 장로회신학대학교출판부, 2017), 19-27에서 재인용. 임성빈은 교회의 사회 참여 유형을 '운동으로서 사회 참여' 유형, '비판적 사회 참여' 유형, '정치적 사회 참여' 유형으로 나누었다. 운동으로서 사회 참여는 근대화와 세속화에 물든 사회 안에서 분명한 세계관과 가치관의 관점에서 대안적 운동을 전개하는 방식이다. '비정치적 사회 참여' 유형은 적극적인 운동과는 거리를 둔 채 영적이고 신앙적인 신앙과 공동체 형성에 관심을 두는 형식이다. '정치적 사회 참여' 유형은 교회를 통한 방식이 아닌 정치 단체나 여러 기관을 설립하여 기독교의 가치를 실현하는 방식이다.

은 시대의 양심과 등불로서의 존재하기에는 너무나 안타까운 모습이다.

이런 현실에서 기독교가 후기 세속 사회 안에서 다시 공적 역할을 감당하려면 어떻게 해야 할까?

한국교회가 이해한 복음과 신앙이 지나치게 개인적이고 세속적인 것은 아닐까?

양적, 질적 위기를 경험하고 있는 한국교회의 추락은 어디에서 왔으며, 그것을 회복하기 위한 작업은 무엇일까?

교회의 자체 존립과 성장을 위한 노력이 아니라, 지역 사회의 건강성을 회복하고 더 나은 사회를 향한 비전을 제시하며, 성도들을 건강한 시민으로 양성하는 공적 역할을 교회는 감당할 수 있을까?

지금까지 언급한 것처럼 세속 사회에서 종교의 참여는 공공성과 공동체성 모두를 향해 열려있다. 전자가 후자를, 반대로 후자가 전자를 압도하거나 배제시켜야 할 이유는 전혀 없다. 둘 사이의 적절한 조화와 균형을 통해 세속의 한계를 보완하고 동시에 공공 영역에서 기독교의 역할을 제대로 담당하기를 기대한다.

한국교회 최근 흐름을 생각할 때 한국교회는 공공성과 공동체성 중에 후자에 집중해 왔다. 지나친 개교회주의와 교파주의는 전체로서의 보편적 교회의 공교회성을 무너뜨리고 오로지 자신들의 교회 성장과 발전에 몰두하게 했다. 신자유주의 이데올로기를 그대로 이어 받은 교회는 성장이라는 신화를 수용했고, 사회와는 동떨어진 자신들의 논리로 무장한 채 전도에 열을 올렸다. 이기적 개인주의로 무장한 성도들을 양산하면서 영적 축복과 자기 만족에 사로잡힌 한국 그리스도인에게 공공성은 너무나 먼 이야기인지 모른다.

박사 과정에서 공공 신학을 접하면서 한국교회의 새로운 패러다임의 전환을 강하게 느꼈고 '공공성'의 회복이야말로 시대 정신에 부합하는 동시에 새로운 신학으로 나아가는 중요한 전환점이 되리라 확신했다. 건강한 그리스도인이 되는 것과 시민이 되는 것 사이에는 어떤 차별성이 존재하지 않는다. 그동안 하나님 나라를 교회 중심으로, 개인의 신앙 고백적으로 이해하면서 그 나라를 축소시켜 버렸다.

　물론 처음부터 그랬던 것은 아니다. 19세기 말에 들어온 한국의 기독교(개신교)는 사회의 공적 책임을 실천하는 기관으로 첫인상이 형성됐다. 학교와 병원을 설립하고 서양의 문물을 소개하고 백성들을 계몽시키면서 '가르치고 치료하는 사회의 공적 기관'이라는 인상을 심어 주었다. 또한, 3·1 만세 운동과 같이 민족의 아픔과 함께하면서 교회는 단순히 개인의 영성 수양과 종교적 활동을 위한 곳이 아니라 사회의 변화와 갱신을 위해 민족과 함께하는 공적 기관이었다.[4] 하나님을 사랑하는 것과 이웃(나라)을 사랑하는 것이 별개의 문제가 아니었다.

　성과 속을 근대적 관점으로 엄격히 구분하는 것은 기독교 역사에서 최근의 짧은 시기 안에 일어난 것이다. 구분되지만 분리되지 않는 하나님 나라의 온전성을 회복하는 것은 공공성 회복의 핵심이며 그 나라를 추상적으로 인식하는 것이 아니라 삶의 자리에서 구체적으로 참여하고 실천하려는 시민적 삶을 요청한다.

　성석환은 공공 신학 실천의 장으로서 교회와 지역 사회를 꼽으면서 시민 사회와 관계가 중요하다고 주장한다. 시민 사회의 성숙은 지방 자치 제도의 본격적인 실행과 주민들의 참여가 다양해지면서 교회는 지역의 일원으로서 상호 간의 유대와 네트워크를 형성해야 관심을 두어야 한다고 주장한다.[5] 공공성을 추구하는 공공 신학은 공적 이슈들에 적절한 응답을 시도한다. 자신이 속한 국가와 지역적인 과제와 세계화 상황 안에서 어떻게 응답할까를 고민하는 학문이다.

　공공 신학의 상황성과 현장 중심성은 아주 구체적이다. 특별한 주제에 집중하는 면을 보인다. 지역 사회 현안을 고민하며, 환경 문제에 연대하고 사회복지를 위한 다양한 활동들에 헌신하며 빈민과 사회적 약자들을 위한

4　임희국, "한국교회의 공적 책임 실천, 그 역사적 사례", 『공적 신학과 공적 교회』, 450-451.
5　성석환, 『공공 신학과 한국 사회』 (서울: 새물결플러스, 2019), 79.

목소리에 힘을 보탠다. 때로는 지역 사회를 위한 공공 정책을 제안하기도 하고, 사회 이슈에 교단 차원에서 성명서를 발표하기도 한다. 거대 담론을 이야기하는 동시에 지역의 작은 이야기에도 귀를 기울인다.

하지만 응답의 영역과 범위들이 확장되면서 자칫 그 방향과 목표를 잃어버릴 우려가 있다. 또한, 신학의 언어를 일상의 언어, 세속의 언어로 번역하는 과정에서 자신의 정체성을 잃을 수 있다. 공공 신학을 향한 많은 비판은 그것이 신학이 아니라는 것이다. 신학의 언어와 문법을 사용하지 않고, 일반 사회과학의 개념과 일상의 언어를 사용하여 신학적 진술을 펼쳐나갈 때 신학의 카테고리에 포함시킬 수 있을지 논쟁이 뒤따른다.

공공성과는 다르게 공동체성을 추구하는 급진 정통주의는 대안적인 모델로서 또 다른 정치체를 제안한다. 그것은 기독교가 할 수 있는 방식의 접근이며 교회의 예전과 신앙적 삶이 갖는 사회적 의미를 밝히면서 나름의 방식으로 독특성을 유지한 채 공적 영역 안에서 활동할 수 있는 모습을 보이는 것이다.

스미스는 교회와 신학의 정치적 참여는 특정한 공간과 제도에 해당하기보다는 공통의 시민적 삶과 습관 안에서 특정한 목표를 향한 연대의 공동체 형성(formative)에 있다고 주장한다. 정치 신학이 좁은 의미에서 정부와 국가에 관한 것이 아니라 비정치적인 사회의 모든 삶에 관한 것이며 밀뱅크의 논의처럼 창조 신학과 성육신적인 신학을 통해 '번성하는 사회'(flourishing society)를 향한 교회의 독특한 측면을 강조하는 것이다.[6] 교회의 전통과 성례전이 갖는 사회적 의의를 알지 못하는 그리스도인을 향한 메시지인 동시에 사회를 향한 존재의 울림을 시도한 것이다. 파편적으로 살아가는 시민들을 위로하고 그들의 영성과 관계성을 형성하는 동시에 확장된 가족으로서 교회 공동체를 통해 정체성을 세우고 사회적 삶을 살아가게 하는 방식을 제안한다.

---

6 Smith, *Awaiting the King: Reforming Public Theology* (Grand Rapids: Baker Academic, 2017), 9-16.

한 국가의 국민인 동시에 하나님 나라의 백성으로 살아가는 이중적 정체성은 서로 충돌하거나 대립하는 개념이 아니다. 급진 정통주의는 하나님 나라의 이상과 실천을 더 우위에 두면서 세속 정치와 정부가 완성하지 못한 참된 정치체의 모델로서 교회를 재해석한다. 우리가 출석하는 지역교회가 불완전하고 연약해 보일지라도 성찬을 통한 그리스도와의 연합을 시도하는 모든 지역교회는 그리스도를 통해 인류의 보편적 연대가 가능하며 새로운 정치공동체의 탄생을 위한 이론적 토대를 제안할 수 있다.

성찬은 지역 공동체 안에서 전체 그리스도를 보게 하고 특정한 중심이나 관점으로 지역교회를 이해하는 것이 아니라 온전한 그리스도의 현존으로서 각 교회를 이해하게 한다. 우리는 성찬을 통해 국가의 경계를 넘어서는 하나님 나라의 관점에서 동료 시민들을 발견하고 연대하게 된다.[7]

급진 정통주의 입장에서 교회는 공적 일에 참여할 때 공적 존재가 되는 것이 아니라, 교회는 그 자체로 공적 존재라 선포하는 것이다.[8] 교회가 공적이라는 그들의 주장은 공과 사의 구분, 즉 거룩함과 성스러움을 구분하는 자체가 이미 세속화의 노예로 전락한 것이 된다. 교회를 사적인 영역으로 몰아세운 것은 근대가 등장한 최근의 일이었으며 '종교'라는 새로운 용어의 탄생 이후 모든 종교적인 것을 사적이고 신비적인 것으로 낙인찍으면서 공공 영역에서 몰아냈다. 하지만 이미 분석하였듯이 이것은 세속화의 실패한 전략이다.

급진 정통주의자들은 공공 신학이 세속 영역과 대화를 나누는 것에 대해 부정적인 입장을 취한다. 세속 문화는 자신들만의 성화를 추구하는 본래 죄의 속성을 지니기 때문이다.[9] 교회의 공동체성을 강조하려는 급진 정통주의는 근대 이전의 신학과 전통에 관심을 두면서 근대성을 극복하고자 근대성으로 오염되지 않은 과거의 것으로부터 출발한다. 기독교 공동체가

7　Cavanaugh, 『신학, 정치를 다시 묻다』(Theopolitical Imagination), 손민석 역, 87.
8　Cavanaugh, 『신학, 정치를 다시 묻다』, 138.
9　임성빈, 『21세기 한국사회와 공공 신학』, 29-44.

유지해 온 신학의 고결성으로 교회의 영향력을 확장하려 하지만 다원화 사회에서 어떻게 공적 영역들과 소통할지는 여전한 과제로 남는다.[10]

공공 신학이 기독교의 정체성을 상실하거나 복음을 퇴색시킬 우려가 있다고 주장할 수 있지만, 그것은 하나님 나라 폭넓음과 일반 은총의 영역을 인정하지 않는 오류를 범할 수 있기에, 교회와 신학 전통의 독특성을 유지한 채로 공공선을 향한 협력과 대화를 모색해야 할 것이다.

공공 신학과는 확연히 구별되는 이 독특한 흐름은 존재론으로부터 출발하여 공동체의 독특한 해석과 실천으로 다른 대안을 제시한다. 근대 자유주의의 핵심인 개인주의의 강조가 결국 공동체와 지역 사회의 상실을 가져왔기에 지역의 공동체성, 초월적 의미, 가치의 형성으로 후기 세속 사회에서 종교의 역할을 제안하는 것이다.[11]

물론 공동체성을 강조하는 것에도 몇 가지 한계가 있다. 자칫 잘못하면 스스로 게토화하여 반문화적, 반사회적인 종교 공동체를 추구할 우려가 있으며 이는 스스로 공공 영역에서 후퇴하여 자신들만의 왕국을 건설하려는 우를 범할 수 있다는 것이다. 리차드 니버(Richard Niebuhr)의 고전적인 유형론인 『그리스도와 문화』(Christ and culture)에서처럼 '문화와 적대적인 그리스도'(Christ against Culture)의 반복일 수 있음을 염두에 둬야 한다. 공공 영역과의 적극적인 대화와 참여를 위해서라면 기독교의 정체성과 공동체성을 잃지 않으면서도 세속의 문법으로도 자신의 가치와 전통을 설명할 수 있어야 할 것이다.

한국교회 상황에서 '공공성'과 '공동체성'은 어느 한 지점을 우선적으로 추구해야 하는 선택사항이 아니다. 한쪽으로 기울어진 배는 목적지를 향한 방향 감각을 상실한 채 제자리를 맴돌다가 침몰하기 마련이다. 노련한 선장이라면 불필요한 짐을 버리고, 평형수를 맞춰 본래의 항로로 되돌려 놓을 것이다. '공공성'과 '공동체성'이란 두 축을 통해 세속화된 사회의 구원 투수로서 멋지게 등판하는 존재가 되길 기대해 본다.

---

10 Graham, *Between a Rock and a hard Place*, 135.
11 Graham, *Between a Rock and a hard Place*, 121.

참고 문헌

1. 영문판

Adam Dinham. Robert Furbey. Vivien Lowndes eds. *Faith in the Public Realm*. Policy Press, 2009.

Alexander Chow. "Calvinist Public Theology in Urban China Today". *International Journal of Public Theology 8* (2014).

Arvind Sharma eds., *Religion in a Secular City*, Trinity Press, 2001.

Benjamin Valentin. *Mapping Public Theology*. Trinity Press International, 2002.

Catherine Pickstock. "Justice and Prudence: Principles of Order in the Platonic City". *HeyJ XLII* (2001).

Charles Taylor. *The Ethics of Authenticity*. Harvard University Press, 1992.

Craig Hovey. Elizabeth Phillips eds. *The Companion to Christian Political Theology*. Cambridge: Cambridge University Press, 2015.

Daniel M. Bell Jr. *Liberation Theology After the End of History: The refusal to cease suffering*. London: Routledge, 2001.

_____. *The Economy of Desire: Christianity and Capitalism in a Postmodern World*. Grand Rapids: Baker Academic, 2012.

_____. "The Return of the Sacred? The Argument on the Future of Religion". *The British Journal of Sociology*, vol 28, no. 4 (December 1977).

Daniel Susanto. "hiv/aids in Indonesia and its Theological Dimension". *International Journal of Public Theology 1* (2015).

David Hollenbach. *The Common Good and Christian Ethics*. Cambridge university press, 2002.

David Tracy. *The Analogical Imagination: Christian Theology and the Culture of Pluralism*. New York: The Crossroad Publishing Company, 1981.

_____, "Three Kinds of Publicness in Public Theology". *International Journal of Public Theology* 8 (2014).

Dirkie Smit. "Notions of the Public and Doing Theology". *International Journal of Public Theology* (2007).

Duncan B. Forrester. *Christian Justice and Public Policy*. Cambridge University Press, 1997.

_____. *Christian and the Future of Welfare*. London: Epworth Press, 1985.

_____. *Theological Fragment: Explorations in Unsystematic Theology*. London: T&T Clark, 2005).

E. Harold Breitenberg Jr. "To Tell the Truth: Will the Real Public Theology Please Stand UP", *Journal of the Society of Christian Ethics* (2003).

Elaine Graham. *Between a Rock and a Hard Place*. London: SCM press, 2013.

_____. *Apologetics without Apology: Speaking of God in a World Troubled by Religion*. Eugene: Wipf and Stock Publishers, 2017.

Elaine Graham and Stephen Lowe. *What makes a good city?*. London: Darton, Longman and Todd Ltd, 2009.

Eneida Jacobsen. "Models of Public Theology". *International Journal of Public Theology* 6 (2012).

Esther McIntosh. "Bookreview: Belonging without Believing". *International Journal of Public Theology* 9 (2015).

Etienne de Villiers. "Public Theology in the South African Context". *International Journal of Public Theology* (2011).

Eva Harasta. "Karl Barth, a Public Theologian?: The One Word and Theological Bilinguality". *International Journal of Public Theology* 3 (2009).

Grace Davie. *Europe: The Exceptional Case. Parameters of Faith in the Modern World*. London: Darton, Longman & Todd, 2002.

Graham Ward. *Christ and Culture*. Oxford: Blackwell Publishing, 2005.

_____. *Cultural Transformation and Religious Practice*. Cambridge: Cambridge University Press, 2005.

Graham Ward and Michael Hoelzl eds. *The New Visibility of Religion: Studies in Religion and Cultural Hermeneutics*. London: Continuum International Publishing Group, 2008.

Hans Boersma. *Heavenly Participation*. Grand Rapids: Wm. B. Eerdmans, 2011.

Heinrich Bedford-Strohm. "Public Theology and Political Ethics". *International Journal of Public Theoloy 6* (2012).

J. Sobrino. *Spirituality of Liberation*. New York: Orbis, 1988.

James K. A. Smith. *Awaiting the King: Reforming Public Theology*. Grand Rapids: Baker Academic, 2017.

_____. *How (Not) to be Secular*. Grand Rapids: Wm B. Eerdmans, 2014.

_____. *Imagining the Kingdom*. Baker Publishing Group, 2013.

_____. *You are What you love*. Brazos Press, 2016.

Jeffrey Stout. *Ethics after Babel: The Languages of Morals and Their Discontents*. Cambridge: James Clarke & Co Ltd, 1988.

Jenny Anne Wright. "With Whose Voice and What Language?". *International Journal of Public Theology 9* (2015).

John Atherton. *Faith in the Nation: A Christian Vision for Britain*. London: SPCK, 1988.

John de Gruchy. "Public Theology as Christian Witness: Exploring the Genre". *International Journal of Public Theology* (2007).

John Milbank. *Being Reconciled: Ontology and Pardon*. London: Routledge, 2003.

_____. *The Suspended Middle: Henri de Lubac and the Renewed Split in Modern Catholic Theology*. Grand Rapids: Wm. B. Eerdmans Publishing, 2014.

_____. *The Word Made Strange: Theology, Language, Culture*. Oxford: Blackwell, 1997.

_____. *Theology and Social Theology*. Blackwell Pub, 2006.

_____. Simon Oliver eds. *The Radical Orthodoxy Reader*. New York: Routledge, 2009.

Jose Casanova. *Public Religions in the Modern World*. Chicago press, 1994.

Jürgen Habermas. *Between Naturalism and Religion*. Cambridge: Polity Press, 2008.

Kevin J. Vanhoozer eds. *Postmodern Theology*. Cambridge: Cambridge University Press, 2003.

Lerov S. Rouner eds. *Civil Religion and Political Theology*. University of Norte Dame Press, 1986.

Mark G. Toulouse. *God in Public: Four Ways American Christianity and Public Life Relate*. Westminster John Knox Press, 2006.

Martin E. Marty. *Public Church*. New York: Crossroad Publishing, 1981.

_____. "Reinhold Niebuhr: Public Theology and the American Experience", *The Journal of Religion* Vol. 54, No. 4 (Oct. 1974).

Max L. Stackhouse. *Public Theology and Political Economy*. University press of america, 1997.

Mercy Ah Siu-Maliko. "A Public Theology Response to Domestic Violence in Samoa". *International Journal of Public Theology 1* (2016).

Neil Darragh. "Doing Theology in Public: An Engagement with Economic Rationalism". *International Journal Public Theology 4* (2010).

Nicholas Wolterstorff. *Faith and Rationality: Reason and Belief in God*. University of Notre Dame, 2015.

Nigel Biggar. Linda Hogan eds. *Religious Voices in Public Places*. Oxford University Press, 2005.

Oliver O'Donovan. *Self, World, and Time*. Wm. B. Eerdmans Publishing Co. 2013.

Oliver Tonneau. "Muslim Citizens! After the January 2015 Paris Attacks: France's Republicanism and its Muslim Population". *International Journal of Public Theology 3* (2016).

Paul Heelas, Linda Woodhead. *The Spiritual Revolution: Why Religion is Giving Way to Spirituality*. Oxford: Blackwell, 2004.

Peter Berger. *The Sacred Canopy*. Anchor Books, 1967.

_____. Grace Davie, Effie Fokas. *Religious America, Secular Europe?: A Theme and Variations*. Surrey: Ashgate Publishing Limited, 2008.

Phillip Blondin eds. *Post-Secular Philosophy: Between Philosophy and Theology*. New York: Routledge, 1998.

Reinhold Niebuhr. *Children of Light and Children of Darkness*. Prentice Hall, 1974.

Richard Bourne. "Oil Dependence and Climate Change: Public Theology in Norway". *International Journal of Public Theology 2* (2016).

Richard J. Mouw. *Adventures in Evangelical Civility: A Lifelong Quest for Common Ground*. Grand Rapids: Brazos Press, 2016.

Robin W. Lovin eds. *Religion and American Public Life*. New York: Paulist Press, 1986.

Ronald F. Thiemann. *Constructing a Public Theology: The Church in a Pluralistic Culture*. Louisville: John Knox Press, 1991.

Scott R. Paeth. *Exodus Church and Civil Society: Public Theology and Social Theory in the Work of Jürgen Moltmann*. Surrey: Ashgate Publishing Group, 2008.

Sebastian Kim. *Theology in the Public Sphere*. London: SCM, 2011.

_____. Katie Day eds. *A Companion to Public Theology Brill*, 2017.
Seyla Benhabib eds. *Democracy and Difference*. Princeton: Princeton University Press, 1996.
Stephen J. Grabill. *Rediscovering the Natural Law in Reformed Theological Ethics*, Grand Rapids: Eerdmans, 2006.
Steven Shakespeare. *Radical Orthodoxy: A Critical Introduction*. London: SPCK, 2007.
Stuart Murray. *Post-Christendom*. Carlisle: Paternoster, 2004.
Torhjörn Johansson. "Religion in the Public Sphere-with Dietrich Bonhoeffer towards a Renewed Understanding of the Two Kingdoms". *International Journal of Public Theology 9* (2015).
Vincent E. Bacote. *The Spirit in Public Theology: Appropriating the Legacy of Abraham Kuyper*. Grand Rapids: Baker Academic, 2005.
William F. Storrar, Andrew R. Morton eds. *Public Theology for the 21st Century*. London: T & T Clark, 2004.
William F. Storrar. "The Naming of Parts: Doing Public Theology in a Global Era". *International Journal of Public Theology 5* (2011).
_____. "The Changing of the Editorial Guard: Tribute to Sebastian Kim". *International Journal of Public Theology* (2017).
William Myatt. "Public Theology and The Fragment: Duncan Forrester, David Tracy, and Walter Benjamin". *International Journal for Public Theology 8* (2014).
William T. Cavanaugh. *Being Consumed: Economic and Christian Desire*. William B. Eerdmans Pub, 2008.
_____. *Field Hospital: the church's engagement with a wounded world*. Grand Rapids: Wm. B. Eerdmans, 2016.
_____. *Migrations of The Holy*. Grand Rapids: Wm. B. Eerdmans, 2011.
_____. *Theopolitical Imagination: Discovering the Liturgy as a Political Act in an Age of Global Consumerism*. Bloomsbury t & t Clark, 2002.

2. 번역판

Bernhard Loshe. 『마틴 루터의 신학』(*Luters Theologie in ihrer historischen Entwichlung und in ihrem systematischen Zusammenhang*), 정병식 역. 파주: 한국신학연구소, 2002.
Bryan Wilson, 『종교사회학』(*Religion in Secular Society: Sociological Comment*), Watts, 1966, 14. 김종서 역. 서울: 서울대학교출판문화원, 2014.
Charles Taylor. 『자아의 원천들』(*Sources of the Self*), 권가돈, 하주영 역. 서울: 새물결플러스, 2015.
_____. 『근대의 사회적 상상』(*Modern Social Imaginaries*), 이상길 역. 서울: 이음, 2011.
Clarke E. Cochran 외 4인. 『교회, 국가, 공적 정의 논쟁』(*Church, State and Public Justice*), 김희준 역. 서울: 새물결플러스, 2016.
David A. Fergusson. 『불트만』(*Bultmann*). 전성용 역. 서울: 대한기독교서회, 2001.
David Martin. 『현대 세속화 이론』(*On Secularization: Toward a Revised General Theory*), 김승호 외 6인 역. 서울: 한울아카데미, 2008.
David Tracy. 『다원성과 모호성』(*Plurality and Ambiguity*), 윤철호, 박충일 역. 서울: 크리스천헤럴드, 2007.
Dietrich Bonhoeffer. 『윤리학』(*Ethik*), 손규태, 이신건, 오성현 역. 서울: 대한기독교서회, 2013.
Dorothee Sölle. 『현대신학의 패러다임』(*Gott Denken: Einführung in die Theologie*), 서광선 역. 파주: 한국신학연구소, 2006.
Ellen Ott Marshall. 『광장에 선 그리스도인』(*Christians in the Public Square*), 대장간편집실 역. 대전: 대장간, 2010.
Frank Jehle. 『편안한 침묵보다는 불편한 외침을』(*Lieber unangenehm laut als angenehm leise*), 이용주 역. 서울: 새물결플러스, 2016.
Harvey Cox. 『현대사회로 돌아온 종교』(*Religion in the Secular City: Toward a Postmodern Theology*), 이종윤 역. 파주: 한국신학연구소, 1985.
_____. 『종교의 미래』(*The Future of Faith*), 김창락 역. 서울: 문예출판사, 2010.
James K. A. Smith. 『급진 정통주의 신학』(*Introducing Radical Orthodoxy*), 한상화 역. 서울: CLC, 2011.
_____. 『해석의 타락』(*The Fall of Interpretation*), 임형권 역. 대전: 대장간, 2015
John D. Caputo. 『종교에 대하여』(*On Religion*), 최생열 역. 서울: 동문선, 2003.
_____. 『포스트모던 시대의 철학과 신학』(*Philosophy and Theology*), 김완종, 박규철 역. 서울: CLC, 2016.

John H. Yoder. 『근원적 혁명』(*The Original Revolution*), 김복기 역. 대전: 대장간, 2012.

Jürgen Habermas. 『공론장의 구조 변동』(*Strukturwandel der Öffentlichkeit*), 한승완 역. 서울: 나남출판사, 2013.

Jürgen Habermas, Joseph Ratzinger. 『대화-하버미스 대 라칭거 추기경』(*Dialektik der sakularisierung*), 윤종석 역. 서울: 새물결플러스, 2009.

Jürgen Moltmann. 『세계 속에 있는 하나님』(*Gott im Projekt der modernen Welt*), 곽미숙 역. 서울: 동연, 2009.

Lesslie Newbigin. 『복음, 공공의 진리를 말하다』(*Truth to Tell: The Gospel as Public Truth*), 김기현 역. 서울: SFC, 2008.

Martha C. Nussbaum. 『시적 정의』(*Poetic Justice*), 박용준. 서울: 궁리, 2013.

Max L. Stackhouse. 『세계화와 은총』(*Globalization and Grace*), 이상훈 역. 용인: 북코리아, 2013.

_____. 심미경 역. 『지구화, 시민 사회, 기독교윤리』(*Capitalism, Civil Society, Religion, And the Poor*) 서울: The Pastor's house, 2005.

Micheal Frost. 『성육신적 교회』(*Incarnate: The Body of Christ in an Age of Disengagement*), 최형근 역. 서울: 새물결플러스, 2016.

Miroslav Volf. 『인간의 번영』(*Flourishing*), 양혜원 역. 서울: IVP, 2017.

_____. 『배제와 포용』(*Exclusion and Embrace*), 박세혁 역. 서울: IVP, 2012.

_____. 『광장에 선 기독교』(*Public Faith*), 김명윤 역. 서울: IVP, 2014.

Nancy Fraser. 『지구화 시대의 정의』(*Scales of Justice*), 김원식 역. 서울: 그린비, 2010.

Richard J. Mouw. 『문화와 일반 은총』(*He shines in all That's Fair: Culture and Common Grace*), 권혁민 역. 서울: 새물결플러스, 2012.

Robert Wuthnow. 『기독교와 시민 사회』(*Christianity and Civil Society: The Contemporary Debate*), 정재영, 이승훈 역. 서울: CLC, 2014.

Stanley J. Grenz. 『포스트모더니즘의 이해』(*A Primer on Postmodernism*), 김운용 역. 서울: WPA, 2010.

Stuart Murray. 강현아 역. 『이것이 아나뱁티스트다: 기독교 신앙의 본질을 말하다』(*The naked anabaptist*), 대전: 대장간, 2011.

Walter Rauschenbusch. 『사회복음을 위한 신학』(*A Theology for the Social Gospel*), 남병훈 역. 서울: 명동, 2012.

Zygmunt Bauman. 『방황하는 개인들의 사회』(*The Individualized Society*), 홍지수 역. 서울: 봄아필, 2013.

Zigmunt Bauman. 『액체 근대』(*Liquid Modernity*), 이일수 역. 서울: 강, 2000.
사이토 준이치. 『민주적 공공성』, 윤대석, 류수연 역. 서울: 이음, 2009.
야마와키 나오시. 『공공 철학이란 무엇인가』, 성현창 역. 서울: 이학사, 2011.

3. 한글판

강남순. 『코즈모폴리터니즘과 종교』 서울: 새물결플러스, 2015.
고재길. 『본회퍼, 한국교회에 말하다』 서울: 케노시스, 2012.
공적신학과교회연구소. 『하나님의 정치』 서울: 킹덤북스, 2015.
김성원. 『급진적 정통주의 신학방법론』 서울: 한들출판사, 2008.
김은혜. 『포스트모던 시대의 기독교윤리문화』 서울: 대한기독교서회, 2015.
노영상. "데이비드 트레이시의 신학적 언어로서의 유비적 상상력". 국제기독교언어문
　　　화연구원. 『기독교언어문화논집』 Vol 1, 1997.
류태선. 『공적 진리로서의 복음』 서울: 한들출판사, 2011.
새세대교회윤리연구소. 『공공 신학이란 무엇인가』 용인: 북코리아, 2007.
성석환. 『공공 신학과 한국 사회』 서울: 새물결플러스, 2019.
＿＿＿. "지역공동체의 문화복지를 위한 공공 신학의 실천적 연구". 『선교와 신학』 33집,
　　　서울: 장로회신학대학교출판부, 2014.
송용원. 『칼뱅과 공동선』 서울: IVP, 2017.
이규성. "신앙의 합리성 문제: 요셉 라칭거를 중심으로". 『신학과 철학』. 2010, 봄.
이원규. 『종교사회학의 이해』 서울: 나남출판, 2003.
이재근. 『세계복음주의 지형도』 서울: 복있는 사람, 2015.
이창호. "기독교의 공적 참여 모형과 신학적 공동의 기반의 모색". 『기독교사회윤리』
　　　vol 31, 2015.
이형기 외. 『공적 신학과 공적 교회』 서울: 킹덤북스, 2010.
임성빈. 『21세기 한국사회와 공공 신학』 서울: 장로회신학대학교출판부, 2017.
조승래. 『공공성 담론의 지적계보: 자유주의를 넘어서』 서울: 서강대학교출판부,
　　　2014.
조한상. 『공공성이란 무엇인가』 서울: 책세상, 2009.
지원용 편. 『루터 사상의 진수』 서울: 컨콜디아사, 1986.
하승우. 『공공성』 서울: 책세상, 2014.

CLC 도서 안내

자본주의 경제의 구원

다니엘 M. 벨 주니어 지음 | 류의근 외 옮김 | 신국판 | 300면

이 책은 신자유주의적 자본주의가 지배하는 현대의 탈근대 사회에서 기독교가 무엇을 할 수 있고, 무엇을 해야 하는지에 대해 탐구한다. 저자의 주장은 비판적인 것을 넘어 건설적이다. 그는 기독교 제자도의 실천과 예배를 대안적 경제의 성격을 지닌 것으로 이해하도록 우리를 인도한다.